Direito de Arrependimento
nos Contratos de Consumo

Direito de Arrependimento nos Contratos de Consumo

2014

Alexandre Junqueira Gomide

**DIREITO DE ARREPENDIMENTO
NOS CONTRATOS DE CONSUMO**
© ALMEDINA, 2014

AUTOR: Alexandre Junqueira Gomide
DIAGRAMAÇÃO: Edições Almedina, SA
DESIGN DE CAPA: FBA
ISBN: 978-856-31-8254-8

Dados Internacionais de Catalogação na Publicação (CIP)
(Câmara Brasileira do Livro, SP, Brasil)

Gomide, Alexandre Junqueira
Direito de arrependimento nos contratos de consumo / Alexandre
Junqueira Gomide. – 1. ed. – São Paulo : Almedina, 2014.
ISBN 978-85-63182-54-8
1. Arrependimento 2. Comércio eletrônico
3. Consumidores – Leis e legislação
4. Consumidores – Proteção 5. Contratos (Direito
civil) 6. Relações de consumo I. Título.

14-02735   CDU-347:381.6

Índices para catálogo sistemático:
1. Direito de arrependimento nos contratos :
Direito dos consumidores : Direito civil
347:381.6

Este livro segue as regras do novo Acordo Ortográfico da Língua Portuguesa (1990).

Todos os direitos reservados. Nenhuma parte deste livro, protegido por copyright, pode ser reproduzida, armazenada ou transmitida de alguma forma ou por algum meio, seja eletrônico ou mecânico, inclusive fotocópia, gravação ou qualquer sistema de armazenagem de informações, sem a permissão expressa e por escrito da editora.

Abril, 2014

EDITORA: Almedina Brasil
Rua Maria Paula, 122, Cj. 207/209 | Bela Vista | 01319-000 São Paulo | Brasil
editora@almedina.com.br
www.almedina.com.br

AGRADECIMENTOS

Àqueles que deram o impulso e as condições necessárias à elaboração deste trabalho: meu pai, eterno guerreiro, e minha mãe, coração maior do que Brasil e Portugal, juntos.

À minha querida e amada Letícia, motivo de toda minha inspiração e ao querido Joaquim, na esperança que possa, futuramente, ter respeitado os seus direitos de consumidor e a gana de por eles lutar.

Aos meus avós, Yolanda, Augusto, Lívio (*in memoriam*) e Odette, por me ensinarem a importância do amor e da família.

Ao Sr. Prof. Dr. Pedro Romano Martinez, pelo estímulo e orientação atenciosa dessa dissertação de mestrado.

Ao Sr. Prof. Dr. José Fernando Simão, pela amizade, por todo apoio acadêmico empregado nesses últimos dez anos e por ter me apresentado o incrível mundo da docência.

Ao Sr. Prof. Dr. Flávio Tartuce, pela confiança depositada em meu trabalho e pelo incentivo diário.

À Faculdade de Direito da Universidade de Lisboa, pelas excelentes aulas, pesquisas e amigos que pude fazer.

Ao Senador Antonio Carlos Rodrigues (PR-SP), que acolheu nossas propostas para emendas ao Projeto de Lei 281/2012.

Aos colegas da Comissão de Novos Advogados do IASP, pela luta em prol da academia e da advocacia brasileira.

Aos meus alunos atuais, antigos e futuros, que diariamente aumentam o meu amor pelos estudos acadêmicos.

PREFÁCIO

A relação jurídica de consumo, mercê de uma justificada proteção à designada parte fraca – o consumidor –, alterou alguns dos tradicionais parâmetros do Direito civil. Assentando na necessidade de superar o princípio da igualdade formal entre as partes, entre outros aspetos, admitiu-se que o regime de cessação do vínculo conferisse soluções diferentes para os contraentes. O "arrependimento" constitui uma dessas manifestações de diferenciação de tratamento entre comerciante e consumidor.

Ao superar os referidos parâmetros tradicionais do Direito civil, não raras vezes e como modo de suplantar o enquadramento usual do regime contratual, recorre-se a uma terminologia nova, sem a mesma base técnico-jurídica. Assim surge o designado "arrependimento", desconhecido na terminologia jurídica clássica e mais próximo de uma análise teológica da vida, mas que em virtude do seu carácter expressivo foi rapidamente assimilado.

O jurista tem, todavia, de enquadrar o novo termo nos conceitos jurídicos tradicionais, determinando os seus contornos e efeitos.

O Dr. Alexandre Junqueira Gomide, na sua tese de Mestrado intitulada "Direito de Arrependimento nos Contratos de Consumo", defendida na Faculdade de Direito da Universidade de Lisboa em 2010 e da qual fui orientador, assumiu esse papel do jurista que explicou o sentido, contorno e efeitos do arrependimento. Ainda que a obra agora publicada não corresponda integralmente à que foi defendida em 2010, porquanto, além das sugestões então apresentadas pelos arguentes, também se impunham atualizações decorrentes das alterações legislativas, mormente no Brasil com o novo Código Civil, o trabalho mantém a estrutura e as ideias fundamentais que foram defendidas.

De modo sintético, depois de explicar as razões que justificam as especificidades do Direito do consumo e, concretamente a figura do arrependimento, explica as tradicionais formas de extinção do contrato, com especial desenvolvimento para a resolução. O direito de arrependimento é primeiro justificado historicamente, distinguindo-o de figuras jurídicas próximas, com ênfase para a relação entre o arrependimento e o abuso do direito. Depois de explicar o direito de arrependimento em vários países, com um particular desenvolvimento para o regime português, dedica um extenso número ao direito de arrependimento no sistema jurídico brasileiro. A tese termina, com uma Parte IV dedicada à análise de várias questões jurídicas que envolvem o direito de arrependimento, nomeadamente na contratação à distância, nas compras em leilões e em relações jurídicas complexas.

Tal como noutras ordens jurídicas, também no ordenamento brasileiro, o relevo teórico do direito de arrependimento, com múltiplas aplicações práticas, mormente no caso de compra e venda de consumo, não tem sido acompanhado pelo correspondente tratamento dogmático. É principalmente numa sociedade de consumo que a tutela do consumidor mais se acentua, impondo-se a análise jurídica das questões atinentes ao direito de arrependimento; esse tratamento jurídico encontra-se nesta dissertação, cuja publicação se impunha. A esta razão geral, acresce que a questão do arrependimento, prevista num preceito do Código de Defesa do Consumidor, encontra-se em revisão e o autor dá-nos conta dos projetos de alteração que se acham em discussão.

Em suma, o *Direito de Arrependimento nos Contratos de Consumo*, do Dr. Alexandre Junqueira Gomide será uma obra de referência, que constituirá um precioso auxiliar para todos os juristas que tenham de lidar com o Direito do consumo, no Brasil.

Lisboa, 18 de março de 2014

Pedro Romano Martinez
Professor Catedrático
Faculdade de Direito da Universidade de Lisboa
Centro de Investigação de Direito Privado
Academia das Ciências de Lisboa

APRESENTAÇÃO

Conheci Alexandre Junqueira Gomide ainda nos bancos da graduação, na primeira turma da qual fui professor na Faculdade de Direito da Fundação Armando Álvares Penteado. Aluno intelectualmente irriquieto, desde muito cedo demonstrou pendores para o trabalho acadêmico e o gosto pelo direito civil.

O ingresso no Mestrado foi consequência natural de sua trajetória e para mim não foi surpresa o pedido de aconselhamento que dele recebi quando da conclusão de sua graduação. Apoiei de imediato a ideia de prosseguir, na Faculdade de Direito da Universidade de Lisboa, a Clássica, seus estudos em direito civil e sua interface com o direito do consumidor.

O período de permanência em Lisboa foi profícuo, tendo eu mesmo aproveitado para, então, a convite do acadêmico Alexandre Gomide, aprovcitado para palestrar na Faculdade de Direito de Lisboa, ao lado de José de Oliveira Ascensão, Dario de Moura e Vicente e Flávio Tartuce, em evento promovido pelo NELB (Núcleo dos Estudantes Luso-brasileiros).

A pedido de Alexandre Gomide, pude indicar bibliografia para a o desenvolvimento de sua pesquisa, no tocante ao direito brasileiro, e mais de uma vez tive o privilégio de com ele discutir os temas referentes à sua investigação, compartilhando opiniões e dividindo inquietações.

Assim, foi com muita alegria que no ano de 2010 recebi o convite de seu orientador, Prof. Doutor Pedro Romano Martinez de compor o júri de mestrado. Fui arguente da dissertação, ao lado do Prof. Gravato de Morais (também compôs o júri o Prof. Fernando Araújo e o Prof. Januário da Costa Gomes) e posso afirmar que, na defesa, Alexandre Gomide

DIREITO DE ARREPENDIMENTO NOS CONTRATOS DE CONSUMO

demonstrou segurança ímpar e convicção inabalável na defesa de suas ideias.

O resultado de um esforço acadêmico sério, prolongado e dedicado não poderia ser melhor. A dissertação de mestrado de Alexandre Gomide é contributo genuíno à ciência do Direito.

O livro que apresento é resultado desta longa e exaustiva pesquisa que, posteriormente, não só em virtude de sugestões da própria banca, mas também em razão da evolução de Alexandre Gomide no estudo do tema, foi ampliada a aprofundada.

O tema do direito de arrependimento, que tanto espanto causa ao civilista tradicional, pois excetuadas as situações em que o contrato o confere, para as demais permanece a intacta máxima milenar *pacta sunt servanda*, é, sob a ótica do direito do consumidor, uma realidade inquestionável e totalmente plausível.

Enquanto nas relações civis, a ideia de igualdade e paridade de armas permeia o sistema, e por esta razão a ideia de arrependimento choca o sistema, nas relações de consumo em que a vulnerabilidade do consumidor é evidente, nada mais justo que em certas situações a ideia de obrigatoriedade dos contratos ceda espaço para uma justiça necessária: o consumidor pode validamente se arrepender em circunstâncias especiais.

É da essência do direito tratar os iguais de maneira desigual. Logo, se na relação entre iguais do direito civil o abrandamento da obrigatoriedade dos contratos passa quase que exclusivamente pelo elemento volitivo, ou seja, pelos próprios contratantes, nas relações de consumo é a lei que abre esta possibilidade.

A partir desta constatação surge um desafio: traçar os limites de direito para que não possa se configurar abuso por parte daquele que necessita de proteção. Já que nas vendas realizadas fora do estabelecimento comercial, há um prazo de 7 dias para que ocorra o arrependimento, imprescindível traçar os requisitos para que ele possa ser exercido e a fronteira entre o direito e o abuso de direito.

É por isso que, após o cuidado típico do jurista em delimitar a figura, diferenciando-a de figuras semelhantes, revelando grande esmero em delimitar a categoria jurídica, talento raro nos estudiosos da atualidade, a obra que apresento parte para as questões práticas. Essa parte final do livro denota que, para o autor, não bastam as questões teóricas, pois uma obra só é completa se conseguir servir ao jurista e ao homem comum, para o qual a questão jurídica é um dado de realidade.

Em um país em que as questões de compras por meio de *sites* ainda são tormentosas e não se tem certeza se as soluções legais projetadas, quer por seu comprometimento com certos grupos econômicos, quer por inabilidade do governo, serão eficazes, são obras como esta que darão efetivo alento aos que estudam ao tema (juristas) e aos que sofrem a consequências da falta de adequada disciplina legal (consumidores e fornecedores).

Em suma, é com muita satisfação que apresento uma obra de qualidade indiscutível e que representará fonte de leitura para uma sociedade carente de bons trabalhos científicos.

José Fernando Simão
Professor Associado
do Departamento de Direito Civil
da Faculdade de Direito do Largo de São Francisco – USP
São Paulo, março de 2014.

Introdução

1. O direito de arrependimento e sua atual importância ao direito consumerista

O estudo do direito de arrependimento nos contratos ao consumo chamou-nos a atenção desde o início do Curso de Mestrado na Faculdade de Direito da Universidade de Lisboa.

Tão logo iniciamos os nossos estudos, na cadeira Direito Civil I – Direito Civil e Direito dos Consumidores, sob a orientação do Sr. Prof. Dr. José Oliveira Ascensão, notamos a preocupação do legislador português com o exercício do direito de arrependimento nos contratos ao consumo.

Ademais, ao longo de nossa vivência em Portugal, verificamos que não é incomum aos consumidores portugueses arrependerem-se das compras realizadas à distância, principalmente no comércio eletrônico. Também pudemos constatar que os portugueses são bem informados acerca da possibilidade de arrependerem-se das compras realizadas fora do estabelecimento comercial do fornecedor de produtos ou serviços.

Essa, contudo, infelizmente, não é a realidade brasileira. Em primeiro lugar é fácil notar que pouquíssimos consumidores brasileiros conhecem a possibilidade de se arrependerem das compras realizadas fora do estabelecimento comercial do fornecedor. A razão desta ignorância possivelmente está relacionada com o fato do Código de Defesa do Consumidor brasileiro (CDC) não obrigar os fornecedores a informarem os consumidores especificamente sobre esta faculdade[1].

---

[1] Deve ser ressaltado, contudo, que desde março de 2013, passou a vigorar o Decreto 7.962, de 15 de março de 2013, que procura regulamentar o Comércio Eletrônico no Código de Defesa do Consumidor. Todavia, não obstante a louvável tentativa do legislador, sem a

Ademais, o Código de Defesa do Consumidor possui apenas um único dispositivo que trata dessa importante forma de proteção contratual que, conforme será visto ao longo deste trabalho, não se mostra suficiente para enfrentar os problemas decorrentes do exercício do direito de arrependimento.

Diante de tal problema, apenas no ano de 2012, o Senado Federal, por meio de uma Comissão de Juristas, apresentou o Projeto de Lei 281/2012, que pretende alterar o texto do Código de Defesa do Consumidor. Caso aprovado, o projeto trará uma revolução ao direito dos consumidores no comércio eletrônico e, principalmente, uma revolução no direito de arrependimento. Tanto é assim que o texto original do Projeto pretende inserir nada menos do que nove parágrafos ao art. 49 do Código de Defesa do Consumidor.

Ressalte-se, ainda, que algumas de nossas propostas firmadas nesse trabalho foram acolhidas pelo Senador Antonio Carlos Rodrigues (PR-SP) que nos solicitou a elaboração de um parecer, o que resultou em três emendas apresentadas ao Senado Federal e que serão estudadas diante.

Esse cenário, portanto, torna-se propício para as discussões que são apresentadas pela presente obra.

Resta ainda destacar que são raros os trabalhos doutrinários brasileiros acerca do tema. Os manuais de direito do consumidor dos principais autores brasileiros reservam poucas páginas para o tratamento do direito de arrependimento.

E não há dúvidas acerca da relevância do tema. Em razão da revolução trazida pela Internet[2]-[3] e, consequentemente, do comércio eletrô-

---

alteração do próprio Código, tal regulamentação não foi suficiente para que os fornecedores de produtos e serviços respeitassem o dever de informação do direito de arrependimento.

[2] Segundo José Oliveira Ascensão, a abertura mundial das telecomunicações pode ser comparada com a abertura mundial dos portos, em que o Reino Unido se empenhou no século XIX (ASCENSÃO, José Oliveira. *Estudos sobre direito da internet e da sociedade da informação*. Lisboa: Almedina, 2001, p. 84).

[3] Ricardo L. Lorenzetti observou algumas características juridicamente relevantes acerca da internet: (i) é uma rede aberta, posto que qualquer um pode acessá-la; (ii) é interativa, já que o usuário gera dados, navega e estabelece relações; (iii) é internacional, no sentido de que permite transcender as barreiras nacionais; (iv) permite a comunicação em "tempo real" e uma "desterritorialização" das relações jurídicas (LORENZETTI, Ricardo. *Comércio eletrônico*. São Paulo: Revista dos Tribunais, 2004, p. 24-25).

INTRODUÇÃO

nico no Brasil e no mundo, o direito de arrependimento passa a ser uma das ferramentas mais importantes de proteção contratual aos consumidores que adquirem produtos e serviços no meio virtual.

A opção dada ao consumidor de arrepender-se de um contrato mesmo após a sua conclusão e aceitação às condições imposta pelo fornecedor acerca de determinado produto ou serviço, sem dúvida é a maior proteção contratual concedida aos consumidores nos contratos firmados à distância.

Não é nenhuma novidade dizer que nos últimos quinze anos, o comércio eletrônico tornou-se um dos grandes segmentos do comércio[4]. Os números são relevantes. No Brasil, esse segmento movimenta bilhões de reais todos os anos[5]. O mesmo movimento é constatado no mundo inteiro. É clara a percepção de que alguns ramos do comércio tradicional perderam espaços em razão do comércio eletrônico. É o caso, por exemplo, das compras de bilhetes aéreos.

Contudo, toda a facilidade e o entusiasmo pelo "novo" escondem os perigos que o comércio eletrônico pode representar aos consumidores. Inúmeros são os problemas advindos das compras realizadas à distância. O espaço virtual nem sempre demonstra o que realmente é.

O fato é que os internautas estão vulneráveis no ambiente eletrônico. Basta comparar. Se não há plena segurança no comércio tradicional, imagine-se no comércio realizado sem a presença física dos contraentes. Ademais, não raras vezes, deparamo-nos com ataques de *hackers*, confi-

---

[4] Sobre o comércio eletrônico, manifestou-se Ricardo Luis Lorenzetti: "El comercio eletrónico realizado a través de diversos médio eletrónicos y principalmente por internet, se presenta como un área de notable expansión, fenómeno sobre el que existe uma profusa información que nos exime de mayores comentários. El comercio eletrónico tiene fuertes incentivos económicos: una reducción de costos administrativos y impositivos, el acortamiento del processo de distribuición e intermediación, la posibilidad de operar durante todo el dia; la superación de las barreras nacionales; el aumento de la celeridad en las transacciones". (LORENZETTI, Ricardo Luis. Informática, *ciberlaw* y e-commerce. *Revista de Direito do Consumidor*, ano 9, n. 36, Outubro-Dezembro de 2000. São Paulo: Revista dos Tribunais).

[5] Segundo o *site* Convergência Digital o comércio eletrônico movimentou R$ 18,7 bilhões em 2011, volume 26% maior que a cifra registrada em 2010, segundo dados divulgados por meio do estudo *WebShoppers*, conduzido pela *e-bit*, empresa especializada em informações do segmento, com apoio da Câmara Brasileira de Comércio Eletrônico (camara-e.net) e da Federação do Comércio de Bens, Serviços e Turismo do Estado de São Paulo (Fecomercio). Disponível em: <http://convergenciadigital.uol.com.br/cgi/cgilua.exe/sys/start. htm?infoid=29527&sid=4>. Acesso em: 27 jun. 2012.

guração de crimes eletrônicos (*cybercrimes*), violação ao direito de intimidade[6], infrações contra a propriedade intelectual, dentre outros[7].

No comércio eletrônico, os consumidores estão vulneráveis à publicidade agressiva dos fornecedores por meio de *spams*[8] e *pop-ups*[9], resultando na aquisição de produtos e serviços desnecessários. A dificuldade em tocar a coisa e o embelezamento das imagens expostas na internet é um convite aos consumidores que, muitas vezes levados por impulsos,

---

[6] Com relação à invasão da privacidade do internauta, vejam-se as palavras proferidas por José Oliveira Ascensão: "O cruzamento das informações obtidas permite como que uma radiografia da vida de qualquer cidadão. A devassa da vida privada fica praticamente completa. E com isto, a vulnerabilidade de cada um a todo o tipo de pressões ou chantagens. Com a Internet chega-se a resultados espantosos. O navegante na Internet, que pensa que realiza uma pesquisa que não deixa indícios, está afinal a deixar atrás de si algo que é como que o seu retrato. Os movimentos são gravados. Com eles consegue-se, através de programas apropriados, traçar o perfil de cada internauta. E assim, quando ele se dirige a um sítio comercial, por exemplo, o 'navegador' (programa de busca) elaborou já com base nos pedidos anteriores a informação que lhe concerne. A resposta que lhe é dada não é uma resposta objectiva e uniforme, contra o que se supõe, mas uma resposta já adequada às preferências detectadas daquele internauta. Na realidade, o paradigma internauta/servidor está hoje posto em causa. A máquina toma o papel activo, e conduz o navegante, sem que este frequentemente se possa sequer aperceber disso" (ASCENSÃO, *Estudos...*, p. 186).

[7] A edição nº 2.113 de maio de 2009 da revista brasileira *Veja*, reservou matéria de capa para tratar dos Crimes Eletrônicos a que os brasileiros estão suscetíveis. Segundo dados da matéria *"Mouse ao alto"*, no Brasil, o volume de notificações relacionadas a fraudes, furtos, vírus destruidores, invasões e tentativas de invasão de computador quadruplicaram em cinco anos. Só os programas destinados a invadir contas bancárias infectam 195 (cento e noventa e cinco) computadores por hora no país. Além disso, o Brasil figura em 4º lugar dentre os países mais contaminados por países capazes de furtar informações, alterar ou destruir dados dos computadores. Em 2008, no Brasil, foram registrados 130 (cento e trinta) milhões de reais relacionados aos prejuízos advindos de crimes eletrônicos.

[8] O termo *spam*, abreviação em inglês de *"spiced ham"* (presunto condimentado), é uma mensagem eletrônica não solicitada enviada em massa. Na sua forma mais popular, um *spam* consiste numa mensagem de correio eletrônico com fins publicitários. O termo *spam*, no entanto, pode ser aplicado a mensagens enviadas por outros meios e noutras situações até modestas. Geralmente, os *spams* têm caráter apelativo e, na grande maioria das vezes, são incômodos e inconvenientes. Disponível em: <http://pt.wikipedia.org/wiki/Spam>. Acesso em: 13 mar. 2009.

[9] A *pop-up* é uma janela extra que abre no navegador ao visitar uma página web ou acessar uma hiperligação específica. A *pop-up* é utilizada pelos criadores do sítio para abrir alguma informação extra ou como meio de propaganda. Disponível em: <http://pt.wikipedia.org/wiki/Pop-up>. Acesso em: 13 mar. 2009.

adquirem produtos ou serviços que, em situações normais, não seriam adquiridos.

Veja-se que o comércio eletrônico, ao contrário do comércio tradicional, não data de milhares de anos. É um fenômeno recente, que possui aproximadamente vinte anos. Assim, duvidamos que a legislação nacional ou internacional tenha acompanhado o crescimento desse fenômeno para prever todas as suas problemáticas.

Certamente o direito de arrependimento será, nos próximos anos, a grande arma de defesa dos consumidores no comércio eletrônico. Por outro lado, essa relevante defesa dos consumidores não pode ser um convite ao abuso de direito. Assim, o direito de arrependimento também deve ser exercido com razoabilidade e boa-fé.

Enfim. A pertinência do tema pode ser justificada em virtude (i) da ausência de trabalhos brasileiros que tratam sobre essa importante proteção contratual; (ii) do crescimento vertiginoso do comércio eletrônico; (iii) das inúmeras divergências jurisprudenciais a respeito do tema e (iv) da recente apresentação do PLS 281/2012.

É principalmente nesse contexto de grandes novidades que procuramos tratar do direito de arrependimento. Considerando que o presente estudo foi, inicialmente, elaborado em Portugal, não poderíamos deixar de tratar com especial atenção do arrependimento na legislação portuguesa que, dentre suas disposições, possui incontestáveis elementos que podem auxiliar a melhor aplicação do direito de arrependimento na legislação brasileira.

2. Delimitação do tema e plano de exposição

A proposta deste trabalho é analisar aspectos relevantes do direito de arrependimento nos contratos consumeristas. Além de versar aspectos gerais do direito de arrependimento na legislação brasileira e portuguesa, procuramos, a todo o momento, de forma prática, problematizar a questão.

Importante alertar o leitor, desde já, que o direito de arrependimento sobre o qual este trabalho procura discutir não é aquele previsto no artigo 420 do Código Civil brasileiro. Aquele dispositivo, não obstante ser tratado como "direito de arrependimento", na realidade, nada mais é do que as intituladas "arras penitenciais". As diferenças entre esses institutos são evidentes e tratadas na Parte II, Capítulo 5.

Registre-se, portanto, que o objetivo deste trabalho é tratar o direito de arrependimento gratuito, decorrente de um direito potestativo e previsto exclusivamente aos consumidores. Ademais, afastamos do presente estudo qualquer outra suposta hipótese de direito de arrependimento em contratos que não envolvam o direito do consumidor.

Para tanto, dividimos o estudo em quatro partes. Na **primeira parte**, fizemos uma abordagem sobre as formas de extinção dos contratos em razão de fatos supervenientes à sua celebração. Como se sabe, o direito de arrependimento nada mais é do que uma forma de extinção contratual. Contudo, tal como será demonstrado, distingue-se das demais formas tradicionais de extinção contratual. A primeira parte possui suma importância para que se possa avançar à discussão acerca da natureza jurídica do direito de arrependimento.

A **segunda parte** trata do arrependimento propriamente dito. Nessa parte abordaremos os contornos gerais do instituto: princípios, fundamentos, referências a outras legislações, regime jurídico, dentre outros.

Devidamente apresentados seus contornos gerais, iniciamos, na **terceira parte**, o tratamento do direito de arrependimento na legislação portuguesa, europeia e brasileira. No tocante ao direito português e europeu, daremos nossa opinião quanto aos momentos de acertos e desacertos do legislador, além de apresentar quais os critérios utilizados no Anteprojeto do Código do Consumidor português.

Por sua vez, no direito brasileiro, procuramos abordar os problemas enfrentados pelo art. 49, do CDC, as melhoras recém-trazidas pelo Decreto 7.962/2013, bem como a necessidade de aprovação do Projeto de Lei do Senado 281/2012.

Por fim, chegamos à **quarta parte**, que analisa novas problemáticas oriundas do direito de arrependimento. Frise-se, no entanto, que outras questões também controvertidas foram discutidas no desenvolvimento de todo o trabalho, de modo que o enfoque empregado sempre foi no sentido de trazer problemas e soluções acerca do direito de arrependimento.

Parte I
Das formas tradicionais de extinção dos contratos por fatos posteriores à sua celebração

1. Introdução

Pode-se dizer que a causa natural de extinção do contrato é o adimplemento contratual, que significa o cumprimento das respectivas obrigações contratuais nos exatos termos previstos na avença.

Mas os contratos podem ser extintos não apenas pelo adimplemento da obrigação. Também podem ser extintos, nas avenças personalíssimas, em virtude da morte de uma das partes e nas hipóteses de caso fortuito e força maior (resolução sem culpa das partes), como será visto adiante.

Vê-se, pois, que, o contrato também pode ser extinto em virtude de circunstâncias simultâneas ou anteriores à sua formação. Nesses casos estamos diante de hipóteses de nulidade ou anulabilidade dos contratos.

A ocorrência de nulidade – seja absoluta seja relativa – é típica hipótese que pode ser anterior à celebração, mas que continua de tal forma, que impossibilita a produção válida de efeitos.

Mas o objetivo do presente capítulo é estudar as circunstâncias em que os contratos são extintos por causas supervenientes à sua formação, ou seja, trataremos da extinção de contratos válidos e eficazes e que, por fatos supervenientes à sua celebração, podem ser extintos, sem que se verifique a morte de uma das partes ou as hipóteses de caso fortuito ou força maior[10].

---

[10] Como bem ressaltou Francisco Loureiro, "a resolução se encaixa como um direito extintivo de impugnação, ou de agressão, com a ressalva de que tem origem em fatos ocorridos

2. Das formas tradicionais de extinção dos contratos

2.1 Resilição

Etimologicamente, do latim *resilire*, a resilição significa: "voltar atrás"[11]. Segundo Maria Helena Diniz[12], a resilição é o modo de extinção contratual por vontade de um ou dos dois contratantes, em virtude de razões que variam ao sabor de seus interesses, podendo ser, portanto, unilateral ou bilateral. Tanto a resilição unilateral quanto a bilateral operam de forma *ex nunc*, produzindo efeitos apenas para o futuro. Vejamos de forma individualizada cada uma destas formas.

2.1.1 *Resilição bilateral ou distrato*

Como nos ensina Carlos Alberto Bittar[13], o distrato é o acordo por meio do qual as partes põem fim à relação contratual, denominando-se, pois, *contratus contrarius*. É contrato feito para extinguir outro. Serve para desatar o vínculo contratual nos termos convencionados pelos próprios distratantes. O objetivo do distrato é amplo: o que pode ser contratado pode ser dissolvido[14].

No caso do distrato, a lei autoriza que as partes fiquem livres para extinguirem o contrato da melhor forma que lhes convier. Contudo, nos contratos cuja forma é prescrita em lei, o art. 472 do Código Civil determina que o distrato deve ser realizado pela mesma forma que o contrato a ser extinto foi celebrado. Ou seja, se a lei exige a escritura pública para

---

em momento posterior ao do nascimento ao contrato. Importante essa ressalva, para fazer a distinção entre a natureza da resolução e a da anulação, ou declaração de nulidade, pautadas em fatos existentes no momento da celebração. Lembre-se que, enquanto a ação de anulação ataca diretamente a relação em seu fundamento, invalidando o contrato, a ação resolutória mantém íntegro o contrato, no plano da validade, afetando somente os seus efeitos [...] Ainda no tocante à natureza da resolução, tem-se entendido que se trata de fato extintivo que atinge o plano da eficácia do contrato, não o plano da validade. Em outras palavras, a resolução pressupõe a existência de um contrato válido". In: Extinção dos contratos. In: LOTUFO, Renan; NANNI, Giovanni Ettore (coordenadores). *Teoria geral dos contratos*. São Paulo: Atlas, 2011, p. 625.

[11] GOMES, Orlando. *Contratos*. 26. ed. Rio de Janeiro: Forense, 2008, p. 221.

[12] DINIZ, Maria Helena. *Curso de direito civil brasileiro*: teoria das obrigações contratuais e extracontratuais. 18. ed. São Paulo: Saraiva, 2003. v. 3, p. 155.

[13] BITTAR, Carlos Alberto. *Direito dos contratos e dos atos unilaterais*. Rio de Janeiro: Forense Universitária, 1990, p. 163.

[14] LOUREIRO, Francisco Eduardo. Extinção..., p. 613.

I. DAS FORMAS TRADICIONAIS DE EXTINÇÃO DOS CONTRATOS POR FATOS POSTERIORES ...

a validade daquele, as partes não podem distratá-lo por instrumento particular. Do contrário, nada obsta que um contrato de locação (do qual a lei não exige forma expressa), firmado por escrito, seja distratado de forma verbal.

Como bem asseverou Francisco Eduardo Loureiro[15], o Código Civil adotou o princípio da atração mitigada das formas, ou seja, deve necessariamente o distrato ter a mesma forma do contrato quando esse for solene. Já os contratos não solenes, cuja forma é livre e de uso facilitado, a critério das partes, não atraem a forma do distrato. Diz-se, por isso, que o distrato é relativamente formal, ou tem simetria relativa de forma.

Por fim, com relação aos efeitos, não diz a lei se o distrato tem eficácia *ex nunc* ou *ex tunc*. Afirma doutrina majoritária o seu efeito *ex nunc*, respeitando os atos pretéritos. Todavia, o princípio da autonomia privada permite às partes que seja conferido o efeito retroativo, desde que respeitados os direitos de terceiros.

2.1.2 *Resilição unilateral*

Em consonância com José Fernando Simão[16], a resilição unilateral é a faculdade concedida por lei, em determinados casos, de a vontade de apenas uma das partes pôr fim ao contrato. Segundo Nelson Nery Júnior e Rosa Maria de Andrade Nery[17], a resilição unilateral é o gênero do qual são espécies a denúncia, a revogação e a renúncia. Vejamos as espécies de resilição unilateral criadas pela doutrina:

a) Denúncia

Com a maestria de sempre, Pontes de Miranda[18] afirma que nas relações jurídicas duradouras, é preciso que possa ter ponto final o que se concebeu em reticência. Porque relação jurídica duradoura a que não se pudesse pôr termo seria contrária às necessidades da livre atividade dos homens. Não bastaria subordiná-la a eventual resolução por inadimple-

---

[15] LOUREIRO, Francisco Eduardo. Idem, p. 613.

[16] SIMÃO, José Fernando. *Direito civil*: contratos São Paulo: Atlas, 2005. (Série leituras jurídicas: provas e concursos.), p. 74.

[17] NERY JUNIOR, Nelson; NERY, Rosa Maria de Andrade. *Código Civil comentado*. 4. ed. São Paulo: Revista dos Tribunais, 2006, p. 442.

[18] PONTES DE MIRANDA. *Tratado de direito privado*. 2. ed. Rio de Janeiro: Borsoi, 1959. §3.081, v. 38, p. 294.

mento ou ao distrato. Daí a figura da denúncia, com que se 'des-nuncia', pois resulta de haver atribuído a algum dos figurantes o direito formativo extintivo, que é o de denunciar.

Jorge Henrique Furtado[19] afirma que a denúncia é uma manifestação de vontade, revelada por um dos contraentes perante o outro, com determinada antecedência, conforme os casos, a comunicar, afastando a prorrogação legal, que o contrato cessará com a expiração do termo respectivo[20].

A denúncia, portanto, objetiva pôr fim às relações que se perduraram no tempo. Como o direito não admite que as partes fiquem vinculadas eternamente, a denúncia tem por escopo cessar os efeitos do contrato.

A denúncia realiza-se nos contratos de tempo indeterminado; de execução continuada ou periódica; contratos benéficos e de prestação de serviços não esporádicos, ou eventuais[21].

Como regra geral, a denúncia é imotivada (vazia), ou seja, o contraente sem qualquer justificação põe fim ao contrato mediante notificação à parte contrária. É o caso da denúncia vazia no contrato de locação, por prazo indeterminado (Lei do Inquilinato 8.245/91 – art. 6º). A exceção é a denúncia motivada (ou cheia), *v.g.* na dispensa por justa causa do empregado ou possibilidade do locatário devolver o imóvel locado sem pagar multa, em razão de transferência de emprego (art. 4º, da Lei 8.245/91).

Apesar de a denúncia advir, em regra, de um direito discricionário, determinou o parágrafo único do art. 473 do Código Civil que, caso uma das partes tenha feito investimentos consideráveis para a sua execução,

---

[19] FURTADO, Jorge Henrique da Cruz Pinto. *Manual do arrendamento urbano*. 3. ed. Coimbra: Almedina, 2001, p. 891.

[20] A doutrina portuguesa distingue três casos em que a denúncia pode ser exercida: (i) para impedir a vigência das relações contratuais estabelecidas por tempo indeterminado; (ii) para obstar a renovação automática do acordo; (iii) como forma de "desistência" no cumprimento das obrigações de determinados contratos. Em Portugal, a denúncia deve ser exercida com a antecedência determinada na lei (*v.g.* art. 1.055 do Código Civil português, alíneas 'a' a 'd') ou na estipulação feita entre as partes. Caso nem a lei nem o contrato estabeleçam prazo para o exercício da denúncia, o contraente deverá realizá-la com antecedência razoável, valendo-se do princípio da boa-fé conferida no art. 762, nº 2, do Código Civil Português. Essa antecedência serve para que a parte destinatária da declaração possa se precaver quanto ao fato do contrato se extinguir em breve.

[21] BITTAR. *Direito dos contratos...*, p. 162.

I. DAS FORMAS TRADICIONAIS DE EXTINÇÃO DOS CONTRATOS POR FATOS POSTERIORES ...

a denúncia unilateral só produzirá efeito depois de transcorrido prazo compatível com a natureza e o vulto dos investimentos[22].

Para José Fernando Simão[23], esse dispositivo decorre diretamente da função social do contrato. O contrato deve ser bom e justo para ambos os contratantes. Se for bom para um e significar a ruína do outro, ferida estará a função social do contrato. Assim, ainda que as partes estipulem um prazo para a vigência do contrato e que, após tal prazo, o contrato possa ser resilido por quaisquer das partes mediante denúncia, a denúncia pode ter seus efeitos suspensos. Assim, continuará o contrato a produzir seus efeitos por prazo compatível com os efeitos realizados.

Essa hipótese se aplicaria no caso, por exemplo, da empresa "A" que firma contrato com a faculdade "B" para o fornecimento de alimentos em uma pequena lanchonete instalada em um "quiosque", no centro da praça de alimentação. Para tanto, a empresa "A" deverá providenciar a construção do "quiosque" e parte do lucro será repartido com a faculdade. O contrato vige por prazo indeterminado, com a possibilidade de qualquer das partes resilir o contrato, a qualquer tempo.

Após algumas semanas, o quiosque é construído, com as especificações determinadas pela Faculdade. Toda a remuneração pela construção do "quiosque" foi despendida pela empresa "A".

---

[22] Nessa senda, vide acórdão proferido pelo Tribunal de Justiça de São Paulo: *"Ação de nulidade de cláusula contratual c.c.indenização por danos materiais e lucros cessantes. Contrato de prestação de serviços de assistência técnica. Nulidade de cláusula contratual que permite a rescisão unilateral e imotivada do contrato mediante aviso prévio de 30 dias.* Alegação de que tal cláusula viola a boa-fé objetiva e desrespeita a função social do contrato – Tese que merece acolhida em face da nova concepção da relação jurídica contratual operada com o novo Código Civil – Existência de prova inequívoca de que a contratante fez investimentos consideráveis em função da relação contratual até então existente – Prazo de rescisão que, assim, se mostra desarrazoado – Possibilidade de dilatação – Art. 473, parágrafo único, do Novo Código Civil, aplicável ao caso – Inexistência de prova, por ora, do volume de investimentos feitos pela contratante – Inadmissibilidade da suspensão da rescisão do contrato até sentença final (trânsito em julgado), eis que, desse modo, esse prazo pode se estender por vários anos – Dilação que assim se defere até prolação da sentença de primeiro grau, ficando, a critério do juízo "a quo" estendê-la, ou não, diante dos argumentos da parte contrária, ainda não citada, e da prova realizada – Deferimento parcial da tutela pleiteada – Recurso provido em parte" (Tribunal de Justiça de São Paulo, Agravo de Instrumento nº 7.148.853-4, Rel. Rui Cascaldi, j. 13 de Junho de 2007).

[23] SIMÃO. Op. cit., p. 74.

Após dois meses do início do contrato, ainda que a lanchonete tenha já uma boa clientela consolidada, a diretoria da faculdade é alterada e decide-se pela resilição do contrato com a empresa "A".

Nesse caso, como forma de garantir seus direitos, a empresa "A" poderá requerer a suspensão dos efeitos da resilição até que transcorra um prazo compatível com o vulto dos investimentos que realizou.

A respeito do tema, Francisco Loureiro[24] afirma que em determinadas circunstâncias, a execução do contrato pode despertar nas partes a justa expectativa de que esse não mais será denunciado, estimulando-as a fazer novos investimentos e inverter mais esforços para o adimplemento.

É o caso, por exemplo, de uma empresa de contabilidade que presta serviços há mais de quinze anos a uma grande empresa. Considerando-se ampliações dessa grande companhia, a contabilidade resolve contratar outros profissionais, ampliar a sua sede e realizar outros investimentos. Não será razoável que, sem qualquer fundamento, pretenda a companhia extinguir o contrato, sem prévio aviso. Nesse caso, constatada a boa-fé da empresa de contabilidade, deverá ser determinada a manutenção do contrato vigente, até que seja transcorrido prazo compatível com os investimentos gastos.

Conforme será visto adiante, a desistência contratual realizada por meio da denúncia aproxima-se muito da natureza jurídica do direito de arrependimento, mas desse se distingue primeiro porque a denúncia pode ser procedida apenas nos contratos cuja execução se protela no tempo. Em segundo lugar, porque não possui efeito retroativo; e, por fim, porque admite o pagamento de indenização à parte contrária.

b) Revogação

Conforme Flávio Tartuce[25], a revogação é uma espécie de resilição cabível quando há quebra de *confiança* naqueles pactos em que essa se faz presente como fator predominante, tais como a doação e o mandato.

---

[24] Loureiro, Francisco Eduardo. Op. cit., p. 621.

[25] Tartuce, Flávio. *Direito civil:* teoria geral dos contratos e contratos em espécie. São Paulo: Método, [s.d.]. v. 3. (Série concursos públicos), p. 215. Nesse mesmo sentido, veja-se Wald, Arnoldo. *Curso de direito civil brasileiro:* obrigações e contratos. 6. ed. São Paulo: Revista dos Tribunais, 1983, p. 198.

I. DAS FORMAS TRADICIONAIS DE EXTINÇÃO DOS CONTRATOS POR FATOS POSTERIORES ...

A revogação faz cessar a manifestação de vontade de um dos contraentes. O que se retira é a *vox*, de modo que se volte ao *status quo*[26]. Segundo Araken de Assis[27], ao revogar, alguém se desdiz e emite uma vontade oposta à primitiva.

Exemplo de revogação é encontrado no contrato de doação. Como rege o Código Civil (arts. 555 a 564), o doador poderá revogar a doação que realizou quando o donatário: (i) atentou contra a vida do doador ou cometeu crime de homicídio doloso contra ele; (ii) cometeu contra o donatário ofensa física; (iii) injuriou-o gravemente ou o caluniou; (iv) se, podendo ministrá-los, recusou ao doador os alimentos de que necessitava.

A revogação também pode ser livremente exercida no caso do mandato, como prevê o art. 682, inciso I, do Código Civil. A extinção do contrato de promessa de recompensa (art. 856) e do testamento (art. 1.969) também se fazem pela revogação.

c) Resgate

O resgate, afirma Maria Helena Diniz[28], significa ato de libertar alguma coisa de uma obrigação, ônus ou encargo a que estava vinculada, ou de cumprir uma obrigação de caráter pessoal. Essa forma de resilição unilateral era tratada para o caso da enfiteuse prevista no Código Civil de 1916, ora já revogado. Com o advento do Código Civil de 2002, ficou proibida a constituição de novas enfiteuses (art. 2.038), tornando praticamente extinto o termo "resgate" entre as formas de resilição unilateral[29].

---

[26] PONTES DE MIRANDA. *Tratado...*, v. 38, §3.075, p. 269 et seq.

[27] ASSIS, Araken de. *Resolução do contrato por inadimplemento*. 4. ed. São Paulo: Revista dos Tribunais, 2004, p. 90.

[28] DINIZ. *Curso...*, v. 3, p. 161.

[29] No direito português, o termo resgate é utilizado com forma de resgate antecipado de títulos, (em particular títulos da dívida pública, certificados de aforro ou obrigações do tesouro). Também é aplicado com frequência no direito administrativo, no sentido de fazer cessar uma concessão, identificável com uma denúncia justificada por conveniência de interesse público. Cf. MARTINEZ, Pedro Romano. *Da cessação do contrato*. 2. ed. Lisboa: Almedina, 2006, p. 89.

A única previsão do atual Código Civil para o exercício do resgate seria no exercício da retrovenda, referindo-se ao retorno do bem ao vendedor, conforme se verifica da leitura dos artigos 505 e 506 do diploma[30].

d) Exoneração por ato unilateral

Flávio Tartuce[31] fez lembrança sobre uma nova forma de resilição unilateral trazida pelo Código Civil. A exoneração unilateral é cabível por parte do fiador, na fiança, por prazo indeterminado. Prevista no art. 835 do Código Civil, terá eficácia plena depois de 60 (sessenta) dias de notificação do credor e do devedor, efetivada pelo fiador. Pelo teor desse dispositivo, a exoneração unilateral não se aplica ao contrato de fiança por prazo determinado. Essa forma de proteção do fiador decorre do princípio da função social do contrato, disposto no art. 421 do Código Civil.

2.2 Resolução

2.2.1 *Resolução sem culpa das partes (ou inexecução involuntária)*

Mário Júlio de Almeida Costa[32] define a resolução como ato de um dos contraentes dirigido à dissolução do vínculo contratual, em plena vigência desse, e que tende a colocar as partes na situação que teriam caso o contrato não se houvesse celebrado.

Para Pedro Pais de Vasconcelos[33], a resolução é uma declaração unilateral recipienda ou receptícia pela qual uma das partes, dirigindo-se à outra, põe fim ao negócio retroativamente, destruindo assim a relação contratual.

Em algumas situações, o contrato resolve-se sem culpa das partes. São as hipóteses de caso fortuito ou de força maior, nos termos do artigo

---

[30] "Art. 505. O vendedor de coisa imóvel pode reservar-se o direito de recobrá-la no prazo máximo de decadência de 3 (três) anos, restituindo o preço recebido e reembolsando as despesas do comprador, inclusive as que, durante o período de *resgate*, se efetuaram com a sua autorização escrita, ou para a realização de benfeitorias necessárias. Art. 506. Se o comprador se recusar a receber as quantias a que faz jus, o vendedor, para exercer o *direito de resgate*, as depositará judicialmente".

[31] TARTUCE. *Direito civil...*, p. 215.

[32] COSTA, Mário Júlio de Almeida. *Direito das obrigações*. 10. ed. Coimbra: Almedina, 2006, p. 319.

[33] VASCONCELOS, Pedro de Pais. *Teoria geral do direito civil*. 4. ed. Coimbra: Almedina, 2007, p. 773.

I. DAS FORMAS TRADICIONAIS DE EXTINÇÃO DOS CONTRATOS POR FATOS POSTERIORES ...

393, do Código Civil. Trata-se das hipóteses em que a resolução do contrato decorre de impossibilidade superveniente, objetiva, total e definitiva. Assim, caso, por exemplo, houver perecimento do objeto sem culpa das partes, a obrigação se resolve e as partes devem ser recolocadas no estado anterior.

Num contrato de compra e venda de um animal, é o exemplo clássico da doutrina, caso antes da entrega, um raio venha a matá-lo, a obrigação se resolve, mas o vendedor deverá devolver dinheiro ao comprador, caso já tenha recebido total ou parcialmente o preço pelo animal.

Mas Simão[34] nos traz uma boa lembrança. Na hipótese de mora do devedor, temos uma exceção, pois o devedor responde inclusive pelo caso fortuito ou de força maior (artigo 399, do Código Civil), salvo se provar isenção de culpa, ou que o dano sobreviria ainda que a obrigação fosse oportunamente desempenhada.

Para os casos de resolução sem culpa das partes, não há necessidade de se requerer tal declaração por uma sentença judicial, essa será operada de pleno direito.

2.2.2 *Resolução por culpa das partes*[35]

A resolução, em regra geral, pressupõe inadimplemento[36] e ilicitude, culpa e dano. Se um dos contratantes tiver culpa na extinção do contrato, estaremos diante de inadimplemento voluntário, que vai ter como consequência a faculdade da parte prejudicada pedir a resolução do

---

[34] Simão. Op. cit., p. 139.

[35] Como bem ressaltou Alberto Gosson Jorge Junior, alguns juristas preferem classificar a resolução por inadimplemento involuntário ou voluntário. Contudo, considerando-se que os danos decorrentes do **risco da atividade** também são considerados como uma hipótese para resolução do contrato, a melhor classificação é esta ora apresentada (Jorge Junior, Alberto Gosson. Resolução do contrato por inadimplemento do devedor. *Revista do Advogado da Associação dos Advogados de São Paulo*, Ano XXXII, nº 116, Julho de 2012, p. 8).

[36] O descumprimento da obrigação é definido por Antunes Varela como a não realização da prestação debitória, sem que, entretanto, tenha-se verificado quaisquer das causas extintivas típicas da relação obrigacional (Varela, João de Matos Antunes. *Das obrigações em geral*. 7. ed. [S.l.]: Almedina, 2006. v. 2, p. 62).

O descumprimento é considerado definitivo sempre que a prestação não tenha sido realizada e já não possa mais ser. Já o cumprimento defeituoso, segundo Pedro Romano Martinez, corresponde a uma desconformidade entre a prestação devida e a que foi realizada (In: Martinez, Pedro Romano. *Cumprimento defeituoso:* em especial na compra e venda e na empreitada. [S.l.]: Almedina, 1994, p. 143).

contrato ou seu cumprimento, cabendo cumulativamente o pedido de indenização.

Havendo a inexecução por culpa de uma das partes, segundo o artigo 475, do Código Civil, a parte lesada pelo inadimplemento pode pedir a resolução do contrato, se não preferir exigir-lhe o cumprimento, cabendo, em qualquer dos casos, indenização por perdas e danos.

No mesmo sentido, nas obrigações de dar coisa certa, determina o art. 236, do Código Civil, que sendo culpado o devedor, poderá o credor exigir o equivalente, ou aceitar a coisa no estado em que se acha, com direito a reclamar, em um ou em outro caso, indenização das perdas e danos.

Segundo Orlando Gomes[37], alguns entendem que se a inexecução é convertida em dever de indenizar, não há propriamente resolução, porque o pagamento da indenização é uma das formas de execução do contrato, mas, em verdade, a condenação do devedor ao ressarcimento dos prejuízos é uma sanção que se lhe aplica exatamente porque deixou de executar o contrato. Há, portanto, resolução, a que se acrescenta a obrigação de indenizar.

Mas a discussão maior no caso da resolução por culpa de uma das partes é saber se há (ou não) necessidade da declaração judicial da resolução ou se esta se daria de forma automática, independentemente do pronunciamento judicial.

Orlando Gomes[38] nos ensina que o exercício da faculdade de resolução é distinto por dois sistemas: o francês e o alemão. Pelo sistema francês, a resolução tem de ser requerida judicialmente. Já pelo sistema alemão, ao contrário, admite-se a resolução sem intervenção judicial. O contrato resolve-se de pleno direito. Assim, se um dos contratantes não cumpre a sua obrigação, pode o outro declarar resolvido o contrato, independentemente de pronunciamento judicial.

Em Portugal, por via de regra (art. 224, nº 1, do Código Civil português), a resolução não é decretada judicialmente, bastando a mera declaração de uma das partes. Todavia, em determinadas situações ou caso uma das partes negue à outra o direito de resolução, essa deve ser realizada judicialmente.

---

[37] GOMES. Op. cit., p. 205.
[38] GOMES. Idem, p. 207.

I. DAS FORMAS TRADICIONAIS DE EXTINÇÃO DOS CONTRATOS POR FATOS POSTERIORES ...

Caso seja decretada de forma judicial, o momento da resolução se dá quando o interessado comunicou a resolução do contrato à parte contrária (art. 436 do Código Civil Português)[39]. Assim, o direito português é inspirado no sistema alemão, ao contrário do direito brasileiro, que se valeu de um sistema híbrido, contudo, com maior proximidade ao sistema francês.

Isso porque o artigo 474 do Código Civil determina que a "cláusula resolutiva expressa opera de pleno direito; a tácita depende de interpelação judicial".

Assim, se o contrato estabelecer uma cláusula resolutiva expressa, ou seja, uma cláusula contratual em que as partes reforçam que ocorrendo o inadimplemento contratual o contrato resolve-se automaticamente, sem a necessidade de interpelação judicial, estaríamos diante do sistema alemão[40].

Contudo, caso não haja a previsão de uma cláusula resolutiva expressa, estaríamos diante do sistema francês[41] e haveria a necessidade de inter-

---

[39] Esse é o entendimento de Pires de Lima e Antunes Varela (LIMA, Fernando Pires de; VARELA, Antonio João Antunes. *Código Civil anotado*. 4. ed. Coimbra: [s.n.]: 1987. v. 1, p. 412). Em sentido contrário, é o entendimento de Pedro Romano Martinez que entende que neste caso, o negócio jurídico só cessa a partir da data em que a decisão transitou em julgado (MARTINEZ. *Da cessação...*, p. 186).

[40] Sobre a desnecessidade da interferência judicial na declaração da resolução, manifestou-se Daniel Ustárroz: "[...] ao se firmarem o pacto, as partes apontam de antemão nos quais o contrato é resolvido, descabe ao Judiciário outra conduta que não a de chancelar suas vontades. Dentro desse contexto, qualquer alteração do conteúdo do contrato deve se dar mediante o reconhecimento das figuras que permitem a anulação do negócio jurídico e jamais pela mera vontade do julgador e sua ideia particular de justiça. Quer dizer isto que, caso o contrato tenha sido celebrado longe de vícios, não cabe a terceiros analisar a gravidade ou não da conduta prescrita na cláusula resolutiva, pois a mesma fora elaborada pelos próprios interessados" (USTARRÓZ, Daniel. A resolução do contrato no novo Código Civil. *Revista Jurídica*, n. 304, ano 51, p. 32-53, Fevereiro de 2003, p. 36).

Na mesma senda, Antônio Celso Pinheiro Franco e José Roberto Pinheiro Franco asseveram: "Também adotamos essa linha de pensamento entendendo que havendo cláusula resolutiva expressa estabelecida pelas partes, isso permite ao interessado fazer uso direto da reintegratória, independentemente de uma ação prévia de rescisão contratual" (PINHEIRO FRANCO, Antônio Celso; PINHEIRO FRANCO José Roberto. Cláusula resolutiva expressa: o exato sentido do art. 119 do CC/1916 e dos arts. 128 e 474 do Diploma Substantivo de 2002. *Revista do Instituto dos Advogados*, ano 13, n. 25, Janeiro-Junho de 2010, p. 80).

[41] O Código Civil francês (art. 1.184) determina que a resolução poderá ser requerida apenas via judicial ("Art. 1.184. La résolution doit être demandeé en justice).

pelação judicial. Nesse caso, estaríamos diante da cláusula resolutiva tácita (art. 475 do Código Civil).

Mas ainda que o direito pátrio autorize a possibilidade de resolução automática em virtude de cláusula resolutiva expressa, a jurisprudência diverge. Em São Paulo, por exemplo, grande parte da jurisprudência entende pela necessidade de interposição de ação judicial para a declaração de resolução do contrato, ainda que diante de cláusula resolutiva expressa[42].

Mesmo no próprio Tribunal de Justiça de São Paulo, alguns desembargadores, a exemplo de Francisco Loureiro[43], entendem desnecessário pronunciamento judicial quando o contrato prever cláusula resolutiva expressa.

Por seu turno, o Superior Tribunal de Justiça[44] já se posicionou no sentido de que "o contrato com cláusula resolutiva expressa, para ser rescindido por inadimplemento, dispensa rescisão formal pelo Judiciário".

Ressalte-se, ainda, que em determinados casos, o legislador pode limitar os efeitos da cláusula resolutiva expressa. É o caso, por exemplo, no compromisso de compra e venda. O Decreto Lei 58/37, a Lei 6.766/79 e a Lei 4.591/64 atenuam a dureza da cláusula e impõem notificação premonitória para o fim de converter a mora definitiva.

De todo modo, seja a resolução oriunda de cláusula resolutiva expressa, seja oriunda de cláusula resolutiva tácita, os efeitos, em regra, serão operados de forma *ex tunc*[45].

---

[42] Nesse sentido: *"Ação de reintegração de posse derivada da falta de pagamento das prestações do imóvel transacionado, pelo cooperado.* Liminar bem denegada, agravo contra a denegação improvido. Necessidade de primeiro ser rescindido o negócio, ainda que haja cláusula resolutiva expressa" (Tribunal de Justiça de São Paulo, 8ª Turma Cível, Apelação nº 991.06.040542-2, Rel. Min. Luiz Ambra, j. 26 de maio de 2010). A exceção seria, como visto anteriormente, nos casos de resolução sem culpa das partes, em que a resolução de fato é declarada de pleno direito.

[43] LOUREIRO, Francisco Eduardo. Op. cit., p. 636.

[44] REsp 64.170-SP, Rel. Ministra Eliana Calmon, j. 15 de Agosto de 2000.

[45] Esse posicionamento não é pacífico. Simão (Op. cit., p. 139-140) assevera que em se tratando de cláusula resolutiva expressa, a eficácia da sentença será declaratória e, portanto, os efeitos seriam retroativos. Contudo, no caso de cláusula resolutiva tácita, estaríamos diante de uma sentença constitutiva negativa e os seus efeitos, contudo, não seriam retroativos.

Nos termos do art. 434 do Código Civil português, a resolução tem efeito retroativo, salvo se a retroatividade contrariar a vontade das partes ou a finalidade da resolução. A resolução, por consequência, faz com que as partes fiquem na posição como se nunca tivessem cele-

I. DAS FORMAS TRADICIONAIS DE EXTINÇÃO DOS CONTRATOS POR FATOS POSTERIORES ...

Assim, extinto o contrato por resolução, apaga-se o que se executou, devendo-se proceder a restituições recíprocas, se couberem. Nesse ponto, Pedro Romano Martinez[46] fez uma relevante observação: a ideia é criar uma *ficção jurídica* de que o contrato não existiu. Isso porque, claro, não se pode apagar o que já ocorreu.

Por exemplo, na hipótese de um consumidor ter adquirido móveis sob medida e após a instalação ter verificado que os mesmos, além de qualidade inferior da que foi prometida, foram instalados incorretamente, pode o consumidor pleitear a resolução por inadimplemento diante da empresa que vendeu e instalou os móveis.

Contudo, claro que não há como esconder uma situação vivenciada pelas partes, ou seja, o consumidor foi até a loja, adquiriu produtos que chegaram a ser instalados na sua residência. Com a resolução do contrato, a situação fática deve tentar retornar como se as partes nunca o tivessem celebrado. Deverá a empresa retirar os móveis instalados, deixando o local como se nunca os tivesse recebido. E para indenizar o consumidor que perdeu tempo e teve transtornos com a venda dos móveis, haverá de ser calculado um valor pelo dano eventualmente suportado. Nesse caso, a resolução do contrato, por óbvio, não pode fazer com que as partes retornem ao *status quo ante*.

Daí a expressão do Prof. Romano Martinez de que a intenção é criar uma ficção jurídica, como se as partes nunca tivessem formalizado aquele contrato.

Ademais, como bem asseverou Orlando Gomes[47], só é possível remontar à situação anterior à celebração do contrato se esse não for de trato sucessivo, pois do contrário, a resolução não tem efeito em relação ao passado; as prestações não se restituem. Nessas situações, de fato, a resolução não pode abranger as prestações já realizadas, apenas produzindo efeitos para o futuro.

Na mesma senda, Francisco Loureiro[48] também adverte que a resolução do contrato extingue o vínculo e libera os contratantes, com efeito retroativo. A regra, todavia, conta com relevante exceção: nos contratos de execução diferida e sucessiva, ou contínua, nos quais as prestações

---

brado o contrato, ou seja, *status quo ante*. Esse efeito retroativo, todavia, não prejudica o direito adquirido por terceiros (art. 435, nº 1, do Código Civil Português).

[46] MARTINEZ. *Da cessação...*, p. 189-190.

[47] GOMES. Op. cit., p. 210.

[48] LOUREIRO. Op. cit., p. 624 e ss.

DIREITO DE ARREPENDIMENTO NOS CONTRATOS DE CONSUMO

nascem e se extinguem a cada período, a resolução tem efeito *ex nunc*, de modo a respeitar os efeitos pretéritos já consumados.

Interessante, ainda, posicionamento firmado por parte da doutrina que assevera que a resolução por culpa de uma das partes pode se dar, também, nos casos de inadimplemento antecipado (*antecipatory brench of contract*), ou seja, nas situações antes do vencimento da prestação, nas quais o devedor poderá deixar claro que não irá adimplir a sua obrigação.

Segundo Ruy Rosado de Aguiar Júnior[49], é possível caracterizar-se o inadimplemento antecipado se o devedor pratica atos nitidamente contrários ao cumprimento ou faz declarações expressas nesse sentido, acompanhadas de comportamento efetivo contra a prestação, de tal sorte que se possa deduzir conclusivamente, dos dados objetivos existentes, que não haverá cumprimento.

Exemplo disso dá-se no caso da obrigação de entrega de uma construção (coisa certa). Estipulado o prazo de dois anos para entrega do edifício, restando três meses para o cumprimento da obrigação, o empreiteiro sequer iniciou as fundações no terreno[50]. Nesse caso, a doutrina brasileira admite a possibilidade de resolução do contrato de forma antecipada, ainda que não tenha ocorrido o prazo final para que aquela obrigação fosse cumprida[51].

---

[49] AGUIAR JÚNIOR, Ruy Rosado de. *Comentários ao novo Código Civil* (arts. 472 a 480). Coord. Sálvio de Figueiredo Teixeira. Rio de Janeiro: Forense, 2011. v. 6. t. II, p. 579-581).

[50] Nesse sentido, veja-se acórdão do Tribunal de Justiça de São Paulo: "*Ação de rescisão contratual c.c devolução de valores pagos – Possibilidade de a autora mesmo inadimplente requerer a rescisão contratual e receber em devolução as quantias pagas.* 1. Pedido de rescisão contratual face a inadimplência da ré que, próximo da data avençada para a entrega da obra, nada tinha construído. Inadimplemento antecipado da obrigação que autoriza o desfazimento do contrato. 2. Rescindido o contrato, a compromissária-compradora têm direito à restituição dos valores pagos, integralmente, inclusive as despesas com corretagem e análise de crédito, pois a compromissária-vendedora deu causa ao desfazimento da negócio e deve responder pelas perdas e danos. Sentença confirmada. Recurso não provido" (Tribunal de Justiça de São Paulo, Apelação nº 9187308-49.2005.8.26.0000, Rel. Carlos Alberto Garbi, j. 30 de Agosto de 2011).

[51] Essa posição também é adotada por Daniel Ustarróz (Op. cit., p. 40): "[...] é de se admitir a quebra antecipada do contrato sempre que, em face das circunstâncias adjacentes ao negócio jurídico, reste evidente que o mesmo será inadimplido na forma e no tempo combinados". Ademais, tal como nos ensina Pedro Romano Martinez (Op. cit., p. 145), a possibilidade de pleitear pela resolução antecipada é estabelecido no art. 7.3.3 como dos princípios do UNIDROIT, ao dispor que "uma parte pode resolver o contrato se, antes do vencimento, for manifesto que haverá incumprimento essencial pela outra parte. Nestes

I. DAS FORMAS TRADICIONAIS DE EXTINÇÃO DOS CONTRATOS POR FATOS POSTERIORES ...

Outra questão interessante é a prevista na teoria do adimplemento substancial (*substancial performance*). O adimplemento substancial foi conceituado por Clóvis Couto e Silva[52], como um adimplemento tão próximo ao resultado final, que, tendo-se em vista a conduta das partes, exclui-se o direito de resolução, permitindo tão somente o pedido de indenização e/ou de adimplemento, vez que aquela primeira pretensão viria a ferir o princípio da boa-fé.

Esta figura visa justamente salvaguardar relações negociais que, se não lograram alcançar êxito pleno, estiveram muito próximo disso. É o caso do consumidor que adquire um imóvel em 100 (cem) prestações e, por uma dificuldade financeira passageira, deixa de pagar as duas últimas parcelas.

Não é justo que, em razão desse pequeno inadimplemento, a construtora possa requerer a resolução total do contrato. Conforme se manifestou Eduardo Bussata[53] em obra específica sobre o tema, somente se pode pensar na resolução do contrato quando o descumprimento é sério, lesivo aos interesses da parte não-inadimplente. Tal descumprimento deve retirar o sinalagma funcional do contrato, afastando sua função socioeconômica. Contrariamente, fica vedado o exercício do direito à resolução quando o inadimplemento possui escassa importância. Caso o inadimplemento seja leve, o contrato deverá ser mantido[54],

casos, o contrato pode ser resolvido antes da data em que a prestação da parte faltosa deveria ser realizada.

[52] *Apud* ALVES, Jones Figueiredo. In: FIUZA, Ricardo (coordenador). *Novo Código Civil comentado*. 4. ed. São Paulo: Saraiva, 2005, p. 111.

[53] BUSSATA, Eduardo Luiz. *Resolução dos contratos e teoria do adimplemento substancial*. 2. ed. São Paulo: Saraiva, 2008, p. 99-100.

[54] Acerca do adimplemento substancial e o princípio da boa-fé objetiva, manifestou-se com primazia Anderson Schreiber: "Da mesmíssima forma que se veda ao devedor frustrar a obrigação antes do seu vencimento, deve-se impedir o credor de frustrá-la posteriormente. Assim, cumpre acolher o adimplemento retardado sempre que possível, preferindo-se a mora ao adimplemento absoluto, desde que conservada a função socioeconômica da relação obrigacional, em cada caso concreto. Em sentido diverso caminhou o legislador de 2002, ao eliminar a referência à mora no art. 390, sugerindo o acolhimento da posição tradicional pela qual o inadimplemento nas obrigações negativas é sempre absoluto. A alteração normativa atende à lição doutrinária segundo a qual 'a obrigação negativa não comporta variante. Ou o devedor não pratica o ato proibido e está cumprindo a obrigação; ou pratica, e dá-se a inexecução'. Ignora, contudo, que, se a máxima vale para obrigações de cumprimento imediato, pode não se afigurar imperativa em relações obrigacionais de caráter continuado,

DIREITO DE ARREPENDIMENTO NOS CONTRATOS DE CONSUMO

podendo, então, o credor exigir o cumprimento das prestações devidas, mais as perdas e danos que o caso importar.

Como não poderia deixar de ser, em determinadas circunstâncias, a jurisprudência brasileira, baseando-se no princípio do adimplemento substancial, boa-fé objetiva e função social do contrato, tem limitado o direito à resolução[55].

nas quais a abstenção em retardo pode mostrar-se útil ao credor e ao atendimento da função concretamente desempenhada pela relação obrigacional. Assim, se o devedor se obriga a não concorrer com o credor, e eventualmente o faz, nada impede que, purgando a mora (com as eventuais perdas e danos), volte a se abster. Com efeito, seja nas obrigações negativas seja nas positivas, o adimplemento não se limita ao instante singular do seu cumprimento, mas espraia-se pela continuidade da relação obrigacional, para atrair em seu favor a conduta das partes antes e depois do vencimento da obrigação. Assim, à luz da boa--fé objetiva, o adimplemento passa a ser compreendido como um processo que se estende temporalmente, abrangendo o comportamento das partes antes e após a execução pontual da prestação" (SCHREIBER, Anderson. A boa-fé objetiva e o adimplemento substancial. In: HIRONAKA, Giselda Maria Fernandes Novaes; TARTUCE, Flávio (coordenadores). *Direito contratual*: temas atuais. São Paulo: Método, 2007, p. 134-135).

[55] O Tribunal de Justiça do Rio Grande do Sul foi o pioneiro na aplicação da teoria do adimplemento substancial, senão veja-se: *"Contrato. Resolução. Adimplemento substancial. O comprador que pagou todas as prestações de contrato de longa duração, menos a última, cumpriu substancialmente o contrato, não podendo ser demandado por resolução. Ação de rescisão julgada improcedente e procedente a consignatória. Apelo provido em parte, apenas relativamente aos honorários"* (Apelação Cível Nº 588012666, Quinta Câmara Cível, Tribunal de Justiça do RS, Relator: Ruy Rosado de Aguiar Júnior, Julgado em 12.04.1988). O entendimento do Tribunal de Justiça do Rio Grande do Sul é com certeza o mais acertado. Seria no mínimo injusto e fora dos ditames estabelecidos pelo Código Civil permitir que diante um inadimplemento irrisório perante a prestação total, o credor pudesse resolver todo contrato de forma *ex tunc*. A teoria do adimplemento substancial, portanto, protege o devedor da extinção do contrato diante de um inadimplemento parcial e insignificante. Posteriormente, os demais tribunais brasileiros pacificaram este entendimento. Veja-se, por exemplo, julgado do Superior Tribunal de Justiça: *"Seguro. Inadimplemento da segurada. Falta de pagamento da ultima prestação. Adimplemento substancial. Resolução. A companhia seguradora não pode dar por extinto o contrato de seguro, por falta de pagamento da última prestação do prêmio, por três razões: a) sempre recebeu as prestações com atraso, o que estava, aliás, previsto no contrato, sendo inadmissível que apenas rejeite a prestação quando ocorra o sinistro; b) a seguradora cumpriu substancialmente com a sua obrigação, não sendo a sua falta suficiente para extinguir o contrato; c) a resolução do contrato deve ser requerida em juízo, quando será possível avaliar a importância do inadimplemento, suficiente para a extinção do negócio. Recurso conhecido e provido"* (Superior Tribunal de Justiça, REsp 76362, 4ª Turma, j. 11.12.1995).

I. DAS FORMAS TRADICIONAIS DE EXTINÇÃO DOS CONTRATOS POR FATOS POSTERIORES ...

Contudo, deve ser advertido, desde logo, que a análise para a manutenção do contrato não deve ser uma análise meramente quantitativa[56]. Consoante lição de Francisco Loureiro[57], a falta de duas peças, entre dezenas delas em um jogo de talheres, ou de mesa, pode ser suficiente para justificar o desinteresse do credor. Já a falta de pagamento de parte do preço, em prestações pecuniárias, pode não afetar substancialmente o mesmo interesse. Segundo Loureiro, a natureza da prestação e a finalidade do contrato são fatores decisivos para aferição do interesse. Caberá ao juiz, sempre, avaliar com prudência os pressupostos da resolução, levando em conta, em cada caso, mas utilizando-se de critérios sistemáticos, a existência do adimplemento substancial, da prestação útil e de interesse do credor. Deverá, de um lado, sopesar a permanência do interesse do contratante fiel e, de outro, as vantagens da manutenção da avença.

Veja-se que em determinados casos, a impossibilidade de resolução contratual não incorre em prejuízo algum ao credor. Ele continua com o direito de receber os valores decorrentes da inadimplência do devedor. Contudo, não poderá pleitear pela extinção do contrato, mas apenas cobrar os valores devidos.

2.2.3 *Resolução por onerosidade excessiva*

Por fim, a resolução pode ser decretada nos casos em que for constatada *onerosidade excessiva* a uma das partes. Conforme a lição de Caio Mário da Silva Pereira[58], todo o contrato é previsão e, em todo o contrato, há mar-

---

[56] Não obstante a crítica de grande parte da doutrina sobre a incorreta aplicação de uma visão quantitativa para a resolução por adimplemento substancial, muitos julgados continuam a valer-se de tal análise: *"Direito civil. Contrato de arrendamento mercantil para aquisição de veículo (leasing). Pagamento de trinta e uma das trinta e seis parcelas devidas. Resolução do contrato. Ação de reintegração de posse. Descabimento. Medidas desproporcionais diante do débito remanescente. Aplicação da teoria do adimplemento substancial.* [...] 3. No caso em apreço, é de se aplicar a teoria do adimplemento substancial dos contratos, porquanto o réu pagou: '31 das 36 prestações contratadas, 86% da obrigação total (contraprestação e VRG parcelado) e mais R$ 10.500,44 de valor residual garantido'. O mencionado descumprimento contratual é inapto a ensejar a reintegração de posse pretendida e, consequentemente, a resolução do contrato de arrendamento mercantil, medidas desproporcionais diante do substancial adimplemento da avença" (Superior Tribunal de Justiça, REsp 1.051.270 – RS, Rel. Ministro Luis Felipe Salomão, j. 04 de Agosto de 2011).

[57] LOUREIRO, Francisco Eduardo. Op. cit., p. 633.

[58] PEREIRA, Caio Mário da Silva. *Instituições de direito civil*. 3. ed. Rio de Janeiro: Forense, 1975. v. 3, p. 162.

gem para oscilação do ganho e da perda em termos que permitem lucro e prejuízo. Mas quando é ultrapassado um grau de razoabilidade, que o jogo da concorrência tolera, e atinge-se o plano de desequilíbrio, não pode se omitir do homem o direito e deixar que, em nome da ordem jurídica e por amor ao princípio da obrigatoriedade do contrato, um dos contratantes leve o outro à ruína completa e extraia para si o máximo benefício[59].

Ultrapassada essa razoabilidade, entendeu o legislador que deveria proteger o contraente que sofreu prejuízo em razão da desproporção da sua prestação por fatos imprevisíveis.

A possibilidade de resolução por onerosidade excessiva está prevista no artigo 478 do Código Civil que disciplina: "nos contratos de execução continuada ou diferida, se a prestação de uma das partes se tornar excessivamente onerosa, com extrema vantagem para a outra, em virtude de acontecimentos extraordinários e imprevisíveis, poderá o devedor pedir a resolução do contrato"[60].

Conforme nos ensina Simão[61], o legislador brasileiro, por intermédio do artigo 478, optou por atrelar a onerosidade excessiva à teoria da imprevisão, embora ambas não se confundam em termos conceituais.

E, para tal análise, mister que verifiquemos a origem histórica da cláusula *rebus sic stantibus* e seus desdobramentos. A cláusula *rebus sic stantibus* surgiu na Idade Média, da frase *contratus qui habent tractum sucessivum et dependentiam de futuro, rebus sic santibus intelliguntur*, ou seja, os contratos que têm trato sucessivo e dependência futura devem ser entendidos estando assim as coisas.

---

[59] Nas palavras de Ênio Zuliani, "a onerosidade excessiva é a metamorfose surpreendente da prestação a cumprir, sinônimo de excesso de peso de carga econômica do contrato de execução continuada ou diferida, constituindo um desavio a ser superado para salvaguarda dos interesses legítimos" (ZULIANI, Ênio. Resolução do contrato por onerosidade excessiva. In: LOTUFO, Renan; NANNI, Giovanni Ettore (coordenadores). *Teoria geral dos contratos*. São Paulo: Atlas, 2011, p. 655).

[60] A resolução contratual ou a possibilidade de revisão do contrato por alteração das circunstâncias encontra previsão legal no art. 437 do Código Civil português. Conforme nos ensina Pedro Romano Martinez, esse dispositivo legal estabelece um confronto entre a estabilidade e a segurança jurídica, por um lado; a justiça comutativa, por outro; e, ainda, noutro plano, dir-se-á que existe uma contraposição entre a autonomia das partes e a boa-fé. (MARTINEZ. Op. cit., p. 157).

[61] SIMÃO. Op. cit., p. 144.

I. DAS FORMAS TRADICIONAIS DE EXTINÇÃO DOS CONTRATOS POR FATOS POSTERIORES ...

Ainda segundo Simão[62], parte-se do princípio de que o contrato é formado de acordo com determinadas condições fáticas que existem no momento da formação. Se tais condições fáticas sofrerem alteração e, em razão delas o contrato gerar enriquecimento injusto a um dos contratantes, poderá o outro invocar a cláusula *rebus* para não cumprir o contrato firmado. Note-se que, em sua origem, a cláusula *rebus* não fala em motivos que teriam levado à alteração fática do negócio. Bastaria a alteração.

E é a partir da cláusula *rebus* que surgem as teorias da imprevisão, teoria da onerosidade excessiva e teoria da quebra da base do contrato.

A *teoria da imprevisão*, que tem por pressuposto a imprevisibilidade, a excepcionalidade da álea e o desequilíbrio das prestações, teve o seu início no século XX, na França, quando, no curso da Primeira Guerra Mundial, a cidade de Bordeaux e a concessionária de produção de gás litigaram a respeito do preço pelo qual o gás era vendido. Naquela altura, com a repentina alta do carvão, o Conselho de Estado admitiu uma indenização em favor da empresa, vítima do desequilíbrio contratual.

Para a teoria da imprevisão, importa que o fato seja realmente imprevisível. Na realidade, originariamente, a teoria da imprevisão, desde sua formação, está ligada a fenômenos imprevisíveis e extraordinários que causam alteração da situação em que uma das partes contratou. Exemplos seriam: guerra ou mesmo drásticas mudanças econômicas.

A questão da imprevisibilidade é, de fato, bastante controversa. O que seria um fato imprevisível?

Para Inocêncio Galvão Telles[63], circunstâncias em que as partes fundaram a decisão de contratar são as circunstâncias que determinaram as partes de contratar, de tal modo que, se fossem outras, não teriam contratado, ou tê-lo-iam feito, ou pretendido fazer, em termos diferentes. Ou não passou sequer pela cabeça dos interessados que o *status quo* se modificaria; ou admitiriam que tal ocorresse, mas em medida irrelevante. Sendo assim, para esse jurista, a resolução por onerosidade excessiva apenas deve ser possibilitada quando a alteração é significativa, que deve assumir apreciável vulto.

---

[62] SIMÃO. Idem, p. 145.
[63] TELLES, Inocêncio Galvão. *Manual dos contratos em geral*. 4. ed. Coimbra: [s.n.], 2002, p. 343-344).

DIREITO DE ARREPENDIMENTO NOS CONTRATOS DE CONSUMO

Em virtude da dificuldade relacionada com o tema, o Conselho da Justiça Federal editou alguns enunciados sobre o tema:

Enunciado 17 – Art. 317: a interpretação da expressão "motivos imprevisíveis", constante do art. 317 do novo Código Civil, deve abarcar tanto causas de desproporção não previsíveis como também causas previsíveis, mas de resultados imprevisíveis.

Enunciado 175 – Art. 478: A menção à imprevisibilidade e à extraordinariedade, insertas no art. 478 do Código Civil, deve ser interpretada não somente em relação ao fato que gere o desequilíbrio, mas também em relação às consequências que ele produz[64].

Veja-se que ambos os enunciados têm por objetivo ampliar a noção de imprevisão. Como bem ressaltou Simão[65], pelo teor dos enunciados a imprevisão pode estar no motivo ou no resultado, no efeito[66].

Para Ênio Zuliani[67], a imprevisibilidade deve ser entendida como fenômeno que, embora capaz de se suceder – como quase tudo é possível acontecer, inclusive as piores fatalidades –, não foi ponderado pelos contratantes como sendo possível de interferir na conclusão do contrato. É mister cautela na valoração do fato propulsor de um efeito devastador ao contrato, porque o excesso de rigor na classificação de

---

[64] Nessa senda, vejam-se as palavras proferidas por Ênio Zuliani: "Mesmo que exista um determinado risco (álea) no negócio (art. 458 do Código Civil), o intérprete haverá de sentir, quando se demonstrar, que uma espécie de episódio, embora passível de acontecer, terminou eclodindo de forma extraordinária para a sequência do contrato, terminando por produzir um resultado inesperado e jamais cogitado pelo mais pessimista e otimista dos contraentes (Op. cit., p. 657).

[65] SIMÃO. Op. cit., p. 146.

[66] Alguns julgados proferidos pelo Superior Tribunal de Justiça buscam demonstrar o que é um motivo imprevisível "[...] Na hipótese afigura-se impossível admitir onerosidade excessiva, inclusive porque a alta do dólar em virtude das eleições presidenciais e da iminência de guerra no Oriente Médio – motivos alegados pelo recorrido para sustentar a ocorrência de acontecimento extraordinário – porque são circunstâncias previsíveis, que podem ser levadas em consideração quando se contrata a venda para entrega futura com preço certo" (Superior Tribunal de Justiça, REsp 803.481/GO, Rel. Min. Nancy Andrighi, j. 28 de Junho de 2007).

[67] Ainda segundo Ênio Zuliani, "uma greve dos aeroportuários, a qual inviabiliza pousos e decolagens, é um evento extraordinário e imprevisível e pode alterar determinadas relações contratuais dependentes do transporte aéreo, o que elimina a probabilidade de contratos independentes sofrerem alterações" (Op. cit., p. 656).

I. DAS FORMAS TRADICIONAIS DE EXTINÇÃO DOS CONTRATOS POR FATOS POSTERIORES ...

imprevisibilidade poderá restringir o campo de atuação do instituto, aproximando-o de situações que são típicas do caso fortuito e da força maior, e isso não é correto para o espírito do Código Civil.

Ainda segundo o Desembargador Ênio Zuliani, não cabe esperar que os acontecimentos sejam espetaculares, porque, se não for minimizado o conceito de magnitude, poder-se-á estagnar o instituto no reino da fantasia.

Por outro lado, o Enunciado 366 do CJF tem por objetivo restringir a ideia de imprevisão e limitar as possibilidades de revisão ou resolução do contrato:

> Enunciado 366 – Art. 478: O fato extraordinário e imprevisível causador de onerosidade excessiva é aquele que não está coberto objetivamente pelos riscos próprios da contratação[68].

Já para a teoria da *onerosidade excessiva*, basta que ocorra uma mudança de situação fática, causando a insuportabilidade do cumprimento do acordo para um dos contratantes[69]. Assim, havendo uma quebra no sinalagma funcional do contrato que, nascendo equilibrado, perde a equivalência entre prestação e contraprestação, estamos diante de onerosidade excessiva.

Um exemplo clássico da aplicação da teoria da onerosidade excessiva seria o fenômeno inflacionário. A inflação, no Brasil, não pode ser considerada um fenômeno imprevisível, pelo contrário, faz parte da história nacional. Todavia, se ocorrer uma inflação desmedida, tal como ocorreu no ano de 1999 (pós Plano Real), há um evidente desequilíbrio objetivo entre as prestações, que pode ser causa de resolução do contrato por onerosidade excessiva.

Enfim, tal como já adiantado, pela leitura do artigo 478, do Código Civil o legislador brasileiro optou por atrelar a onerosidade excessiva à teoria da imprevisão. Assim, para a possibilidade de resolução do con-

---

[68] Nessa senda, veja-se que o STJ já determinou que "nos contratos de venda para entrega futura, o risco é inerente ao negócio: nele não se cogita imprevisão" (Superior Tribunal de Justiça, REsp 783.520/GO. Rel. Humberto Gomes de Barros, 3ª Turma, j. 7 de Maio de 2007).

[69] As primeiras legislações a adotarem a teoria da onerosidade excessiva foram a austríaca e a da antiga Prússia (Código Civil austríaco, § 936 e *Preussisches Allgemeines Ladrecht*, V, §§ 377) (PONTES DE MIRANDA. *Tratado...*, v. 25, § 3.060, p. 217).

trato, deverá o contratante provar (i) que o contrato nasceu equilibrado e um fenômeno extraordinário (fora do comum) e imprevisível (valendo-se da nova interpretação dadas pelos enunciados aludidos) causou um desequilíbrio entre a prestação e a contraprestação **e** (ii) que haverá extrema vantagem patrimonial a ser suportada pelo outro contratante se o contrato for cumprido nos exatos termos do ajuste[70]-[71].

Frise-se que o evento extraordinário e imprevisível deve surgir após a celebração do contrato[72]. A lei também não tutela o contratante que não usou da prudência necessária para antever e compreender as circunstâncias do contrato. Assim, apenas os riscos absolutamente anômalos, que fogem da previsão razoável dos contratantes é que, consoante a letra do Código, poderiam dar ensejo à resolução do contrato.

Fácil constatar, portanto, que o Código Civil impõe a ocorrência de diversos elementos para que o contrato excessivamente oneroso a uma das partes possa ser resolvido. Outras legislações, tal como a italiana, determina a necessidade de comprovação da onerosidade excessiva e eventos extraordinários e imprevisíveis para que seja decretada a resolução contratual. Todavia, desnecessário se faz a comprovação de vantagem a uma das partes[73]. Daí a crítica sólida por grande parte da doutrina brasileira.

---

[70] Simão. Op. cit., p. 149.

[71] Valendo-se do Código Civil português, Pires de Lima e Antunes Varela afirmam que os requisitos para a resolução 'fundada em alteração das circunstâncias' são (i) alteração *anormal* das circunstâncias em que as partes tenham fundado a decisão de contratar; (ii) caso fique comprovado que a manutenção do contrato, tendo em conta a alteração das circunstâncias, poderá trazer lesão grave para uma das partes; (iii) caso exista perturbação grave dos princípios da boa fé; (iv) que o contrato não seja de execução imediata, isto é, alguma das prestações seja realizada no futuro e (v) que a alteração da circunstância não se encontre abrangida pelos riscos do próprio contrato (Lima, Fernando Pires de; Varela, Antonio João Antunes. *Código Civil...*, v. 1, p. 413).

[72] Antônio Jeová Santos defende a tese de que na relação consumerista, a onerosidade excessiva pode se dar no momento da conclusão do contrato. Essa tese é chamada pelo doutrinador de onerosidade excessiva concomitante ou onerosidade excessiva liminar (Santos. Op. cit., p. 274 et seq.).

[73] Art. 1467 do *Codice Civile* italiano "nei contratti a esecuzione continuata o periodica ovvero a esecuzione differita, se la prestazione di una delle parti è divenuta eccessivamente onerosa per il verificarsi di avvenimenti straordinari e imprevedibili, la parte che deve tale prestazione può domandare la risoluzione del contratto, con gli effetti stabiliti dall'art. 1458 (att. 168)".

I. DAS FORMAS TRADICIONAIS DE EXTINÇÃO DOS CONTRATOS POR FATOS POSTERIORES ...

Por sua vez, o Código de Defesa do Consumidor, ao cuidar da onerosidade excessiva, não segue a noção da teoria da imprevisão, ou seja, nas relações de consumo, basta o desequilíbrio objetivo entre as prestações para que o consumidor possa invocar a resolução do contrato. Não importará se o fator de desequilíbrio era ou não previsível ou ordinário. Não importará, ainda, a prova de que haveria extrema vantagem patrimonial à parte contrária, caso o contrato fosse efetivamente cumprido. Nesse sentido, veja-se que o artigo 6º, inciso V, determina que é direito básico do consumidor a revisão contratual em razão de "fatos supervenientes" que torne as cláusulas contratuais "excessivamente onerosas"[74].

Interessante ainda a disposição do artigo 479 do Código Civil que determina que "a resolução poderá ser evitada, oferecendo-se o réu a modificar equitativamente as condições do contrato". Esse dispositivo decorre do princípio da conservação dos contratos e deverá ser observado pelo juiz, para que prestigie a manutenção do contrato, em vez de sua resolução. Nessa senda, o enunciado nº 176, do Conselho da Justiça Federal:

---

[74] Art. 6º, inciso V do Código Brasileiro de Defesa do Consumidor: "São direitos básicos do consumidor: [...] V – a modificação das cláusulas contratuais que estabeleçam prestações desproporcionais ou sua revisão em razão de fatos supervenientes que as tornem excessivamente onerosas".

Excelente doutrina sobre a onerosidade excessiva no CDC é a de Humberto Theodoro Júnior, o qual afirma: "É verdade que não precisa haver um evento catastrófico, uma hecatombe, para que se invoque a teoria da previsão nos moldes do CDC. Mas, também, é óbvio que se não há de permitir a revisão do contrato por qualquer inovação nos dados econômicos que o envolvem, se a inovação for daqueles que fazem parte da álea natural dos negócios patrimoniais. Pensar de modo contrário e aceitar que qualquer alteração da conjuntura negocial possa autorizar a revisão do contrato, equivaleria a destituí-lo de sua força e funções naturais no mundo jurídico. A função da teoria da imprevisão, na espécie é a de restabelecer o equilíbrio contratual, de sorte que não haverá lugar para a revisão das bases do negócio se o ônus de que se queixa o consumidor não corresponder a um injustificável acréscimo de vantagens para o fornecedor. É inaceitável pretender-se melhorar a situação do consumidor, à custa de prejuízo a ser transferido para o fornecedor. Inviável, portanto, a invocação da teoria da imprevisão pelo consumidor que se baseia apenas em dificuldades pessoais para cumprir o contrato bilateral já inteiramente adimplido na parte relativa ao fornecedor. Sem fato extraordinário a prejudicar o devedor, e sem locupletamento por parte do credor, não há que se cogitar a revisão contratual por onerosidade excessiva, e muito menos a resolução do contrato" (THEODORO JÚNIOR, Humberto. *Direitos do consumidor*. 3. ed. Rio de Janeiro: Forense, 2002, p. 34). Ver mais sobre a onerosidade excessiva no CDC em: SANTOS. Op. cit., p. 274 et seq.

Art. 478: Em atenção ao princípio da conservação dos negócios jurídicos, o art. 478 do Código Civil de 2002 deverá conduzir, sempre que possível, à revisão judicial dos contratos e não à resolução contratual.

Sem prejuízo, tal como bem ressaltado por Ênio Zuliani[75], aos particulares, o sistema do Código Civil permite que se invoque o art. 317, que é bem específico como remédio adequado para que o contratante possa pleitear a modificação das prestações excessivamente onerosas, sem a necessidade de provar o enriquecimento da contra parte.

Resta ainda verificarmos a terceira e última teoria que tem origens históricas na cláusula *rebus:* a *teoria da quebra da base objetiva do negócio.* Pela teoria em questão, o contrato, que tem a função de regrar relações jurídicas entre determinadas partes contratantes, está, em maior ou menor medida, condicionado pelas circunstâncias sociais existentes, levando as partes a agir com base em uma realidade dada. Se, após concluído o negócio, sucederem modificações fundamentais nas circunstâncias consideradas pelas partes, fazendo com que a avença perca completamente o seu sentido originário, há quebra da base objetiva do negócio[76].

Por fim, cabe analisarmos o artigo 480 do Código Civil que dispõe: "Art. 480. Se no contrato as obrigações couberem a apenas uma das partes, poderá ela pleitear que a sua prestação seja reduzida, ou alterada o modo de executá-la, a fim de evitar a onerosidade excessiva".

Segundo Simão[77], duas são as possíveis interpretações que o dispositivo comporta. Pela primeira, o instituto da onerosidade excessiva se aplica não somente aos contratos bilaterais, mas também àqueles contratos em que as obrigações oneram apenas uma das partes, como é o caso do comodato. Pela segunda, o artigo se aplicaria aos contratos bilaterais quando a prestação de uma das partes já tivesse sido cumprida e a da outra ainda não. Assim, esse que ainda não a cumpriu poderia pleitear a redução da prestação.

Enfim. Não obstante bons trabalhos acadêmicos produzidos a respeito da resolução por onerosidade excessiva, fato é que, na prática, temos visto pouca aplicação do instituto. Tal fato certamente se dá em virtude

---

[75] ZULIANI. Op. cit., p. 649.
[76] SIMÃO. Op. cit., p. 151.
[77] SIMÃO. Idem, p. 152.

I. DAS FORMAS TRADICIONAIS DE EXTINÇÃO DOS CONTRATOS POR FATOS POSTERIORES ...

da dificuldade de serem preenchidos os seus requisitos e da subjetividade para que eles sejam alcançados. Na maioria dos casos, as partes procuram invocar a revisão judicial, decorrente do art. 317, do Código Civil.

2.3 Rescisão

A má redação do art. 1.092 do antigo Código Civil de 1916 permitia a "rescisão" do contrato em razão de inadimplemento de uma das partes. Felizmente, esse erro legislativo foi superado pelo art. 475 do Código Civil de 2002[78].

Desse modo, a confusão que se fazia com o emprego do termo rescisão, em vez de resolução, vem ocorrendo em menor número. Raros são os livros que ainda utilizam a rescisão como sinônimo de resilição ou resolução. A rescisão no direito brasileiro é, para Orlando Gomes[79], considerada forma de extinção contratual apenas nos casos de *lesão* ou *estado de perigo*.

Na óptica de Orlando Gomes[80], a rescisão opera como causa extintiva, aproximando-se da anulabilidade porque há de ser pleiteada em ação proposta pelo interessado. Distingue-se da nulidade porque a rescisão somente pode ser obtida mediante ação judicial, enquanto a nulidade é decretável independentemente de provocação.

Outros autores também seguem a lição de Orlando Gomes. É o caso de Carlos Roberto Gonçalves[81] e Massineo[82]. Enzo Roppo[83], em opinião

---

[78] Como nos alertam Pablo Stolze Gagliano e Rodolfo Pamplona Filho, a Lei de Licitações (8.666/93) ainda prevê a "rescisão" de contratos administrativos em face da inexecução total ou parcial do contrato (GAGLIANO, Pablo Stolze e PAMPLONA FILHO, Rodolfo. Contratos: teoria geral. *Novo curso de direito civil*. São Paulo: Saraiva, 2009. v. 4, t. I, p. 256).

[79] GOMES. Op. cit., p. 227. Para maiores desenvolvimentos sobre a lesão e o estado de perigo favor verificar: NICOLAU, Gustavo René. Lesão e estado de perigo. In: TARTUCE, Flávio; CASTILHO, Ricardo (coordenadores.). *Direito civil*: direito patrimonial e direito existencial. São Paulo: Método, 2006, p. 82-93.

[80] GOMES. Idem, ibidem. No mesmo sentido: BRITTO, Rodrigo Toscano de. Estado de perigo e lesão: entre a previsão de nulidade e a necessidade de equilíbrio das relações contratuais. In: DELGADO, Mário Luiz; ALVES, Jones Figueirêdo (coordenadores). *Questões controvertidas no direito das obrigações e dos contratos*. São Paulo: Método, 2005. v. 4, p. 55-74.

[81] GONÇALVES, Carlos Roberto. *Direito civil brasileiro*: contratos e atos unilaterais. 7. ed. São Paulo: Saraiva, 2010, p. 205 e ss.

[82] MASSINEO, Francesco. *Doctrina general del contrato*. v. 2, Buenos Aires: EJEA, 1952, p. 298-291. *Apud* GONÇALVES. Idem, p. 206.

[83] ROPPO, Enzo. *O contrato*. Almedina, 2009. Reimpressão da edição de 1947, p. 250.

próxima, afirma que haverá rescisão do contrato quando há estado de perigo e estado de necessidade. O ilustre autor italiano assevera que o interesse público ou as exigências gerais da coletividade protegem diretamente os interesses de uma parte do contrato contra a outra parte, que se aproveitou, injustamente, da sua situação de particular fraqueza.

Na mesma senda, o direito italiano, nos artigos 1.447 e 1.448 do Código Civil, assevera que a rescisão contratual também ocorre apenas nos casos de estado de perigo (*istato di pericolo* – art. 1.447) e lesão (*lesione* – art. 1.448), tratando a respeito "della rescissione del contrato".

Pedro Romano Martinez[84], por seu turno, nos ensina que no Código Civil português de 1867 a *ação de rescisão* era utilizada para situações de nulidade e anulabilidade (arts. 687 et seq). Isso porque a sua utilização estava associada à ausência de distinção entre as causas de invalidade e de cessação do negócio jurídico.

No âmbito laboral, o termo rescisão era frequentemente utilizado, todavia, o Código do Trabalho português aboliu-o. E assim também ocorreu na matéria do arrendamento urbano. O antigo diploma que regulava a matéria em Portugal (Decreto-Lei nº 201/75, de 15 de abril, art. 4º) aludia à rescisão do contrato. Todavia, o atual diploma que estatui o arrendamento urbano em Portugal refere-se à denúncia ou resolução, não mais à rescisão.

Em Portugal, a terminologia é, portanto, variada, podendo, até, indicar alguma ambiguidade, pois, nem sempre, as expressões usadas, do ponto de vista etimológico, apresentam-se relacionadas com a desvinculação. Assim, como a rescisão não tem um sentido unívoco, quando o legislador ou as partes recorrem a esta terminologia, ter-se-á de interpretar o respectivo significado. Ainda segundo Pedro Romano Martinez, na dúvida, entender-se-á que a rescisão corresponde a uma resolução (legal ou convencional), pois é esse o sentido em que amiúde o termo rescisão é empregado[85].

De todo modo, fato é que o termo rescisão vem sendo cada vez menos empregado pelos legisladores portugueses e efetivamente não há um consenso entre os doutrinadores sobre a precisa utilização desse vocábulo.

---

[84] MARTINEZ. *Da cessação...*, p. 85.
[85] MARTINEZ. Idem, p. 90.

I. DAS FORMAS TRADICIONAIS DE EXTINÇÃO DOS CONTRATOS POR FATOS POSTERIORES ...

A nosso turno, no direito brasileiro, entendemos que a rescisão não é a forma mais técnica para indicar determinada forma de extinção do contrato. Quando o operador do direito se depara com o termo rescisão, deve investigar qual a razão para a extinção daquele negócio jurídico para verificar, no caso concreto, se é caso de resolução ou resilição.

Assim, por exemplo, o Código Civil brasileiro emprega o termo rescisão em apenas quatro situações. São elas: artigos 455, 607, 609 e 810. Em todas as situações é fácil notar que apesar da palavra rescisão, estamos diante de hipóteses de resolução ou resilição.

O artigo 607, por exemplo, estabelece que o contrato de prestação de serviço será extinto com a morte de qualquer das partes, pelo escoamento do prazo, pela conclusão da obra ou "pela rescisão do contrato mediante aviso prévio". Trata-se, em verdade de denúncia do contrato, ou seja, hipótese de resilição unilateral.

Já o artigo 810, que trata da Constituição de Renda, determina que se o rendeiro ou censuário "deixar de cumprir a obrigação estipulada, poderá o credor de renda acioná-lo", sob pena de rescisão do contrato. Nesse caso, estamos diante de uma clara hipótese de descumprimento contratual, o que enseja a resolução contratual, nos termos do artigo 475.

De todo modo, considerando-se o corriqueiro emprego do vocábulo "rescisão" na realidade jurídica brasileira, não acreditamos que ele será extinto. Em verdade, grande parte da doutrina entende que a rescisão ainda pode ser utilizada no sentido genérico de extinção do contrato, como ocorre no cotidiano civil e trabalhista[86].

Ademais, conforme manifestou Francisco Eduardo Loureiro[87], inegável, no entanto, que a ampla utilização do termo rescisão pelos operadores do direito, tanto advogados em negócios jurídicos, como juízes em sentenças, ganhou sentido muito mais amplo e sedimentado pelo costume: passou a ser gênero de extinção do contrato, do qual são espécies a resilição bilateral ou unilateral, com origem na vontade das partes, e a resolução, com origem no inadimplemento ou na onerosidade excessiva.

---

[86] GAGLIANO e PAMPLONA FILHO. Op. cit., p. 256.
[87] LOUREIRO, Francisco Eduardo. Op. cit., p. 611.

Parte II
O Direito de Arrependimento

1. Breve histórico e fundamentos do direito de arrependimento

Uma das técnicas de buscar os fundamentos de determinado instituto se dá por meio de uma interpretação histórica para que se possa alcançar a *mens legislatoris*. A primeira lei de que se tem notícia que possibilitou aos consumidores arrependerem-se de contratos já concluídos foi a Lei Francesa nº 72-1137, de 22 de Setembro de 1972[88].

---

[88] Segundo Ezio Guerinoni, a lei francesa nº 72-1137 de 22 de Setembro de 1972, introduziu "a favore del consumatore strumenti di tutela che prescindessero dall'esistenza o meno di un comportamento scorretto del venditore e che mirassero a tutelare il consumatore solamente per il suo stato di *faiblesse*, per la sua sensibilità di fronte a sollecitazi pubblicitare, anche non scorrete, ma comunque, in ogni caso presunte agressive; si è così introdotto il *droit de repentir* intenso come diritto di ritornare sul próprio impegno, come diritto di pentirsi di uma manifestazione di volontà negoziale esprimendo uma volontà di segno contrario, atta a togliere effetto ad una precedente dichiarazione". Ainda segundo o Autor, "il ricorso alla tecnica del *droit de repentir* ha suscitato subito nella dottrina francese degli anni '70 numerose esitazioni: l'idea di poter ritornare su di una obbligazione già assunta era incompatibile con l'idea della sicurezza delle transazioni giuridiche e urtava diretamente il principio della forza obbligatoria dei contrati; talli dubbi, tuttavia, non hanno impedito che tale diritto venisse introdotto (sia pure com denominazioni diverse), in meno di dieci anni, in quattro leggi importanti: la legge 72-6, 3 gennaio 1972 relative al *démarchage financier et à des opérations de placement et d'assurance*; la legge nº 72-1137 relativa alla protezione dei consumatori in matéria di *démarchage et de vente à domicile*; la legge 10 gennaio 1978, n. 22 relativa all'informazione e alla protezione dei consumatori nell'ambito di *certains opérations de crédit*; la legge 7 gennaio 1981, nº 5, relativa al *contrat d'assurance et aux opérations de capitalisation*"

DIREITO DE ARREPENDIMENTO NOS CONTRATOS DE CONSUMO

Contudo, no âmbito comunitário europeu, o primeiro texto legislativo que introduziu o direito de arrependimento foi a Directiva do Parlamento Europeu nº 85/577/CEE, de 20 de dezembro de 1985, relativa à proteção dos consumidores no caso de contratos negociados fora dos estabelecimentos comerciais.

Dentre as suas considerações, ficou consignado que nos contratos celebrados fora dos estabelecimentos do comerciante, o consumidor nem mesmo pode comparar a qualidade e o preço da oferta com outras ofertas e, portanto, para evitar o "elemento surpresa", deveria ser a ele concedido um direito de arrependimento. E assim, o direito de arrependimento foi estabelecido no art. 5º, nº 1, da referida Directiva[89].

Da leitura conjunta das considerações supratranscritas e do art. 5º da referida Directiva, podemos afirmar que a *mens legislatoris* do Parlamento Europeu foi proteger os consumidores das vendas realizadas fora do estabelecimento comercial do fornecedor, porque eles não tinham condições de averiguar a qualidade e comparar com a oferta de preço de outros comerciantes. A Directiva afirma que nesse tipo de contratação é presente um "elemento surpresa" e que o consumidor é "apanhado desprevenido".

Dado o ano em que a presente Directiva foi adotada (1985), acredita-se que o Parlamento Europeu buscou tutelar principalmente os consumidores nas vendas realizadas *"door-to-door"*, ou seja, aquelas vendas em que o comerciante surpreendia o consumidor em sua casa ou local de trabalho[90].

(GUERINONI. *I contratti del consumatore:* principi e regole. Milano: G. Giappichelli Editore, 2011, p. 362).

[89] "Art. 5º n. 1: O consumidor tem o direito de renunciar aos efeitos do compromisso que assumiu desde que envie uma notificação, no prazo de pelo menos sete dias a contar da data em que recebeu a informação referida no artigo 4º, em conformidade com as modalidades e condições prescritas pela legislação nacional. Relativamente ao cumprimento do prazo, é suficiente que a notificação seja enviada antes do seu termo".

[90] Interessante notar que a proteção estabelecida pela Directiva não era aplicada caso o próprio consumidor tivesse solicitado a visita do comerciante em sua casa para aquisição de determinados produtos. Entretanto, durante a visita, se o profissional oferecesse outros produtos ou serviços (não solicitados pelo consumidor), passaria a valer a proteção dada pela Directiva. É o que determina o art. n. 1º, n. 2º: "A presente directiva é igualmente aplicável aos contratos respeitantes ao fornecimento de outro bem ou serviço que não o bem ou serviço a propósito do qual o consumidor tenha pedido a visita do comerciante, desde que o consumidor, ao solicitar a visita, não tenha tido conhecimento ou não tenha

II. O DIREITO DE ARREPENDIMENTO

O direito de arrependimento estabelecido nessa Directiva procurava salvaguardar a compra precipitada, a qual era imbuída de pressões e outros elementos que aumentavam a vulnerabilidade dos consumidores. Além disso, em algumas contratações comuns à época, por exemplo, via telefone ou catálogo, não tinha o consumidor a possibilidade de tocar, sentir a coisa em si.

E foi a partir da Directiva 85/577/CEE que o legislador brasileiro, cinco anos depois, valeu-se para a elaboração do art. 49 do Código de Defesa do Consumidor. Da leitura do texto legal brasileiro, facilmente vemos as influências da Directiva europeia. O prazo estabelecido para o exercício do direito de arrependimento é o mesmo previsto na Directiva 85/577/CE. E mais, o art. 49 adotou a possibilidade do exercício da desistência do contrato nas contratações ocorridas "fora do estabelecimento do comercial", idêntica redação utilizada na Directiva.

Portanto, a *mens legislatoris* brasileira foi a mesma adotada pelo legislador europeu: (i) proteção dos consumidores contra práticas agressivas de comercialização[91], tais como visitas inesperadas e *telemarketing*, caracterizadas pelo "elemento surpresa"; (ii) proteção dos consumidores contra aquisição de produtos que não tiveram possibilidade de tocar ou sentir, como se estivessem efetivamente na loja do comerciante[92].

podido razoavelmente saber que o fornecimento desse outro bem ou serviço fazia parte das atividades comerciais ou profissionais do comerciante".

[91] Para Maria Eugênia Finkelstein, "[...] as modalidades atuais de venda baseadas no marketing direto chegam ao consumidor de maneira agressiva, penetrando em sua casa, lugar de trabalho, correspondência ou usando a sedução de prêmios em sorteios. A legislação tende a proteger o consumidor para evitar que este atue apressadamente e sob pressão" (FINKELSTEIN, Maria Eugênia. *Aspectos jurídicos do comércio eletrônico*. Porto Alegre: Síntese, 2004, p. 269).

[92] Conforme Maria Teresa Moreno, "[...] se concede al consumidor un derecho de desistimiento, porque este no ha tenido la posibilidad de manejar y observar por sí mismo el objeto sobre el que recae el contrato, con lo que presta su consentimiento sobre la base de las imágenes o indicaciones, e incluso memória de calidades, que el provedor lê facilita. Al contratar a partir de la infomarción suministrada, sin poder examinarlo directamente, puede ocurrir que el bien no se amolde a las legítimas expectativas que el consumidor se há creado. No estamos ante um supuesto de incumplimiento, sea porque el bien no responde a las características anunciadas, o porque se trate de productos deteriorados, ni ante supuestos puedan corresponder al consumidor cuanto parte contratante. Em este sentido, el derecho de desistimiento se concibe como la facultad de desligarse de esa relación jurídica (no entramos ahora en si se trata de um contrato perfecto o en vias de formación) si el bien adquirido no satisface al consumidor, bien sea porque no responde a sus deseos o necessi-

DIREITO DE ARREPENDIMENTO NOS CONTRATOS DE CONSUMO

Em Portugal, a Directiva 85/577/CE apenas iniciou o trabalho legislativo sobre a possibilidade do arrependimento pelos consumidores. A seguir, a Directiva nº 94/47/CE, que trata sobre o *time-sharing*, afirmou em seus considerandos que "a fim de dar ao adquirente a possibilidade de avaliar melhor as obrigações decorrentes dos contratos celebrados e os respectivos direitos, é necessário conceder-lhe um prazo durante o qual possa rescindir o contrato, sem indicar o motivo, tendo em conta o facto de que, muitas vezes, o bem imóvel se situa num Estado diferente do Estado do adquirente e está sujeito a legislação diferente".

E para a transposição da Directiva destacada acima, o legislador português sancionou o Decreto-Lei nº 272/87, de 3 de Julho, que foi o primeiro diploma a consagrar o direito de arrependimento no ordenamento jurídico de Portugal. Tal legislação hoje se encontra revogada e superada pelo Decreto-Lei nº 143/2001.

E assim, a partir de outras importantes Directivas adotadas pelo Parlamento Europeu, com destaques para a Directiva 97/7/CE, de 20 de maio[93] e Directiva 2002/65/CE, de 23 de setembro, o legislador português estabeleceu importantes diplomas para a proteção dos consumidores que contêm a possibilidade do consumidor arrepender-se da avença contratada.

Traçado um breve panorama histórico do direito de arrependimento, torna-se mais fácil encontrar os seus fundamentos. Para Carlos Ferreira de Almeida[94], o arrependimento tem o principal objetivo de conceder

---

dades, porque no era como él se imaginaba, o por qualquer otro motivo, puesto que el consumdor no ha de aducir razón alguna para desistir" (MORENO, Maria Teresa Álvares. *El desitimiento unilateral en los contratos con condiciones generales*. [S.l.]: Edersa, 2001).

[93] Destaque especial para a consideração n. 14 disposta nessa Directiva: "Considerando que o consumidor não tem, em concreto, possibilidade de ver o produto ou de tomar conhecimento das características do serviço antes da celebração do contrato; que importa prever, salvo disposição em contrário da presente directiva, um direito de rescisão; que é necessário limitar quaisquer custos suportados pelo consumidor para o exercício do direito de rescisão aos custos directos de devolução do bem, dado que, caso contrário, este seria um direito meramente formal; que este direito de rescisão não prejudica os direitos do consumidor previstos na legislação nacional, nomeadamente em matéria de recepção de produtos e serviços deteriorados ou de produtos e serviços que não correspondem à descrição desses produtos ou serviços; que compete aos Estados-membros determinarem as outras condições e modalidades que resultem do exercício do direito de rescisão".

[94] ALMEIDA, Carlos Ferreira de. *Direito de consumo*. Lisboa: Almedina, 2005, p. 107.

II. O DIREITO DE ARREPENDIMENTO

ao consumidor um tempo necessário para um consentimento refletido, protegendo-o contra precipitações ou pressões psicológicas.

Nessa mesma senda, Elsa Dias Oliveira[95] dita que esta possibilidade de extinção contratual visa a permitir que o consumidor se desvincule do compromisso que assumiu em função de pressões às quais estava sujeito[96].

Maria Teresa Moreno[97] afirma que se protege a incolumidade do consumidor para que esse possa adotar livremente sua decisão definitiva e não se veja pressionado por possíveis efeitos negativos se optar pelo arrependimento.

Claudia Lima Marques[98] menciona que o consumidor perturbado em casa ou no local do trabalho não tem o necessário tempo para refletir se deseja realmente obrigar-se, se as condições oferecidas são-lhe realmente favoráveis. Não tem o consumidor a chance de comparar o produto e a oferta com outros do mercado, nem o tempo de examinar com cuidado o bem que está adquirindo.

Rizzato Nunes[99] alega que, nas compras celebradas em casa, por oferta pessoal do vendedor, o consumidor pode adquirir por impulso. O mesmo pode ocorrer nas compras oferecidas pela TV e adquiridas pelo telefone. E em qualquer dessas compras e também por mala direta, pela internet etc., o consumidor ainda não examinou adequadamente o produto ou não testou o serviço.

Ezio Guerinoni[100] afirma que a função do direito de arrependimento é proteger contra a surpresa e atribui ao sujeito a possibilidade de refletir, de ponderar a conveniência do contrato a ser firmado.

---

[95] OLIVEIRA, Elsa Dias. *A protecção dos consumidores nos contratos celebrados através da internet.* [S.l.]: Almedina, 2002, p. 95.

96 Para Mario Frota, o direito de arrependimento protege o consumidor contra a "ligeireza, levianidade ou precipitação, já que em circunstâncias determinadas, é frequente o aproveitamento consciente de situações de inexperiência, dependência psicológica, candura, inocência por parte de operadores económicos menos escrupulosos" (FROTA, Mario. Os contratos de consumo – Realidades sócio-jurídicas que se perspectivam sob novos influxos. *Revista de Direito do Consumidor*, ano 10. Janeiro-Março de 2001. São Paulo: Revista dos Tribunais, p. 24).

[97] MORENO. Op. cit., p. 211.

[98] MARQUES, Claudia Lima; BENJAMIN, Antônio Herman; MIRAGEM, Bruno. *Comentários ao Código de Defesa do Consumidor.* São Paulo: Revista dos Tribunais, 2006, p. 671.

[99] NUNES, Rizzato. *Curso de direito do consumidor.* 2. ed. São Paulo: Saraiva, 2006, p. 611.

[100] GUERINONI, Ezio. Op. cit., p. 377.

Na visão de Fernando Gravato de Morais[101] o propósito do direito de arrependimento é o de afastar comportamentos pouco meditados, suscetíveis de produzir efeitos nefastos na sua esfera jurídica e no seu patrimônio. Ainda segundo o Autor, pretende-se assim que ao consumidor seja proporcionada uma efetiva informação acerca do teor do contrato, visto que esse é dado a conhecer, em regra, muito pouco antes da assinatura. Ao mesmo tempo deve ser-lhe concedido um determinado período temporal para refletir acerca do negócio realizado.

A justificativa para o direito de arrependimento para Leonardo Roscoe Bessa[102] decorre tanto do fato de o consumidor não possuir condições de examinar "de perto" o produto, como da circunstância, em relação às vendas em domicílio, de ser uma compra sem o necessário e saudável período de reflexão para amadurecimento sobre a real necessidade do bem. Segundo o jurista, o objetivo é evitar compras por impulso.

E acerca dos fundamentos do direito de arrependimento, Fernanda Neves Rebelo[103] fez interessantes apontamentos:

"No domínio da formação dos contratos, a vontade livre e esclarecida do consumidor é viciada por métodos ardilosos e sutis de persuasão, baseados em novas técnicas de promoção e de *marketing*, por vezes muito agressivas, destinadas unicamente a incrementar o consumido. [...] O desequilíbrio técnico, social e, acima de tudo, econômico das partes envolvidas numa relação jurídica de consumo, agudiza-se, dando azo ao surgimento de desigualdades jurídicas e à limitação ou mesmo total afastamento, na esfera jurídica do consumidor da liberdade de estipulação negocial. O aparecimento, nas últimas décadas, da denominada "sociedade do consumo" e a emergência de relações de consumo massificadas, determinaram a necessidade da intervenção da ordem jurídica, protegendo a parte mais fraca – o consumidor – concedendo-lhe um regime especial tendencialmente mais favorável, tendo em vista a reposição de um certo equilíbrio negocial".

---

[101] MORAIS, Fernando Gravato. A evolução do direito de consumo. *Revista Portuguesa de Direito de Consumo*, n. 55, p. 9-26. Setembro de 2008, p. 23.

[102] BENJAMIN, Antônio Herman; MARQUES, Claudia Lima; BESSA, Leonardo Roscoe. *Manual de direito do consumidor*. São Paulo: Revista dos Tribunais, 2008, p. 291.

[103] Rebelo, Fernanda Neves. O direito de livre resolução no quadro geral do regime jurídico da proteção do consumidor. *Nos 20 anos do Código das Sociedades Comerciais*. [S.l.]: Coimbra Editora, [S.D.]. v. 2, p. 574.

II. O DIREITO DE ARREPENDIMENTO

Do exposto, conclui-se que, no direito consumerista, o arrependimento tem como principal objetivo a proteção contratual do consumidor que adquiriu produtos sem que pudesse analisá-los fisicamente, tal como se estivesse em uma loja (*v.g. e-commerce* ou compra pelo telefone) ou adquiriu produtos ou serviços em razão das pressões realizadas por vendedores, tal como visitas inesperadas na porta da casa ou local de trabalho do consumidor, envio de *spam*, dentre outros meios.

Como é sabido, no comércio eletrônico o consumidor não tem possibilidade de ver o produto ou de tomar conhecimento das características do bem ou serviço no momento em que o encomenda, ou mesmo de avaliar a conveniência na aquisição do produto. Sendo assim, é frequente que, quando recebe o bem ou quando se inteira das reais características do serviço, fique desiludido e veja goradas suas expectativas[104].

No caso das vendas porta em porta (também chamadas de vendas agressivas[105]), o consumidor pode sofrer as influências psicológicas de vendedores extremamente treinados para tanto, cedendo à tentação de se vincular a contratos de que poderá se arrepender no futuro. Isso porque, como bem salientado por Menezes Leitão[106], a presença física do vendedor ou de seu representante no domicílio do consumidor ou em quaisquer das situações equiparáveis exerce uma forte pressão para que esse venha a adquirir o produto.

Não se perca de vista, também, que o consumidor, mesmo no conforto de sua residência, também pode sofrer influências e pressões de *sites* de fornecimento de produtos e serviços. Não é incomum que nos deparemos, no comércio eletrônico, com promoções relâmpagos, nas quais o internauta tem poucos segundos para adquirir o produto. Além

---

[104] OLIVEIRA, Elsa Dias. Op. cit., p. 95.

[105] A venda porta em porta (*door to door*) é uma técnica de venda que se realiza fora do estabelecimento comercial pelos vendedores que surpreendem os consumidores em sua casa, lazer ou local de trabalho. Essa venda pode deixar o consumidor extremamente vulnerável, pois neste tipo de contratação o consumidor tem pouco tempo para tomar sua decisão. Além disso, nos contratos porta a porta, diminui-se a possibilidade do consumidor comparar os preços em outros locais. Isso sem falar que o consumidor incomodado e pressionado pode acabar comprando o produto simplesmente pelo fato de se ver livre do vendedor inconveniente.

[106] LEITÃO, Luís Manoel Teles de Menezes. A proteção do consumidor contra as práticas comerciais desleais e agressivas. *Estudos de Direito do Consumidor*. Coimbra: Faculdade de Direito da Universidade de Coimbra – Centro de Direito do Consumidor, 2004. v. 5, p. 169.

DIREITO DE ARREPENDIMENTO NOS CONTRATOS DE CONSUMO

disso, na locação de veículos ou reserva em hotéis, também é comum que alguns sites informem ao consumidor que restam poucas ofertas, nos preços anunciados, fazendo o consumidor crer que está em uma boa oportunidade e acabe por adquirir produtos ou serviços por preços que, em verdade, não possuem nenhum valor atrativo.

Somem-se a isso os inúmeros *spams* a que estamos sujeitos diariamente. Muitos deles de sites de compras coletivas, que apresentam descontos que, num primeiro momento, podem ser muito atrativos, mas, caso o consumidor tivesse o tempo suficiente para refletir, certamente não firmaria.

Ademais, muitos sites de compras coletivas possuem "contagem regressiva" para que o consumidor adquira seus produtos. As ofertas nesse tipo de negócio, em geral, concedem um prazo de algumas horas para que o negócio seja firmado.

Mas não é só isso. Não é incomum que fornecedores organizem *stand* de vendas para negociar seus produtos. Nesses *stands*, muitas vezes regados a bebidas alcoólicas, mulheres deslumbrantes apresentam imóveis, veículos e demais "oportunidades". Tudo isso para facilitar a contratação que, talvez, em circunstâncias normais, o consumidor não teria concluído.

Assim, o direito de arrependimento é uma ferramenta eficaz que permite ao consumidor desvincular-se do compromisso que assumiu em função das pressões a que esteve sujeito ou diante da desilusão que teve ao adquirir determinado bem ou serviço.

2. Conceito do direito de arrependimento

Para Maria Teresa Moreno[107], o direito de arrependimento configura-se como uma faculdade unilateral e discricionária, de livre exercício, que permite a uma das partes, o comprador, desligar-se de um contrato válido e perfeito, em vias de execução, por sua mera vontade e sem necessidade que concorra causa alguma.

Arruda Alvim[108] afirma que o arrependimento é a faculdade que a lei concede ao consumidor, de poder desistir do contrato durante sete dias

---

[107] MORENO. Op. cit., p. 194.
[108] ALVIM, Arruda et al. *Código do consumidor comentado e legislação correlata.* São Paulo: Revista dos Tribunais, 1991, p. 110.

II. O DIREITO DE ARREPENDIMENTO

após a sua assinatura, ou do recebimento do produto ou serviço, para casos específicos.

Representando o direito italiano, Ezio Guerinoni[109] afirma que o direito de arrependimento (diritto di recedere ou diritto di recesso) "è riconosciuto a un contraente (quello legislativamente presunto debole) a fronte di casi in cui questi abbia assunto um vincolo contrattuale a seguito di una 'sollecitazione' svolta secondo particolari modalità, ovvero in casi in cui lo stesso si sai vincolato in relazione a determinati contratti ove maggiormente sentita è dal legislatore la necessita di garantire al contraente debole un'effetiva e adeguata riflessione e determinazione negoziale".

A melhor definição parece mesmo de Carlos Ferreira de Almeida[110], que conceitua o instituto afirmando que o arrependimento compreende todas as hipóteses em que a lei concede a um dos contraentes a faculdade de, em prazo determinado e sem contrapartida, desvincular-se de um contrato através de declaração unilateral e imotivada[111].

Tanto a legislação brasileira quanto a portuguesa estabelecem que o arrependimento é um direito potestativo, ou seja, um poder que a lei confere a determinadas pessoas de influírem, com uma declaração de vontade, sobre situações jurídicas de outras, *sem o concurso de vontade* destas.

A principal característica do direito potestativo é o estado de sujeição que o seu exercício cria para uma ou outra pessoa, independentemente da vontade destas últimas, ou mesmo contra sua vontade[112]. Como bem ressaltado por Rizzato Nunes[113], no íntimo, o consumidor terá suas razões para desistir, mas elas não precisam ser anunciadas.

---

[109] GUERINONI. Op. cit., p. 375.

[110] ALMEIDA, Carlos Ferreira de. *Direito de consumo*. Lisboa: Almedina, 2005, p. 105.

[111] As "características" do direito de arrependimento segundo Mário Frota são: "a) imotivabilidade, ou seja, não carece de motivação ou fundamentação; b) irrenunciabilidade, i.e., o direito é irrenunciável não podendo ser afastado por convenção das partes ou derrogado por iniciativa do predisponente; inindemnizabilidade, quer dizer, pelo seu exercício não há que fazer com que o consumidor suporte qualquer custo ou encargo, que seria sempre penalizador e, nessa medida, constituiria obstáculo à sua sustentação" (FROTA. Op. cit., p. 24).

[112] AMORIM FILHO, Agnelo. Critério científico para distinguir a prescrição da decadência e para identificar as ações imprescritíveis. *Revista dos Tribunais*, n. 300, p. 7-37, Outubro de 1960, p. 10.

[113] NUNES. Op. cit., p. 612.

Por caracterizar-se como um direito potestativo, também não é necessário pagamento de quaisquer valores a título de indenização. Toda cláusula que determine ao consumidor o pagamento de valores para o exercício desse direito deve ser considerada abusiva e, portanto, nula de pleno direito, consoante o quanto determina o art. 51, IV, do Código de Defesa do Consumidor.

Ademais, o arrependimento deve ser exercido num curto período após a celebração do contrato. Precisamente, antes do início ou logo após o início da execução do contrato. Tanto a legislação do Brasil e como a de Portugal, estabelecem períodos curtos para a desistência do contrato. Até porque, se aventarmos a possibilidade do arrependimento de um determinado contrato muito tempo após a sua execução, sem qualquer motivação ou pagamento de indenização, estaríamos incorrendo em uma forma de abuso de direito. No campo cível, em razão do princípio da autonomia privada, tanto a legislação brasileira quanto a portuguesa admitem que as partes prevejam a cessação unilateral dos contratos a qualquer momento. O que não se poderia admitir é que a legislação permitisse o direito de arrependimento muito tempo após a conclusão do contrato, sem que tenha sido estipulada qualquer indenização.

Em todos os casos em que há possibilidade de extinção do contrato em período maior, acompanhado do pagamento de verba indenizatória, estar-se-á diante de outra forma de extinção contratual, mas não do arrependimento.

Se pensarmos de outro modo, estaremos fugindo da natureza jurídica do instituto que foi criado como uma forma de proteção ao consumidor para que esse possa se desvincular da aquisição de produtos e serviços adquiridos em situação de vulnerabilidade contratual.

Anotadas essas importantes ressalvas, podemos conceituar o direito de arrependimento como forma legal de extinção contratual unilateral, imotivada e sem necessidade de pagamento de verba indenizatória, o qual faz cessar os vínculos dos contratos de forma retroativa.

3. Regime jurídico do direito de arrependimento
Certamente este é um dos pontos mais árduos do presente trabalho. O regime jurídico do direito de arrependimento é um tema extremamente controvertido, principalmente porque a própria lei não trata o instituto de maneira uniforme.

II. O DIREITO DE ARREPENDIMENTO

Veja-se que em Portugal, por exemplo, os diplomas que conferem a possibilidade de desistência do contrato pelo consumidor designam esse direito de diversas formas. O Decreto-Lei 275/93, de 5 de agosto, alterado pelo Decreto-Lei 180/99, de 22 de maio, estabelece que o adquirente do direito real de habitação periódica possui um *direito de resolução* da contratação realizada. Por seu turno, o Decreto-Lei 359/91, de 21 de setembro, ora revogado, batizou o art. 8º como *período de reflexão*, mas determinava no n. 1 desse artigo que o contrato só se tornaria *eficaz* caso o consumidor não *revogasse* a sua declaração ao fornecedor de serviços financeiros. Já o Decreto-Lei 143/2001, de 26 de abril, que estabelece o regime dos contratos celebrados à distância e ao domicílio, dispõe aos consumidores o *direito de livre resolução* das contratações. Quando o dever de informação não é prestado, ou prestado de forma precária, a Lei de Defesa dos Consumidores nº 24/96 confere-lhes um *direito de retractação* da celebração realizada. O Decreto-Lei 133/2009, de 2 de junho, intitula o instituto como *direito de livre revogação*. Em nível comunitário, para dificultar ainda mais a questão, a Directiva 97/7/CE, de 20 de maio, estabelece o *direito de rescisão* aos contratos celebrados à distância e ao domicílio[114]. Já a Directiva 2011/83/EU (que revogou a Directiva 97/7/CE) passa a tratar o arrependimento como *direito de retratação*.

A dificuldade de compreensão do regime jurídico do direito de arrependimento também é facilmente constatada na doutrina portuguesa. Admitindo a polêmica envolvendo o assunto, Januário Gomes[115] defende que o direito de arrependimento é uma forma de resolução contratual, que tem, em princípio, efeito retroativo.

Por sua vez, José Oliveira Ascensão[116] afirmou que esse direito se aproxima da revogação contratual.

---

[114] Fernanda Neves Rebelo critica a falta de unicidade da legislação para tratar do direito de arrependimento. Segundo ela, a unicidade não só é possível e necessária como também já é uma promessa do novo Código. Além disso, afirma que prefere a designação direito de livre resolução (Op. cit., p. 617).

[115] GOMES, Januário. Sobre o direito de arrependimento do adquirente de direito real de habitação periódica e a sua articulação com direitos similares noutros contratos de consumo. *Revista Portuguesa de Direito do Consumo*, n. 3, p. 70-86, Julho de 1995, p. 74.

[116] "É discutida a natureza deste direito do consumidor. A Directriz fala em rescisão, que é qualificação que, como dissemos deve ser evitada. O decreto-lei fala em resolução, mas esta pressupõe justa causa. Também se fala em arrependimento, mas é mais uma descrição

DIREITO DE ARREPENDIMENTO NOS CONTRATOS DE CONSUMO

Pedro Romano Martinez[117], por seu turno, afirma que o direito de arrependimento pode ser considerado uma forma de *revogação unilateral* que, na falta de regras próprias, segue o regime da resolução.

Procurando distinguir o direito de arrependimento das demais e tradicionais formas de extinção contratual, Fernanda Neves Rebelo[118] faz importantes apontamentos[119] e conclui afirmando que a resolução regulada no Código Civil Português, nos artigos 432º e seguintes, parece ser, dentro das formas de cessação dos efeitos negociais, o instituto que está mais próximo do direito de livre resolução, embora lhe falte um pressuposto na sua *fattispecie* constitutiva: a ausência de um motivo a invocar como causa da resolução do contrato.

Elsa Dias Oliveira[120], sem revelar seu posicionamento sobre a questão, admite que, embora o arrependimento seja caracterizado como forma de resolução, esse direito não deve ser enquadrado no âmbito da resolução, sendo antes uma figura *sui generis*, um direito temporalmente

---

que uma precisa qualificação jurídica. Pareceria mais revogação pois o exercício fica inteiramente na disponibilidade do consumidor" (ASCENSÃO, José de Oliveira. *Direito civil: teoria geral. Ações e factos jurídicos*. 2. ed. [S.l.]: Editora Coimbra, 2003. v. 2, p. 479.

[117] MARTINEZ. *Da cessação...*, p. 56-57.

[118] REBELO. *O direito...*, p. 611.

[119] "[...] temos de afastar a denúncia (do arrependimento) porque, embora esta forma de extinção dos contratos se efective através de simples declaração unilateral, ad nutum, é própria das relações contratuais duradouras e sem termo estipulado (com pré-aviso), não opera retroativamente, extingue os efeitos do contrato para o futuro." [...] Quanto à revogação, pode ser feita através de declaração unilateral sem sujeição a quaisquer pressupostos, mas não opera retroactivamente. A revogação pode ainda ter lugar por comum acordo, geralmente com efeitos para o futuro, mas pode eventualmente ter efeitos retroactivos, dependendo da vontade das partes. Em qualquer das hipóteses não se coaduna com o regime do direito de livre resolução. [...] Fala-se em rescisão. As Directivas comunitárias sobre contratos celebrados fora do estabelecimento, contratos de *time-sharing* e contratos à distância utilizam esta expressão na versão portuguesa. Porém, em nenhum dos diplomas nacionais que fizeram a transposição destas Directivas se usa tal expressão, antes é utilizada a designação 'resolução'. O Código Civil não prevê nem regula a rescisão entre as formas de extinção dos efeitos negociais. [...] Na resolução, por via de consequência, é necessário alegar e provar um fundamento que a justifique. No direito de livre resolução o consumidor não tem de apresentar qualquer justificação. Ora, se considerarmos que a vinculação é um elemento absolutamente essencial do instituto da resolução teremos de encarar como aceitável outra forma de extinção negocial" (REBELO. Idem, ibidem).

[120] OLIVEIRA, Elsa Dias. *A protecção...*, p. 95.

58

II. O DIREITO DE ARREPENDIMENTO

balizado e que, uma vez exercido, faz extinguir o contrato, um direito de arrependimento[121].

Segundo esta autora portuguesa, o arrependimento também parece não se enquadrar na figura da revogação – uma vez que os efeitos da extinção do contrato em caso de arrependimento operam de forma *ex nunc*. Outrossim, a hipótese de enquadramento do arrependimento como forma de denúncia foi criticada pela jurista, vez que esta pressupõe contratos com prestações duradouras e, salvo em contratos por tempo indeterminado, deve-se fazer no termo do prazo para renovação, sendo, por regra, não retroativa.

Representando a doutrina espanhola, Maria Alvarez Moreno[122] afirma que o arrependimento não se trata de hipótese de resolução porque esta figura está ligada diretamente ao incumprimento contratual por uma das partes, o que não é o caso. Para esta jurista, o arrependimento aproxima-se mais da revogação, haja vista o efeito retroativo que o seu exercício implica.

Para o italiano Ezio Guerinoni[123], a diferença do direito de arrependimento perante outros institutos análogos (resilição, resolução e denúncia) é que o direito de arrependimento "non è subordinato alla sussistenza di una giusta causa, nè impone a chi vuole recedere l'onere di un preavviso o la corresponsione di un'indennità a favore della parte che subisce il recesso".

No Brasil, o Código de Defesa do Consumidor estabelece a possibilidade dos consumidores *desistirem* dos contratos celebrados fora do estabelecimento comercial do fornecedor. O parágrafo único ainda utiliza a expressão "direito de arrependimento". O Código Civil, por sua vez, numa falha legislativa, tratando de hipótese clara de resilição unilateral, utiliza de forma incorreta a expressão "direito de arrependimento" no art. 420[124].

---

[121] Neste sentido, veja-se que os textos legais portugueses dos últimos anos, ao preverem hipóteses de arrependimento, parecem terem preferido a expressão direito de *livre* resolução. Assim se dá com o Decreto-lei 143/2001, de 26 de abril, o Decreto-lei 95/2006, de 29 de maio de 2006 e o Anteprojeto do Código do Consumidor português. Assim, parece-nos que o legislador português mais moderno tem enquadrado o direito de arrependimento como forma de resolução, ainda que *sui generis*.

[122] MORENO. *El desistimiento...*, p. 193-194.

[123] GUERINONI. Op. cit., p. 362.

[124] "Art. 420. Se no contrato for estipulado o direito de arrependimento para qualquer das partes, as arras ou sinal terão função unicamente indenizatória. Neste caso, quem as deu

DIREITO DE ARREPENDIMENTO NOS CONTRATOS DE CONSUMO

Numa comparação rápida, até poderíamos entender que o direito de arrependimento compreenderia uma forma de *resilição unilateral*. Contudo, como visto há pouco, os efeitos da resilição operam de forma *ex nunc*. Já no arrependimento, seus efeitos operam de forma *ex tunc*, retornando as partes ao estado anterior ao de terem celebrado qualquer avença. Além disso, o arrependimento é sempre um direito potestativo e gratuito, o que nem sempre ocorre na resilição. Some-se a isso que o direito de arrependimento é normalmente realizado num curto período logo após a contratação: normalmente entre sete e 14 dias. A denúncia de um contrato, por sua vez (hipótese de resilição contratual) pode ser realizada muito tempo após o início do contrato.

A natureza jurídica do direito de arrependimento foi examinada por poucos autores brasileiros[125]. Dentre eles, Claudia Lima Marques chegou a afirmar que o direito de arrependimento trata-se de uma "nova causa de resolução do contrato"[126].

---

perdê-las-á em benefício da outra parte; e quem as recebeu devolvê-las-á, mais o equivalente. Em ambos os casos não haverá direito a indenização suplementar".

[125] A dificuldade da questão foi retratada por Claudia Lima Marques: "Certo é, que se trata de uma norma complexa, a do art. 49, misturando várias figuras, como o arrependimento, que até então era pré-contratual, a desistência unilateral, enquanto o direito tradicional conhecia somente o distrato, e o prazo de reflexão, que até agora era considerado um simples dever acessório ao contrato. Definir o âmbito, a natureza e os reflexos deste novo instituto pelo CDC exigirá da doutrina um longo caminho de discussão e aprofundamento" (*Contratos no Código de Defesa do Consumidor*: o novo regime das relações contratuais. 4. ed. São Paulo: Revista dos Tribunais, 2001, p. 710).

Nesse mesmo sentido, Elsa Dias Oliveira afirmou que o arrependimento "[...] é um conceito que terá de ser compreendido e apreendido numa perspectiva em que falha um exacto rigor técnico" (OLIVEIRA, Elsa Dias. *A protecção...*, p. 110).

[126] "Podemos interpretar o art. 49 do CDC como simplesmente instituído, no direito brasileiro, uma nova causa de resolução do contrato. Seria uma faculdade unilateral do consumidor de resolver o contrato no prazo legal de reflexão, sem ter que arcar com os ônus contratuais normais da resolução por inadimplemento (perdas e danos, etc.) O contrato firmado a domicílio seria um contrato, por lei, resolúvel. Como se a antiga figura do direito romano, a cláusula resolutiva tácita incorporada ao direito alemão (§ 326 BGB e novo § 355 do BGB-Reformado) passasse a existir no direito brasileiro. A resolução opera, então, de pleno direito, não necessitando a manifestação do Judiciário, bastando a simples manifestação de vontade do consumidor em desistir do contrato. Resolver-se-ia o contrato por atuação desta cláusula resolutiva tácita, presente em todas as vendas a domicílio, liberando os contraentes, sem apagar todos os efeitos produzidos com o contrato, mas operando retroativamente para restabelecer o *status quo ante*" (MARQUES. *Contratos...*, p. 710).

II. O DIREITO DE ARREPENDIMENTO

Parece-nos que esta jurista procura enquadrar o direito de arrependimento como forma de resolução contratual, todavia, diante das diferenças entre os institutos, classifica o arrependimento como *nova causa* de resolução contratual.

Não obstante todas as posições firmadas precedentemente, cremos que efetivamente não há como enquadrar o direito de arrependimento nas tradicionais formas de extinção dos contratos. Isso porque a natureza jurídica do arrependimento, em algum ponto, distingue-se das formas comuns que compreendem a extinção normal dos contratos.

Todavia, sublinhamos que a *ratio* do instituto é comum em todas as legislações. É sempre um direito discricionário, independente de qualquer justificação, decorrente da lei, o qual não pressupõe indenização à parte contrária, cujo intuito é a proteção de uma parte mais fraca, nomeadamente os consumidores.

Diante da essência *sui generis* do instituto ora em análise, acreditamos que o regime jurídico efetivamente se aproxima do quanto asseverado pelo Prof. Romano Martinez. O direito de arrependimento é considerado uma forma de resilição unilateral (ou revogação unilateral para o direito português) que, na falta de regras próprias, segue o regime da resolução contratual. Parece-nos que a forma como se dá o exercício do direito de arrependimento aproxima-se da resilição ou revogação, mas as consequências jurídicas desse ato aproximam-se à resolução contratual.

E a importância do enquadramento jurídico no qual se encontra o direito de arrependimento se dá uma vez que, como se viu, dependendo do seu regime, os efeitos da extinção do contrato podem ser retroativos, ou não. E no caso do direito de arrependimento, não há dúvidas que o exercício desse direito faz cessar os efeitos do contrato operando retroativamente.

Este mesmo posicionamento é acompanhado por Bruno Miragem que asseverou: "Este direito de arrependimento ou desistência tem natureza de direito formativo extintivo do contrato, uma nova espécie de direito de resolução contratual, cuja eficácia depende exclusivamente do seu exercício por parte do consumidor" (MIRAGEM, Bruno. *Direito do consumidor:* fundamentos do direito do consumidor; direito material e processual do consumidor; proteção administrativa do consumidor; direito penal do consumidor. São Paulo: Revista dos Tribunais, 2008, p. 243-244).

4. A eficácia dos contratos durante o prazo para o exercício do direito de arrependimento

Outro ponto debatido na doutrina diz respeito à eficácia do contrato enquanto não tiver sido transcorrido o prazo para o exercício do direito do arrependimento.

Carlos Ferreira de Almeida[127] assevera que a doutrina alemã diferenciou dois tipos de modelos. O primeiro modelo, que foi designado por modelo da *eficácia suspensa*, afirma que o contrato só terá efeito se, durante o período de reflexão, o direito de arrependimento não for exercido. O acordo contratual começa assim por ser ineficaz, podendo tornar-se eficaz mediante a verificação de uma omissão (fato negativo – o não exercício do arrependimento).

Aduz esse autor que consoante o segundo modelo – denominado de modelo da *eficácia resolúvel* – o contrato ficará sem efeito se, durante o período de reflexão, o direito de arrependimento for exercido. O acordo contratual é, portanto, eficaz, tornando-se ineficaz mediante a verificação de uma ação (fato positivo). Para melhor elucidar os modelos criados pela doutrina alemã, veja-se o esquema abaixo[128]:

1º Modelo (Eficácia Suspensa):

Contrato Ineficaz	*Exercício do direito de arrependimento* →	**Contrato Ineficaz**
Contrato Ineficaz	*Omissão do exercício do arrependimento* →	**Contrato Eficaz**

2º Modelo (Eficácia Resolúvel)

Contrato Eficaz	*Exercício do direito de arrependimento* →	**Contrato Ineficaz**
Contrato Eficaz	*Omissão do exercício do arrependimento* →	**Contrato Eficaz**

---

[127] ALMEIDA, Carlos Ferreira de. *Direito...*, p. 110.

[128] "Com excepção dos casos previstos no art. nº 5, a declaração negocial do consumidor relativa à celebração de um contrato de crédito **só se torna eficaz se o consumidor não a revogar**, em declaração enviada ao credor por carta registada com aviso de recepção e expendida no prazo de sete dias úteis a contar da assinatura do contrato, ou em declaração notificada ao credor, por qualquer outro meio, no mesmo prazo" (grifos nossos).

II. O DIREITO DE ARREPENDIMENTO

Dependendo do tipo de modelo adotado, poderíamos afirmar inclusive que o direito de arrependimento ou extingue o contrato em si ou apenas a declaração de vontade anteriormente firmada.

Verificando a legislação de Portugal, pudemos observar que o legislador português ora parece ter adotado a primeira corrente, ora a segunda. Exemplo do modelo da eficácia suspensa (1º modelo) encontra-se disposto no art. 8º, nº 1 do já revogado Decreto-Lei 359/91[129].

Esta mesma posição parece ter sido adotada no Anteprojeto do Código do Consumidor português. Nos termos do art. 189 desse diploma, antes do decurso do prazo para o exercício do direito de arrependimento, o fornecedor não pode exigir qualquer quantia direta ou indiretamente relacionada com o contrato[130].

Todavia, em outros diplomas portugueses (Decreto-Lei 143/2001 e Decreto-Lei 95/2006, por exemplo), a lei sugere que a celebração da avença já produz eficácia imediata ao contrato. Nesses casos, portanto, parece ter o legislador optado pelo segundo modelo, que sugere a destruição dos efeitos já produzidos, ou seja, o modelo de eficácia resolúvel.

Ademais, o art. 8º do Decreto-Lei 143/2001, que trata dos efeitos do direito de arrependimento, afirma que o fornecedor fica obrigado a reembolsar no prazo máximo de 30 (trinta) dias o montante pago pelo consumidor. Com o pagamento do preço pelo consumidor e a entrega do produto ou serviço, temos um contrato plenamente existente e válido, cujos efeitos passam a vigorar desde logo. Exercido o direito de arrependimento pelo consumidor, os efeitos desse contrato retroagem de forma *ex tunc*.

A adoção do segundo modelo pelo direito português também é defendida por Pedro Romano Martinez[131]. Segundo o jurista, o contrato produz os seus efeitos nos termos comuns desde a data da celebração, podendo executar-se desde logo, mas, durante o período de reflexão,

---

[129] Com relação ao direito de arrependimento nos contratos ao consumo, veja-se o item 2.3, da Parte III.

[130] "Art. 189º, n. 2. Durante o decurso do prazo para o exercício do direito de livre resolução é proibido exigir ao consumidor a entrega de qualquer quantia, seja a título de pagamento do preço, seja a pretexto de qualquer outro objectivo directa ou indirectamente relacionado com o contrato".

[131] MARTINEZ. *Da cessação...*, p. 161.

DIREITO DE ARREPENDIMENTO NOS CONTRATOS DE CONSUMO

pode cessar com eficácia retroativa. A mesma posição também é adotada por Fernanda Neves Rebelo[132].

Claudia Lima Marques aponta que a doutrina francesa[133] adota a interpretação de que nas avenças em que for disposto o arrependimento o contrato não se conclui instantaneamente (eficácia suspensa). Isso porque a lei francesa, assim como o anteprojeto do Código do Consumidor português, proíbe que se exija do cliente qualquer tipo de contraprestação durante esse prazo, ou seja, não há qualquer tipo de execução do contrato durante o prazo de reflexão. Nesses termos, segundo a doutrina francesa, caso o produto tenha sido entregue ao consumidor, será ele mero *depositário* do bem[134]. Conclui-se, portanto, ter a doutrina francesa adotado a primeira corrente.

Da mesma forma, Ezio Guerinoni[135] entende que o contrato apenas está formalmente concluído somente depois de transcorrido o período do direito de arrependimento[136].

E qual teria sido a posição adotada pelo Brasil? Eduardo Gabriel Saad, José Eduardo Saad e Ana Maria Saad[137] não deixam claros seus posicionamentos, mas parecem tender para a primeira corrente. Segundo esses juristas, o Código de Defesa do Consumidor brasileiro condicionou o aperfeiçoamento do contrato ao transcurso do prazo de sete dias[138].

---

[132] REBELO. *O Direito...*, p. 597.

[133] MARQUES. *Contratos...*, p. 708.

[134] Nesse sentido: Claudia Lima Marques e Maria Álvares Moreno alegam que no modelo de eficácia suspensa, o consumidor é considerado mero depositário da coisa (Respectivamente MARQUES. *Contratos...*, p. 708; MORENO. *El desisimiento...*, p. 223).

[135] GUERINONI. Op. cit., p. 411.

[136] "[...] seguendo questa impostazione bisogna concludere che la formazione del consenso del titolare del diritto di ripensamento si sviluppa per tutta la durata del tempo di riflessione che gli è accordato: il suo consenso diverrà definitivo solamente alla fine del termine di riflessione, sempre che nel frattempo egli non abbia esercitato il diritto di ripensamento. [...] Il contrato potrebbe essere considerato concluso soltanto dopo che sai trascorso il periodo di riflessione accordato" (Idem, p. 412).

[137] SAAD, Eduardo Gabriel; SAAD, José Eduardo; SAAD, Ana Maria. *Comentários ao Código de Defesa do Consumidor e sua jurisprudência anotada*. 6. ed. São Paulo: LTr, 2006, p. 599.

[138] É o mesmo posicionamento de James Eduardo Oliveira: "O pleno significado do dispositivo reside no ter alterado a concepção tradicional sobre o tempo da perfeição do contrato, postergando-o do momento tradicional de sua celebração ou entrega do produto ou serviço por sete dias. Um contrato acabado, mesmo com o pagamento da totalidade do preço e a correspectiva prestação, numa relação de consumo, não se torna definitivo neste momento e por essa razão, mesmo que o queixarem as partes" (OLIVEIRA, James Eduardo. *Código de*

II. O DIREITO DE ARREPENDIMENTO

Por seu turno, Claudia Lima Marques[139] afirma que o contrato firmado ao domicílio seria um contrato, por lei, resolúvel, como se a antiga figura do direito romano, a cláusula resolutiva tácita, incorporada ao direito alemão, passasse a existir no direito brasileiro. Além disso, esta jurista expõe que o contrato nasceu e o consumidor não é mero possuidor do bem ou depositário como no sistema francês, mas sim o "novo proprietário" do produto, pois a tradição transferiu o domínio[140]. Fica claro, portanto, que Claudia Lima Marques pressupõe um contrato válido e eficaz que perderia sua eficácia por meio de "simples manifestação de vontade do consumidor em desistir do contrato".

Essa é a mesma posição adotada pelo CDC. A partir da leitura do art. 49 do CDC[141], percebemos que o legislador pressupõe um contrato já concluído. Veja-se que o *caput* do referido dispositivo aduz a possibilidade do consumidor *desistir* da contratação celebrada. Ademais, exercido o direito de arrependimento pelo consumidor, o fornecedor deve ressarcir os valores anteriormente pagos. Tal como no Decreto-Lei 143/2001, se a coisa foi paga e entregue ao consumidor, temos um contrato já celebrado e produzindo efeitos desde a manifestação positiva do consumidor[142].

Defesa do Consumidor: anotado e comentado. 2. ed. São Paulo: Atlas, 2005, p. 325) e Alberto do Amaral Júnior: "A assinatura do contrato não é o símbolo da vontade definitiva, constituindo somente uma etapa no processo de formação do consentimento. Este apenas se tornará perfeito nos sete dias seguintes à assinatura do contrato, porque o contratante terá tempo necessário para refletir sobre o alcance e oportunamente sobre o acordo, além de poder informar-se melhor sobre o contrato que pretende celebrar" (AMARAL JÚNIOR, Adalberto do. *Proteção do consumidor no contrato de compra e venda*. São Paulo: Revista dos Tribunais, 1993, p. 231).

[139] MARQUES. *Contratos...*, p. 710.

[140] MARQUES. Idem, p. 711.

[141] O art. 49 do CDC aduz: "O consumidor pode desistir do **contrato...**".

[142] Essa também é a doutrina adotada por Marco Antonio Schmitt. Segundo *ele* "é de se aceitar que o contrato é sinalagmática e validamente concluído antes do prazo de 7 (sete) dias, no momento da assinatura. [...] Se exercida a faculdade de retratação, a consequência em relação aos contratos realizados fora do estabelecimento comercial é bastante peculiar: apaga-se o próprio consentimento do consumidor, o contrato caduca" (SCHMITT, Marco Antonio. Contratações à distância: a Directiva 97/7/CE da Comunidade Européia e o Código Brasileiro de Defesa do Consumidor. *Revista de Direito do Consumidor*, n. 25, Janeiro-Março de 1998, p. 71).

Essa também é a teoria que defendemos. Antes de discorrermos sobre nossos motivos, faz-se mister trazer à baila os dispositivos legais que tratam da condição suspensiva e resolutiva tanto na legislação brasileira quanto portuguesa. Ao final procuraremos demonstrar que o arrependimento aproxima-se muito mais do modelo da eficácia resolúvel do que de eficácia suspensa.

Legislação Portuguesa:
Condição Resolutiva e Suspensiva
Art. 270 do Código Civil português:
"As partes podem subordinar a um acontecimento futuro e incerto a produção dos efeitos do negócio jurídico ou a sua resolução: no primeiro caso, diz-se suspensiva a condição; no segundo, resolutiva".

Legislação Brasileira:
A – Condição Suspensiva[143]:
Art. 121 do Código Civil brasileiro:
"Considera-se condição a cláusula que, derivando exclusivamente da vontade das partes, subordina o efeito do negócio jurídico a evento futuro e incerto".

B – Condição Resolutiva[144]:
Art. 127 do Código Civil brasileiro:
"Se for resolutiva a condição, enquanto esta não realizar, vigorará o negócio jurídico, podendo exercer-se desde a conclusão deste o direito por ele estabelecido".

Em primeiro lugar, veja-se que o Código Civil português trata da condição suspensiva e resolutiva num mesmo dispositivo. O Código Civil brasileiro optou em separar essas figuras.

---

[143] A condição suspensiva é conceituada no direito brasileiro por Vicente Ráo: "Suspensiva é a condição que subordina o início da eficácia do ato jurídico à verificação ou não-verificação de um evento futuro e incerto (*'sub condicione stipulatio fit cum aliquem casum differtur obligatio'*) (Ráo, Vicente. *Ato jurídico*. 4. ed. São Paulo: Revista dos Tribunais, 1999, p. 257).
[144] Já a condição resolutiva é conceituada por Vicente Ráo como "a condição cujo implemento faz cessar os efeitos do ato jurídico" (Idem, ibidem).

II. O DIREITO DE ARREPENDIMENTO

Como já mencionado, estamos convencidos que o arrependimento assemelha-se à condição resolutiva mais do que a uma condição suspensiva. O contrato não está subordinado a nenhum evento futuro e incerto. Desde a conclusão da celebração esse contrato possui eficácia válida. Exercido o direito de arrependimento pelo consumidor, a eficácia do contrato estará prejudicada, mas em nenhum momento se aguardou um fato omissivo (a ausência do exercício do arrependimento) para que o contrato tivesse sua execução iniciada.

No caso da compra e venda via internet de um *notebook*, por exemplo, tão logo o consumidor receba o produto em sua residência, já pode acessar a internet na qualidade de proprietário. Pagou-se o preço e o produto foi entregue.

Caso assim não fosse entendido, ao receber a coisa, o consumidor não seria o proprietário desta, porque a eficácia do contrato estaria suspensa até a omissão do exercício do direito de arrependimento. Todavia, não nos parece crível que essa seja a realidade fática.

Assim, os efeitos do contrato têm início tão logo seja adquirido o produto ou serviço pelo consumidor (obviamente estando presentes os requisitos de existência e validade do negócio jurídico). Recebido o produto, o consumidor é efetivamente o seu proprietário. Todavia, querendo exercer o arrependimento, poderá fazê-lo, cessando os efeitos desse contrato de forma *ex tunc*.

Para tornar ainda mais claro e dirimir definitivamente qualquer dúvida a respeito da eficácia contratual, devemos nos valer da *escada ponteana*, desenvolvida pelo insuperável jurista Pontes de Miranda.

Segundo sua teoria, o negócio jurídico é dividido em três planos: existência, validade e eficácia.

No plano da existência, como bem ressaltou Flávio Tartuce[145], estão os pressupostos para um negócio jurídico, ou seja, os seus elementos mínimos, seus pressupostos fáticos, enquadrados dentro dos elementos essenciais do negócio jurídico. Esses elementos são: agente, vontade, objeto e forma. Não havendo algum desses elementos, o negócio jurídico é inexistente.

No plano da validade, deve ser observado se está presente a capacidade do agente, a livre manifestação de vontade, a licitude, possibili-

---

[145] TARTUCE, Flávio. *Direito civil*, p. 15.

dade e determinação do objeto e a forma prescrita e não defesa em lei. Caso o negócio jurídico não possua tais elementos, podemos dizer que, por regra, o negócio é nulo de pleno direito, ou seja, haverá nulidade absoluta. Eventualmente, o negócio pode ser também anulável, como no caso daquele celebrado por relativamente incapaz ou acometido por algum vício do consentimento.

Por fim, no plano da eficácia, estão os elementos relacionados com as consequências do negócio jurídico, ou seja, com a suspensão e a resolução de direitos e deveres relativos ao contrato, caso da condição, termo, encargo, regras do inadimplemento, juros, perdas e danos, resolução, resilição, dentre outros.

Claramente que o direito de arrependimento, quando exercido, afeta o plano da eficácia do contrato. Todavia, nos termos da escada ponteana, para que o negócio jurídico seja eficaz ou ineficaz, os planos anteriores (existência e eficácia) foram superados.

Assim, firmado um contrato, caso o agente seja capaz, a manifestação seja livre, a forma tenha sido devidamente observada, o objeto seja lícito e deteminado, teremos um contrato existente e plenamente válido. Os efeitos do contrato, caso não exista nenhum impedimento seja por termo, encargo ou condição, passam a transcorrer normalmente.

Caso o consumidor exerça o direito de arrependimento, a eficácia do contrato é atingida e, portanto, os seus efeitos deixam de ser manifestados. Ou seja, pela manifestação do consumidor, o contrato é extinto.

Diante disso, o direito de arrependimento sempre será manifestado quando tivermos um contrato existente e válido. Caso sequer o contrato seja válido, ele certamente não será exitinto pelo direito de arrependimento, mas pela nulidade ou anulabilidade da avença.

Em suma, o direito de arrependimento é exercido nos casos de contratos existentes, válidos e eficazes. A manifestação do consumidor retira a eficácia desse contrato, que, portanto, extingue-se.

5. Da distinção entre o direito de arrependimento e as arras penitenciais no direito brasileiro

O Código Civil brasileiro, na parte da teoria geral das obrigações, no título que trata do inadimplemento das obrigações, estatuiu as "arras ou sinal" (arts. 417 a 420).

II. O DIREITO DE ARREPENDIMENTO

Segundo definição de Silvio Rodrigues[146], as arras são conceituadas como a importância em dinheiro ou a coisa dada por um contratante ao outro, por ocasião da conclusão do contrato, com o escopo de firmar a presunção de acordo final e tornar obrigatório o ajuste; ou ainda, excepcionalmente, com o propósito de assegurar, para cada um dos contraentes, o direito de arrependimento.

Já para Paulo Luiz Netto Lôbo[147], o sinal é a entrega de importância em dinheiro ou de coisa móvel, na conclusão do contrato, como garantia de sua execução.

Como se percebe, as arras não são consideradas como o elemento que define a conclusão do contrato, mas, sim, como bem asseverado por Nelson Rosenval e Cristiano Chaves de Farias[148], como modo de garantia e reforço da execução de um contrato futuro, evitando o inadimplemento.

As arras podem ser confirmatórias ou penitenciais. Confirmatórias são aquelas previstas no artigo 417 do Código Civil brasileiro que determina que "se, por ocasião da conclusão do contrato, uma parte der à outra, a título de arras, dinheiro ou outro bem móvel, deverão as arras, em caso de execução, ser restituídas ou computadas na prestação devida, se do mesmo gênero da principal".

Assim, caso o contrato venha a ser executado, as arras serão restituídas a quem as adiantou, ou, se a sua natureza for a mesma da obrigação principal, basta abater o valor correspondente do *quantum* da obrigação principal.

De acordo como o artigo 418, do Código Civil, se o contrato em que se adiantaram as arras não for objeto de cumprimento, poderá a parte inocente escolher: (i) se foi quem recebeu as arras, exercitar o direito de retenção sobre os valores como antecipação da indenização pela infidelidade da outra; (ii) se foi quem as pagou, além do desfazimento do contrato poderá exigir a sua devolução, além do equivalente (ou seja, em dobro), acrescendo-se os consectários da atualização monetária, juros e honorários de advogado.

Mas é no artigo 419 que reside a maior novidade do Código Civil de 2002, frente ao diploma de 1916. Segundo o novo dispositivo "a parte

---

[146] RODRIGUES, Silvio. *Contratos...*, p. 83 *apud* FARIAS, Cristiano Chaves de; ROSENVALD, Nelson. *Direito das obrigações*. 4. ed. Rio de Janeiro: Lumen Juris, 2010, p. 542.

[147] LÔBO, Paulo Luiz Netto. *Teoria geral das obrigações*. São Paulo: Saraiva, 2005, p. 296.

[148] FARIAS, Cristiano Chaves de; ROSENVALD, Nelson. Op. cit., p. 543.

DIREITO DE ARREPENDIMENTO NOS CONTRATOS DE CONSUMO

inocente pode pedir indenização suplementar, se provar maior prejuízo, valendo as arras como taxa mínima. Pode, também, a parte inocente, exigir a execução do contrato, com as perdas e danos, valendo as arras como o mínimo da indenização".

Pelo que se vê, para as arras confirmatórias, o sinal vale como mero início de indenização, podendo ser cobrada em juízo a sua complementação, permitindo-se a cumulação com a integridade do prejuízo. Para o Código Civil de 1916, tal medida não era possível. A doutrina majoritária, no mesmo sentido, também entendia pela impossibilidade de cumulação das arras com perdas e danos[149].

Pois bem. Mas além das arras confirmatórias, o Código Civil também regula as arras penitenciais que são aquelas previstas no artigo 420[150]:

Segundo Nelson Rosenvald e Cristiano Chaves de Farias[151], as arras penitenciais correspondem ao direito de arrependimento de qualquer das partes, para o caso de o contrato não ser concluído ou ser posteriormente desfeito. Enquanto as arras confirmatórias desejam reforçar a execução da obrigação, as arras penitenciais pretendem justamente o contrário. Assim, como bem ressaltado pelos autores, as arras penitenciais concedem uma espécie de autoexecutoriedade para que a parte inadimplente possa resolver o contrato sem a necessidade de propositura da ação. Simplesmente paga-se o preço ajustado e está "autorizada" a extinguir o contrato.

Vale ressaltar que, para o Código Civil, as arras são penitenciais apenas quando uma cláusula de direito de arrependimento estiver expressa

---

[149] Nesse sentido, veja-se a lição de Silvio Rodrigues: "É evidente que a possibilidade de acumulação das arras com perdas e danos faculta, a quem as recebe a ambos, um enriquecimento sem causa. Se as perdas e danos são, por definição de lei, tudo o que a parte perdeu, mais o que razoavelmente deixou de lucrar, é óbvio que, com o recebimento delas, restabelecer-se-á o equilíbrio porventura violado pelo inadimplemento. A que título se receberiam as arras? A nenhum, porque o prejuízo e o lucro cessante já foi indenizado. Parece que não sobra qualquer razão que justifique um ulterior recebimento, se se tiver em conta que o direito privado não é punitivo, mas almeja, em primeiro lugar, restabelecer um equilíbrio prejudicado" (RODRIGUES, Silvio. *Das arras*, São Paulo: Revista dos Tribunais, 1955, p. 97).

[150] "Art. 420: Se no contrato for estipulado o direito de arrependimento para qualquer das partes, as arras ou sinal terão função unicamente indenizatória. Neste caso, quem as deu perdê-las-á em benefício da outra parte; e quem as recebeu devolvê-las-á, mais o equivalente. Em ambos os casos não haverá a indenização suplementar".

[151] FARIAS, Cristiano Chaves de; ROSENVALD, Nelson. Op. cit., p. 545.

II. O DIREITO DE ARREPENDIMENTO

no contrato. Assim, se não houver no contrato a expressa alusão à faculdade do arrependimento das partes, presume-se que as arras serão confirmatórias.

Talvez a maior diferença entre as arras confirmatórias e as penitenciais é que na hipótese destas últimas, o valor não pode se extrapolado, pois ele é tudo aquilo que as partes ajustaram para o caso de uma delas futuramente deliberar por não celebrar o contrato com a outra, reavendo a sua liberdade. Enfim, o sinal das arras penitenciais é o preço adiantado para o contratante se exonerar de um vínculo, nada mais podendo dele ser exigido pela parte inocente.

Mas retornando para o objeto do presente estudo, resta saber se o direito de arrependimento previsto no art. 420, do Código Civil brasileiro, que trata das arras penitenciais, seria equivalente ao direito de arrependimento das relações de consumo.

Obviamente há pontos em comum entre os institutos e o resultado prático de ambos é que possibilitam a uma das partes arrepender-se do contrato, sem a necessidade de pleitear a autorização da parte contrária para tanto. Em ambos os casos trata-se de um direito potestativo e discricionário.

De todo modo, também há pontos em que os institutos se diferenciam. O direito de arrependimento nos contratos ao consumo é sempre gratuito, ou seja, trata-se da possibilidade do consumidor arrepender-se da avença a que estava sujeito, sem o pagamento de qualquer valor, seja um sinal, seja parte do preço pago. Obviamente o único encargo, na maioria dos casos, seria o pagamento dos valores referentes à devolução do produto, por exemplo.

Já o direito de arrependimento do artigo 420 do Código Civil brasileiro possibilita que a parte contratante arrependa-se da avença, mas tenha que pagar indenização à parte contrária (arras penitenciais). Ou seja, o contratante arrepende-se da avença, mas paga por isso.

Isso já basta para comprovar as grandes diferenças entre os institutos. O arrependimento do Código Civil é um direito discricionário, mas não é gratuito. Não se trata de um instituto de proteção contratual ao adquirente no contrato de compra e venda. Na realidade, parece-nos uma pré-fixação de indenização em caso de arrependimento ao contrato. Cremos que o artigo 420 do Código Civil tem a natureza jurídica da resilição.

Por sua vez, o Código de Defesa do Consumidor traçou um objetivo completamente diverso para o instituto. O arrependimento, para a lei consumerista, é um direito gratuito e discricionário com o claro aspecto de proteção ao consumidor, uma proteção contratual.

Além disso, o direito de arrependimento nos contratos ao consumo não decorre de um contrato, mas, sim, da lei, quando o negócio for celebrado fora do estabelecimento do fornecedor ou em outras situações, conforme se verificará ao longo deste trabalho.

Assim, no caso da aquisição de um produto pela internet, não há necessidade do contrato de adesão do fornecedor constar, expressamente, a possibilidade do consumidor se arrepender. Na realidade, tal possibilidade decorre da lei.

Ademais, o fundamento dos institutos é totalmente diverso. O arrependimento disposto no art. 49, do Código de Defesa do Consumidor, tem por inequívoca função a proteção contratual do consumidor hipossuficiente. Já a previsão das arras penitenciais tem como fundamento a autonomia das partes, para que seja estabelecido um valor em virtude da desistência de uma das partes de um determinado contrato.

Em suma, o chamado direito de arrependimento do art. 420 do Código Civil pouco tem a ver com o direito de arrependimento do art. 49 do Código de Defesa do Consumidor. Com ele se assemelha, mas os objetivos e consequências são completamente diferentes entre si.

6. O direito de arrependimento, a decadência e a suspensão ou interrupção dos prazos

Tal como já afirmado diversas vezes neste trabalho, não há dúvidas de que o direito de arrependimento, em razão de suas características, é um direito potestativo.

Diante disso, valendo-se da lição de Agnelo Amorim Filho[152], por se tratar de um direito potestativo, o arrependimento está sujeito aos prazos decadenciais e não prescricionais.

Sendo o prazo decadencial, restam algumas dúvidas com relação à contagem do prazo para o exercício do direito de arrependimento. Poderia tal prazo ser interrompido ou suspenso?

---

[152] AMORIM FILHO, Agnelo. Critério científico para distinguir a prescrição da decadência e para identificar as ações imprescritíveis. *Revista dos Tribunais*, n. 300, Outubro de 1960, p. 7-37.

II. O DIREITO DE ARREPENDIMENTO

Uma das principais inovações do Código Civil de 2002 no tocante à decadência e à prescrição foi adotar a teoria de Agnelo Amorim Filho, determinando que a prescrição extingue a pretensão ao direito e a decadência lida exclusivamente com os direitos potestativos.

Além disso, o Código Civil também inovou ao afirmar que os prazos decadências podem, em determinadas situações, ser interrompidos, suspensos ou impedidos.

A doutrina do Código Civil de 1916 não admitia a interrupção da decadência. Segundo Serpa Lopes[153] porque o direito subordinado possui uma duração predeterminada e o início de um novo termo importaria numa extensão do próprio direito, ou seja, a criação de um novo direito.

Já o atual Código Civil determina expressamente que "salvo disposição legal em contrário, não se aplicam à decadência as normas que impedem, suspendem ou interrompem a prescrição".

E o próprio Código Civil traz hipóteses em que a decadência pode ser obstada. É o caso, por exemplo, do artigo 446, o qual assevera que não correrão os prazos decadenciais para obter a redibição ou abatimento do preço em caso de vícios ocultos de um produto quando houver uma cláusula de garantia.

Já o Código de Defesa do Consumidor, tratando sobre o direito de reclamar pelos vícios aparentes ou de fácil constatação, assevera em seu artigo 26, § 2º, que a decadência é "obstada[154]" quando houver (i) reclamação comprovadamente formulada perante o fornecedor de produtos e serviços até a resposta negativa correspondente, que dever ser transmitida de forma inequívoca; (ii) a instauração de inquérito civil, até seu encerramento.

---

[153] Serpa Lopes, Miguel Maria de. *Curso de direito civil*: introdução, parte geral e teoria dos negócios jurídicos. 8. ed. Rio de Janeiro: Freitas Bastos, 1996. v. 1, p. 625.

[154] Resta saber se o verbo obstar significa interrupção, impedimento ou suspensão. José Fernando Simão (Op. cit., p. 120) e Zelmo Denari (In: Pellegrini, Ada (coordenadora). *Código Brasileiro de Defesa do Consumidor*. Rio de Janeiro: Forense, 2001, p. 206.) entendem que se trata de suspensão do prazo decadencial. A conclusão de Simão se baseia na utilização pelo legislador do vocábulo "até" contida no texto da lei que, segundo ele, permitiria-nos concluir que até a ocorrência de certo fato o prazo decadencial estaria suspenso, e, após, voltaria a fluir onde parou. Por outro lado, a doutrina minoritária, neste caso representada por Odete Novais Carneiro (Op. cit., p. 122) entende que é o caso de interrupção e não suspensão. Cremos que a lição de Simão é aquela a ser seguida.

Diante disso, será que poderíamos aplicar o dispositivo acima, que trata da suspensão do prazo decadencial em caso de reclamação por vícios aparentes ou de fácil constatação, para o direito de arrependimento?

Assim, por exemplo, caso um consumidor receba determinado produto e queira realizar uma reclamação à empresa antes de realizar o arrependimento e devolver o produto, poderia ele aguardar a resposta da empresa? O prazo para o exercício do direito de arrependimento ficaria, nesse período, suspenso?

Cremos que não. Ao que parece, o artigo 26, § 2º, pretende tratar da suspensão da decadência apenas no caso de reclamação pelos vícios aparentes ou de fácil constatação. Não é um dispositivo que mereça uma interpretação tão ampliativa. Tanto é que a possibilidade de suspensão da decadência encontra-se em um parágrafo inserto ao artigo 26.

Caso a intenção do legislador fosse efetivamente esta, o artigo 49 do CDC deveria conter tal previsão em seu parágrafo único ou em parágrafo apartado. A interpretação extensiva, nesse caso, a nosso ver, não pode ser aplicada. Ademais, dentre as propostas de alteração ao art. 49 (PLS 281/2012), não há nenhuma disposição nesse sentido.

Até porque, caso fosse suspenso o prazo decadencial para o exercício do direito de arrependimento, poderia o consumidor permanecer com o bem por um longo período até que fosse exercido o arrependimento. Cremos que tal medida não seria boa para o consumidor, que responde durante esse período pela guarda do produto, muito menos ao fornecedor de serviços que não pode recolocar à venda o produto, em caso de arrependimento do consumidor. Também não poderíamos deixar de ressaltar que essa hipótese abriria um caminho para alguns consumidores abusarem de seu direito.

Sendo assim, não cremos que na legislação brasileira exista qualquer hipótese para interrupção, suspensão ou impedimento para o exercício do direito de arrependimento. Ao que parece, o prazo de sete dias é realmente a contar da assinatura do contrato ou do recebimento do produto, sem possibilidade de paralisação momentânea do prazo.

Já em Portugal, também se entende que os direitos potestativos são próprios de prazos decadenciais. O Código Civil português também assevera em seu artigo 328 que o prazo de caducidade não se suspende nem se interrompe, "senão nos casos em que a lei o determine". A regra, ao que parece, é a mesma do direito brasileiro. Mais à frente, o artigo

II. O DIREITO DE ARREPENDIMENTO

331 do mesmo diploma afirma que só impede a caducidade a prática, dentro do prazo legal ou convencional, do ato a que a lei ou convenção atribua efeito impeditivo.

Não temos conhecimento de nenhuma lei portuguesa que trate da possibilidade de interrupção do prazo para o exercício do direito de arrependimento.

Todavia, tratando da caducidade no direito de arrependimento, o Anteprojecto do Código do Consumidor afirma em seu artigo 188º, nº 2 que o prazo apenas começa a contar a partir do momento em que ao consumidor sejam prestadas, integralmente e na forma devida, as informações sobre a possibilidade de exercício do direito de resolução, o nome e endereço da pessoa ou entidade a quem deva ser enviada a comunicação do arrependimento, dentre outras informações.

A seguir, no nº 3 do mesmo dispositivo, o Anteprojecto afirma que caso o contrato seja celebrado por escrito, o prazo só começa a contar-se a partir da recepção do bem, pelo consumidor, acompanhado da cópia do texto contratual contendo as menções que a lei considere obrigatórias.

Ao que se percebe, Portugal pretende condicionar o exercício do direito de arrependimento à plena informação do consumidor da possibilidade de tal exercício. E o dever dessa informação, lembre-se, é do fornecedor de produtos ou serviços. É dele também o interesse em levar tal informação ao consumidor, sob pena do exercício do direito de arrependimento após longo período do recebimento do produto.

7. O direito de arrependimento e o dever de informação decorrente do princípio da boa-fé objetiva

7.1 Boa-fé objetiva, boa-fé subjetiva e os deveres de conduta

Segundo Adalberto Pasqualoto[155], a *boa-fé subjetiva* é a que se vincula à noção de erro, porque está ligada a uma avaliação individual e equivocada de dados da realidade. Também chamada de boa-fé-crença, corresponde à *Gutten Glauben* no BGB[156].

---

[155] Pasqualoto, Adalberto. A boa-fé nas obrigações civis. In: Medeiros, Antonio Paulo Cachapuz de (organizador). *O ensino jurídico no limiar do novo século*. Porto Alegre: EDIPUCRS, 1997, p. 109.

[156] Sobre o princípio da *boa-fé subjetiva*, verificar julgado do Tribunal de Justiça de São Paulo: "Embargos de terceiro – Adequada aplicação do recente art. 285-A do CPC, por se tratar de

DIREITO DE ARREPENDIMENTO NOS CONTRATOS DE CONSUMO

Por seu turno, a boa-fé *objetiva*, consoante Judith Martins-Costa[157], significa um modelo de conduta social, arquétipo ou *standard*[158] jurídico segundo o qual cada pessoa deve ajustar a sua própria conduta, obrando como obraria um homem reto: com honestidade, lealdade e probidade. Conforme a lição dessa conceituada jurista, por esse modelo, levam-se em consideração os fatores concretos do caso, tais como o *status* pessoal e cultural dos envolvidos, não se admitindo uma aplicação mecânica do *standard*, de tipo meramente subsuntivo[159].

---

questão de direito e já existirem precedentes em casos idênticos no juízo 'a quo' – Mérito – Fraude à execução – Alienação de imóvel, pelo devedor, na pendência de demanda capaz de reduzi-lo à insolvência, embora em momento anterior à realização da penhora e seu registro – controvérsia doutrinária e jurisprudencial – Art. 593, II, do CPC – Presunção relativa da fraude, que privilegia o credor/exequente, ao impor ao terceiro adquirente o ônus da prova da inocorrência dos pressupostos da fraude à execução – Embargante que deve demonstrar sua boa-fé subjetiva na concepção ética, isto é, que não conhecia e nem podia conhecer existência de ação contra o alienante do imóvel – Anulação da sentença, para determinar o processamento dos embargos, com a citação dos embargados, permitindo à embargante a produção de prova da inocorrência dos pressupostos da fraude à execução – Recurso provido".

Destaque para o seguinte trecho do *decisum*: "[...] A *contrario sensu* a boa-fé subjetiva é a ignorância, o desconhecimento do vício que afeta direito ou relação jurídica. Como alerta Fernando Noronha, duas correntes dividem-se a respeito dos requisitos da boa-fé subjetiva. A primeira corrente, denominada psicológica, exige o dolo ou ao menos culpa grosseira do titular do direito, quanto ao conhecimento do vício. A segunda corrente, denominada ética, exige que a ignorância da existência do vício seja desculpável. A ignorância seria indesculpável quando a pessoa houvesse desrespeitado deveres de cuidado (O Direito dos Contratos e seus Princípios Fundamentais, Saraiva, 1.994, p. 134). Arremata o autor que "o mais poderoso argumento em favor da concepção ética está na afirmação de que o negligente e o impulsivo não podem ficar em situação mais vantajosa ou mesmo igual à do avisado e do prudente: quem erra indesculpavelmente não poderá ficar na mesma situação jurídica de quem erra sem culpa" (ob. cit., p. 134; ver, também, profundo estudo de Menezes de Cordeiro, Da boa-fé no direito civil, Almedina, Coimbra, 1.997, pg. 913 e seguintes)." (Tribunal de Justiça de São Paulo, Apelação Cível nº 6004794400, 4ª Câmara de Direito Privado, Rel. Des. Francisco Loureiro. j. 29/01/2009).

[157] MARTINS-COSTA. O direito privado como um "sistema em construção" – As cláusulas gerais no projeto do Código Civil brasileiro. *RT*, n. 753, São Paulo: Revista dos Tribunais, Julho de 1999, p. 42.

[158] O termo *standard* jurídico também é utilizado por Mário Júlio de Almeida Costa (*Direito...*, p. 122).

[159] Sobre a *boa-fé objetiva*, verificar julgado do Tribunal de Justiça do Rio Grande do Sul: "*Indenização. Vício do produto. Código de defesa do consumidor. Princípio da boa-fé objetiva. Dano moral e material reconhecido. Aquisição de veículo usado. Adulteração do odômetro. A responsabilidade*

II. O DIREITO DE ARREPENDIMENTO

Para Claudia Lima Marques[160], a boa-fé objetiva significa uma atuação "refletida", pensando no outro, no parceiro contratual, respeitando seus interesses legítimos, suas expectativas razoáveis, seus direitos, agindo com lealdade, sem abuso, sem obstrução, sem causar lesão ou desvantagem excessiva, cooperando para atingir o bom fim das obrigações: o cumprimento do objetivo contratual e a realização dos interesses das partes.

A diferença entre a boa-fé subjetiva e a objetiva é que, na primeira, é relevante a intenção da parte, ou seja, o estado psicológico do agente no sentido de não estar lesionando direito de outrem. Já para a segunda o que realmente importa é a consideração de um padrão objetivo de conduta fundado na honestidade, retidão e lealdade[161]-[162].

---

reconhecida da empresa/ré decorre do princípio da boa-fé objetiva e que, imperativamente, deve ser observada nas relações consumeristas. A conduta que protege o Código de Defesa do Consumidor é aquela que decorre de procedimentos aceitáveis e éticos, ainda mais se tratando de uma concessionária de veículos. O que deve ser levado em consideração é própria expectativa do consumidor, considerando-se o próprio padrão e qualidade do veículo, ainda mais com certificado de garantia. Quilometragem de veículo comprovadamente diverso daquela constante no odômetro, decorrendo daí a inadequação dos danos frente à baixa quilometragem anunciada da camionete e seu padrão de qualidade. Daí o vício do produto. Danos materiais e morais reconhecidos. Apelo Provido" (Tribunal de Justiça do Rio Grande do Sul. Apelação Cível nº 70020363354. 19ª Câmara Cível, Rel. Des. Guinther Spode. j. 11.12.2007).

[160] MARQUES, Claudia Lima. *Contratos no Código de Defesa do Consumidor*: o novo regime das relações contratuais. 4. ed. São Paulo: Revista dos Tribunais, 2002, p. 180.

[161] Ainda que o princípio da boa-fé tenha sido devidamente festejado pelos civilistas, vale a pena sublinhar a lição de José Oliveira Ascensão que, sem retirar a importância do princípio da boa-fé, adverte sobre a sua utilização em demasia: "O grande inconveniente da boa-fé, tal como tem sido desenvolvida, é o oposto da sua virtude: sua excessiva extensão. Se se aplica a todos os setores do direito e em todas as circunstâncias, perde compreensão. Por isso dizemos que a boa-fé, se é tudo, passa a não ser nada. Passa a ser um rótulo com pouca explicatividade. [...] Importante é afastar o recurso à boa-fé em zonas em que tal não justifica. O excessivo recurso à figura, para abranger matéria em que faltava apoio legal, levou a aplicações indevidas, meramente nominalísticas e carecidas de apoio substantivo. É o que se passa a nosso ver com a onerosidade excessiva por alteração das circunstâncias, que o art. 478 CC/2002, por uma importação menos feliz que tem por origem a posição da jurisprudência alemã, reconduz a uma exigência contrária a boa-fé. A exigência é irrelevante, pois o que é decisivo é a desproporção ou desequilíbrio das situações que fere a justiça contratual" (ASCENSÃO, José Oliveira. A desconstrução do abuso do direito. In: ALVES, Mário Luiz Delgado; FIGUEIRÊDO, Jones (coordenadores). *Questões controvertidas no direito das obrigações e dos contratos*. São Paulo: Método, 2005. v. 4, p. 43).

DIREITO DE ARREPENDIMENTO NOS CONTRATOS DE CONSUMO

Entre as funções da boa-fé objetiva, destacamos (i) *complementação ou concretização da relação*[163]; (ii) *controle e delimitação das condutas*[164] ou *de limite ao exercício de direitos subjetivos*[165]; (iii) *correção e adaptação em caso de mudança de circunstâncias*[166] e (iv) *autorização para decisão por equidade.*

Além disso, talvez a principal função da boa-fé seja a *criação de deveres anexos à pretensão principal*[167] ou *fonte autônoma de direitos* que impõe às partes deveres outros que não aqueles previstos no contrato, tais como deveres de lealdade, segurança, informação, dentre outros. O cumprimento desses deveres precisa ser observado pelas partes na contratação, execução e dissolução dos contratos, tanto nas relações contratuais de consumo, regidas pelas leis consumeristas, quanto nas relações contratuais comuns, regidas pelo Código Civil de 2002.

O contrato é um encontro de vontades que gera obrigações aos contratantes. A orientação clássica, de fundo romanística, aduzia que a obrigação se esgota no dever de prestar e no correlato dever de exigir ou pretender a prestação. Contudo, a doutrina moderna, sobretudo por mérito dos alemães, superou essa orientação clássica e compreendeu que a obrigação é devidamente prestada não apenas quando prestado o dever principal da obrigação, mas também quando satisfeitos seus

---

A advertência do professor português é lotada de fundamentos. O aplicador do direito não pode pensar que é possível aplicar o princípio da boa-fé para resolver todas as questões do direito civil. O princípio da boa-fé, nomeadamente no seu critério objetivo, é um dever de conduta a ser seguido pelas partes e não um parâmetro para a solução de todos os problemas.

[162] A diferença entre o caráter subjetivo e objetivo da boa-fé também foi bem detalhada por Alinne Arquette Leite Novais: "A boa-fé subjetiva corresponde ao estado psicológico da pessoa, à sua intenção, ao seu convencimento de estar agindo de forma a não prejudicar outrem na relação jurídica. Já a boa-fé objetiva significa uma regra de conduta de acordo com os ideais de honestidade e lealdade, isto é, as partes contratuais devem agir conforme um modelo de conduta social, sempre respeitando a confiança e os interesses do outro" (NOVAIS, Aline Arquette Leite. *A teoria contratual e o Código de Defesa do Consumidor*. São Paulo: Revista dos Tribunais, 2001, p. 72).

[163] Expressão de Claudia Lima Marques (*Contratos...*, p. 186).

[164] Expressão de Claudia Lima Marques (Idem, ibidem).

[165] Expressão de Judith Martins-Costa (*O direito...*, p. 43).

[166] Expressão de Claudia Lima Marques (*Contratos...*, p. 43).

[167] Expressão de Gustavo Tepedino e Anderson Schereiber (*A boa fé...*, p. 216 et seq.).

II. O DIREITO DE ARREPENDIMENTO

deveres *anexos* e *laterais*[168] (ou deveres gerais de conduta como prefere a doutrina brasileira[169]).

Essa doutrina é seguida pelo notável civilista Mário Júlio de Almeida Costa[170], que foi um dos adeptos a ver a relação obrigacional "como um todo/como um processo". Esse nobre professor afirma que todos os deveres anteriormente abordados constituem o conteúdo de uma relação de caráter unitário e funcional: a *relação obrigacional complexa*, ainda designada *relação obrigacional em sentido amplo*. Os doutrinadores alemães costumam afirmar que as relações obrigacionais são, em verdade, uma "fila" ou uma "série" de deveres de conduta e contratuais, vistos no tempo, ordenados logicamente, unidos por uma finalidade[171].

Nesse momento, valendo-se da doutrina de Mário Júlio de Almeida Costa[172], cabe definir quais são os deveres que integram a chamada relação obrigacional complexa. Em primeiro lugar, a obrigação deve ser cumprida pelo seu *dever principal* que constitui a "alma" da relação obrigacional, por exemplo, na compra e venda, o dever do comprador é realizar o pagamento do preço; e o dever do vendedor é de entregar a coisa.

Mas, além disso, a relação obrigacional complexa tem como um de seus componentes os chamados *deveres laterais* (ou deveres gerais de con-

---

[168] Claudia Lima Marques afirma que o "contrato não envolve só a obrigação de prestar, mas também uma obrigação de conduta [...] A relação contratual nada mais é do que um contato social, um contato na sociedade que une, vincula pessoas, contato onde necessariamente não se pode esquecer ou desrespeitar os deveres gerais de conduta, os deveres de atuação conforme a boa-fé e conforme o direito. [...] Estes deveres de conduta gerais existem sempre, mas quando integram uma relação contratual vão receber um novo nome especial, uma vez que seu descumprimento dará razão a uma sanção com regime especial, uma sanção contratual. [...] Assim, apesar de no Brasil consagrarmos a expressão alemã de deveres anexos ou secundários, enquanto contratuais, tratam-se de verdadeiras obrigações a indicar que a relação contratual não obriga somente ao cumprimento da obrigação principal (a prestação), mas também ao cumprimento das várias obrigações acessórias ou deveres anexos àquele tipo de contrato" (MARQUES. *Contratos...*, p. 183 et seq.).

[169] Segundo José Fernando Simão, a expressão *deveres anexos e laterais* é mais correta que *deveres acessórios*. Conforme este jurista, "a ideia de acessoriedade não se aplica a tais deveres, pois não são menores nem menos importantes que os deveres primários". Ainda complementa afirmando que em determinadas situações, os deveres principais ainda não existem, pois estamos na fase pré-contratual, mas os deveres laterais já devem ser cumpridos (SIMÃO. Op. cit., p. 19-20).

[170] ALMEIDA COSTA. Op. cit., p. 72.

[171] MARQUES. *Contratos...*, 182-183.

[172] ALMEIDA COSTA. Op. cit., p. 76 et seq.

DIREITO DE ARREPENDIMENTO NOS CONTRATOS DE CONSUMO

duta ou deveres anexos) que, ainda valendo-se da valiosa lição de Mário Júlio de Almeida Costa, são derivados de uma cláusula contratual, de dispositivo da lei *ad hoc* ou do princípio da boa-fé.

Assim, é exatamente como *dever lateral* ou *dever de conduta* ou *dever anexo de conduta* que o princípio da boa-fé objetiva é enquadrado na chamada "relação obrigacional complexa". A violação desses deveres de conduta acarreta o inadimplemento da obrigação, ainda que de forma parcial[173].

Entre os deveres anexos, podemos citar o (i) *dever de segurança*[174] que tem por escopo garantir a integridade e direitos dos contratantes; (ii) *dever de lealdade*[175] que tem por objetivo obstar que um dos contraentes cause prejuízos ao outro e (iii) *dever de cooperação ou solidariedade*[176] que significa colaborar durante a execução do contrato evitando inviabilizar ou dificultar a atuação do outro contraente.

Contudo, para o presente estudo, não resta dúvidas que o mais relevante é o *dever de informação* que, segundo Adalberto Pasqualoto[177], diz respeito à comunicação que uma parte deve fazer à outra de circunstân-

---

[173] Nesse sentido, veja-se o Enunciado n. 24 concluído pela I Jornada de Direito Civil promovida pelo Conselho da Justiça Federal nos dias 11 a 13 de setembro de 2002: "Em virtude do princípio da boa-fé, positivado no artigo 422 do novo Código Civil, a violação dos deveres anexos constitui espécie de inadimplemento, independentemente de culpa".

[174] Claudia Lima Marques (*Contratos...*, p. 199-200) traz um exemplo oportuno quanto ao dever de segurança no tocante à integridade física de um dos contraentes: no contrato de transporte do passageiro e de sua bagagem, esse será feito por um meio técnico (avião, ônibus, carro ou táxi), com as devidas medidas de segurança e deverá o transportador cuidar que nenhum dano sobrevenha aos passageiros e à bagagem sob sua responsabilidade, assim como cuidar para que o meio utilizado (veículo) esteja em boas e adequadas condições.

[175] José Fernando Simão (Op. cit., p. 23) oferece um bom exemplo: num contrato de empreitada pelo qual o dono da obra se compromete a fornecer os materiais, a chamada empreitada de lavor, o empreiteiro não pode agir de maneira negligente, desperdiçando o que lhe é fornecido, visto que o prejuízo não será por ele suportado.

[176] O dever de mitigar o próprio prejuízo (*duty to mitigate the loss*) decorre diretamente do dever de cooperação que deve existir entre as partes, decorrente do princípio da boa-fé objetiva. Na mesma senda o Enunciado nº 169 do Conselho da Justiça Federal, na III Jornada de Direito Civil: "O princípio da boa-fé objetiva deve levar o credor a evitar o agravamento do próprio prejuízo". Para maiores desenvolvimentos sobre o tema: DIDIER JR., Fredie. Multa coercitiva, boa-fé processual e supressio: aplicação do *duty to mitigate the loss* no processo civil. *Revista de Processo*. a. 34, l. 171, maio de 2009).

[177] PASQUALOTO. A boa-fé..., p. 115.

II. O DIREITO DE ARREPENDIMENTO

cias ignoradas, imperfeitas ou incompletamente conhecidas. O estudo do dever de informação e o direito de arrependimento são tratados abaixo.

7.2 O dever de informação (panorama geral e específico ao comércio eletrônico) e o direito de arrependimento

O dever de informação, decorrente da boa-fé objetiva[178]-[179] é considerado como um dos direitos mais importantes de que os consumidores

[178] Para complementação de estudo desta matéria, verificar: MARQUES, Claudia Lima. *Confiança no comércio eletrônico e a proteção do consumidor:* um estudo dos negócios jurídicos de consumo no comércio eletrônico. São Paulo: Revista dos Tribunais, 2004; GONÇALVES, Maria Eduarda. *Direito da informação:* novos direitos e formas de regulação na sociedade da informação. Lisboa: Almedina, 2003; CANUT, Letícia. *Proteção do consumidor no comércio eletrônico:* uma questão de inteligência coletiva que ultrapassa o direito tradicional. Curitiba: Juruá, 2007; LORENZETTI, Ricardo L. *Comércio eletrônico.* Trad. Fabiano Menke e notas de Claudia Lima Marques. São Paulo: Revista dos Tribunais, 2004.

[179] Para Gabriel Stiglitz e Rubén Stiglitz, "El derecho a la información bien puede ser planteado en el centro de los derechos sustanciales de los consumidores. Es uno de los derechos básicos, pues la información adecuada sobre los bienes y servicios es determinante de la protección, tanto de la seguridad como de los intereses de la protección. Correlativamente, las deficiencias en la información, pueden producir perjuicios a los consumidores en su patrimônio y hasta atinentes a su misma vida y salud. El objeto del derecho del consumidor a la información, versa sobre el adecuado conocimiento de las condiciones de la operación realizada, de sus derechos y obligaciones consiguientes y esencialmente, de las características de los deberes de información, depende de la posibilidad concreta del consumidor, de emplear los productos y servicios con plena seguridad y de modo satisfactorio para sus intereses económicos" (STIGLITZ; STIGLITZ. *Derechos...,* p. 54).

A importância da informação ao consumidor foi ressaltada por Fernanda Barbosa nos seguintes termos: "No sistema de proteção e defesa do consumidor, tanto na lei brasileira, como nas demais leis editadas para este fim, o direito à informação constitui um dos pilares no qual se sustenta toda a normativa especial, e mais, um direito fundamental do consumidor. Além disso, é por meio da informação que se alcança proteger outros direitos de caráter igualmente fundamental, seja de modo imediato, cujo exemplo marcante é o direito à autodeterminação, seja de modo mediato, protegendo-se a saúde, patrimônio e demais bens de que é titular o consumidor, individual ou coletivamente considerado" (*Informação:* direito e dever nas relações de consumo. São Paulo: Revista dos Tribunais, 2008, p. 112).

No mesmo sentido, veja-se a lição de Paulo Luiz Netto Lôbo: "O direito à informação adequada, suficiente e veraz é um dos pilares do direito do consumidor. Nas legislações mundiais, voltadas a regular as relações de consumo, a referência é quase uniforme ao direito à informação fortalece as características universalizantes desse novo direito. Afinal, os problemas e dificuldades enfrentados pelos consumidores, em qualquer país, são comuns, a merecerem soluções comuns" (A informação como direito fundamental do consumidor. *Revista de*

DIREITO DE ARREPENDIMENTO NOS CONTRATOS DE CONSUMO

dispõem. Como bem asseverado por Elsa Dias Oliveira[180], um dos fatores determinantes da fragilidade contratual do consumidor é justamente sua falta de informação e de educação. Refere a autora portuguesa que o consumidor frequentemente não tem conhecimento nem dos seus direitos nem dos seus deveres; não tem a noção dos métodos de venda utilizados pelos fornecedores, nem capacidade para lhes resistir; não tem conhecimentos suficientes que lhe permitam, perante a proliferação da oferta, decidir em função da relação qualidade/preço.

E o dever de informação no comércio eletrônico é extremamente relevante ao consumidor. Seja a informação referente ao produto, seja a informação referente à possibilidade do exercício do direito de arrependimento.

Ademais, tendo em vista que o consumidor não tem condições de tocar, sentir a coisa, os fornecedores mais modernos têm oferecido recursos de informações inovadores para venderem seus produtos. Por meio dos mais diversos *sites*, verificamos que os fornecedores autorizam os consumidores a escutarem trechos das músicas antes de comprá-las; os hotéis demonstram pelo ecrã do computador uma visão 360º do quarto a ser reservado; livrarias autorizam o consumidor a folhear o livro antes de formalizar a compra; dentre outras inovações.

Sendo assim, o dever de informação possui dois principais objetivos: (i) levar ao consumidor uma descrição completa sobre os produtos e serviços a serem adquiridos; (ii) advertir o consumidor sobre os direitos que possui decorrente da contratação realizada (ex. direito de arrependimento, serviço pós-venda etc.).

Decorrente do princípio da boa-fé objetiva, ao lado do direito de arrependimento, o dever de informação traduz-se como uma das principais proteções dos consumidores nos contratos celebrados à distância, especialmente naqueles decorrentes do comércio eletrônico[181].

Direito do Consumidor, ano 10, n. 37, Janeiro-Março de 2001. São Paulo: Revista dos Tribunais, p. 59).

[180] OLIVEIRA, Elza Dias. Op. cit., p. 64 et seq.

[181] Alberto do Amaral Júnior afirma que o direito de informação e direito de arrependimento se complementam no sistema de proteção contratual do CDC: "A exigência de divulgar informações verdadeiras a respeito dos diferentes produtos e serviços colocados no mercado é insuficiente para garantir a proteção do consumidor se não lhe é deixado tempo necessário à formação livre e esclarecida da vontade. O interesse do consumidor em receber informa-

II. O DIREITO DE ARREPENDIMENTO

Em Portugal, o direito à informação aos consumidores, num panorama geral, é estabelecido no Decreto-Lei 24/96, de 22 de agosto[182]. Já o dever de informação específico aos contratos celebrados à distância é tratado pelo Decreto 143/2001. Esse diploma determina uma gama de informações de que o consumidor deve dispor em tempo útil e *previamente* à celebração do contrato, destacando-se: a identidade do fornecedor, o respectivo endereço, características essenciais do bem ou serviço, preço do bem, suas principais características, dentre outros dados[183].

Conforme se observa, diversas são as informações que o consumidor deve dispor *antes* da celebração do contrato. São informações *pré-contratuais*[184] que cuidam não apenas do produto em si, todavia, também, são

ções somente se justifica se ele dispõe de tempo suficiente para assimilá-las ou apreciar o seu alcance" (AMARAL JÚNIOR. Op. cit., p. 230).

[182] "Art. 7º Direito à informação em geral. 1. Incumbe ao Estado, às Regiões Autônomas e às autarquias locais desenvolver acções e adoptar medidas tendentes à informação em geral do consumidor, designadamente através de: a) apoio às ações de informação promovidas pelas associações de consumidores; b) criação de serviços municipais de informação ao consumidor; c) constituição de conselhos municipais de consumo, com a representação, designadamente, de associações de interesses econômicos e de interesses dos consumidores; d) criação de bases de dados e arquivos digitais acessíveis, de âmbito nacional, no domínio do direito do consumo, destinados a difundir informação geral e específica; e) criação de base de dados e arquivos digitais acessíveis em matéria de direitos do consumidor, de acesso incondicionado. 2. O serviço público de rádio e de televisão deve reservar espaços, em termos que a lei definirá, para a promoção dos interesses e direitos do consumidor".

[183] "Art. 4º 1. O consumidor deve dispor, em tempo útil e previamente à celebração de qualquer contrato a distância, das seguintes informações: a) Identidade do fornecedor e, nos casos de contrato que exijam pagamento adiantado, o respectivo endereço; b) Características essenciais do bem ou do serviço; c) Preço do bem ou do serviço, incluindo taxas e impostos; d) Despesas de entrega, caso existam; e) Modalidades de pagamento, entrega ou execução; f) Existência do direito de resolução do contrato, excepto nos casos referidos no artigo 7º; g) Custo de utilização da técnica de comunicação a distância, quando calculado com base numa tarifa que não seja a de base; h) Prazo de validade da oferta ou proposta contratual; i) Duração mínima do contrato, sempre que necessário, em caso de contratos de fornecimento de bens ou prestação de serviços e execução continuada ou periódica".

[184] Segundo Letícia Canut, a informação ao consumidor abrange dois momentos importantes: o *pré-contratual*, quando a informação precede (ex.: publicidade) ou acompanha o bem de consumo (ex.: embalagem) e o *contratual*, quando a informação é passada no momento da formalização do ato de consumo, isto é, no instante da contratação (Op. cit., p. 106). Segundo Carlos Ferreira de Almeida, "o lugar próprio do dever pré-contratual de informação situa-se algures entre as fronteiras de dois interesses antagónicos: o interesse dos potenciais contraentes em conhecer todos os factores relevantes para a negociação e o interesse em prevalecerem-se da informação como trunfo na negociação ('o segredo é a alma do

DIREITO DE ARREPENDIMENTO NOS CONTRATOS DE CONSUMO

referentes à contratação celebrada. Essas informações devem ser forne-
cidas de forma clara e precisa, por qualquer meio de comunicação à distância, com respeito aos princípios da boa-fé e lealdade (art. 4º n. 2).

No período pós-contratual, essas mesmas informações devem ser
confirmadas por escrito ou por meio de outro suporte durável[185] até o início da execução do contrato (art. 5º, n. 1). Junto com todas as informações antecedentemente descritas, igualmente, deve ser informado ao
consumidor um endereço geográfico do estabelecimento do fornecedor,
elementos relativos ao serviço pós-venda, bem como as condições para o
exercício do direito de arrependimento (art. 5º, n. 3).

A importância da confirmação das informações (dever de informação pós-contratual) foi defendida por Elsa Dias Oliveira[186]. Para a jurista,
a ratificação dessas informações desperta a atenção do consumidor de
modo que ele as analisará de forma atenta, ainda que a essas já tivesse
tido acesso. Além disso, ainda segundo essa jurista, a confirmação das
informações tem um efeito persuasor, incentivando o fornecedor a cumprir o contrato nos exatos termos em que foi proposto.

Especificamente sobre o dever de informar e o direito de arrependimento, define o Decreto-Lei 143/2001, em sede pré-contratual, que o
fornecedor deve comunicar o consumidor sobre a existência ou não do
exercício do arrependimento (art. 4º, n. 1, 'f'), bem como as restrições

---

negócio'). A troca de informações constitui a base do diálogo contratual, mas é também,
especialmente em contratos com função de troca, um valor transaccionável, que confere
significativo poder negocial". Este jurista ainda adverte: "Com informação pré-contratual
não deve confundir-se o conteúdo das declarações contratuais. Em caso algum é admissí-
vel, em relação a um contrato concluído, qualificar como informação pré-contratual algum
elemento que se inclua no próprio texto do contrato. Ao valor performativo das declarações contratuais contrapõe-se o valor assertivo das comunicações pré-contratuais que não
venham a inserir-se no conteúdo do contrato. A expressão 'dever de informar' usada em
relação ao conteúdo de contratos já formados é incorreta e resulta de um resquício de uma
concepção autoritária e regulamentar dos actos dos contraentes dotados de mais forte poder
negocial. Quanto muito, poderá falar-se de 'ônus de comunicar', sob pena de não incluir no
contrato tudo quanto não tenha sido comunicado e acordado" (ALMEIDA, Carlos Ferreira
de. *Contratos I*: conceitos, fontes e formação. 3. ed. Lisboa: Almedina, 2005, p. 191).

[185] Suporte durável é definido pelo art. 2º, "d" do Decreto-Lei 143/2001 como "[...] qualquer
instrumento que permita ao consumidor armazenar informações de um modo permanente
e acessível para referência futura e que não permita que as partes contratantes manipulem
unilateralmente as informações armazenadas".

[186] OLIVEIRA, Elsa Dias. Op. cit., p. 76.

II. O DIREITO DE ARREPENDIMENTO

a esse direito. Já na informação pós-contratual, o consumidor deve receber a confirmação por escrito ou outro suporte durável, consignando as condições e modalidades para o exercício desse direito (art. 5º, n. 3, 'a'). Caso as restrições acerca do direito de arrependimento não sejam noticiadas ao consumidor *antes* da celebração do contrato, as mesmas não terão *eficácia* e o consumidor disporá de três meses para a desistência do contrato, ainda que sua contratação tenha sido celebrada dentre uma das formas em que a lei havia restringido o exercício do arrependimento.

No período pós-contratual, caso as informações não sejam confirmadas, o prazo de 14 dias para o exercício do direito de arrependimento será ampliado para três meses (art. 6º, n. 1, 'c', do Decreto-Lei 143/2001). Contudo, havendo *descumprimento* do dever de informação, cremos que o consumidor irá dispor de um direito de *resolução* do contrato e não de um direito de *arrependimento*, tal como determina a *"Ley de Ordenación del Comercio Minorista"*[187].

Outro diploma que traz disposições sobre o dever de informar na legislação portuguesa é o Decreto-Lei 95/2006, de 29 de maio. Essa legislação possui previsões análogas às constantes do Decreto-Lei 143/2001, contudo, com pequenas diferenças. A redação desse diploma dividiu as informações nos seguintes termos: (i) quanto ao prestador do serviço; (ii) quanto ao serviço financeiro a ser prestado; (iii) e relativo ao contrato firmado.

Todas essas informações devem ser prestadas em papel ou noutro suporte duradouro[188], disponível e acessível ao consumidor, podendo o

---

[187] A lei espanhola determina que o consumidor dispõe de um direito de *resolução* e não arrependimento quando o vendedor não cumpre o seu dever de informação. Como houve descumprimento de uma das suas obrigações, correto o emprego do direito de resolução e não direito de arrependimento. Nesse sentido, veja-se especialmente o art. 38, n. 5 da "Ley de Ordenación del Comercio Minorista": "En el caso de que el vendedor no haya cumplido con tal deber de información, el comprador podrá resolver el contrato en el plazo de tres meses a contar desde aquel en que se entregó el bien. Si la información a que se refiere el articulo 47 se facilita durante el citado plazo de tres meses, el período de siete días hábiles para el desistimiento empezará a correr desde ese momento. Cuando el comprador ejerza su derecho a resolver el contrato por incumplimiento del deber de información que incumbe al vendedor, no podrá éste exigir que aquel se haga cargo de los gastos de devolución del producto".

[188] Para o Decreto-Lei 95/2006, "considera-se suporte duradouro aquele que permita armazenar a informação dirigida pessoalmente ao consumidor, possibilitando no futuro,

DIREITO DE ARREPENDIMENTO NOS CONTRATOS DE CONSUMO

consumidor exigir a qualquer tempo que lhe sejam fornecidos os termos do contrato em suporte de papel.

Nomeadamente quanto à informação acerca do direito de arrependimento, determina o art. 15º, n. 1, 'a', que deverá ser indicada a existência, duração, condições, consequências que o não exercício possa acarretar e endereço para onde deve ser enviada a notificação para desistência do contrato.

A informação pré e pós-celebração do contrato deve ser fornecida de forma clara e precisa. Sem dúvidas essa obrigatoriedade traz resultados positivos. Em Portugal, segundo pudemos constatar, a maioria dos consumidores tem conhecimento da possibilidade do direito de arrependimento de produtos e serviços adquiridos à distância.

Por sua vez, o *Codice del Consumo* Italiano também prevê, no capítulo dos contratos à distância, as informações que os fornecedores devem encaminhar previamente ao consumidor, bem como as informações que têm de ser confirmadas após a conclusão do contrato. Já com relação ao direito de arrependimento nos contratos à distância, o art. 47 também possui previsões sobre o dever de informação pré e pós-contratual[189].

---

durante o período de tempo adequado aos fins a que a informação se destina, um acesso fácil à mesma e a sua reprodução inalterada" (art. 11, n. 2).

[189] "Art. 47. Informazione sul diritto di recesso. 1. Per i contratti e per le proposte contrattuali soggetti alle disposizioni della presente sezione, il professionista deve informare il consumatore del diritto di cui agli articoli da 64 a 67. L'informazione deve essere fornita per iscritto e deve contenere: a) l'indicazione dei termini, delle modalita' e delle eventuali condizioni per l'esercizio del diritto di recesso; b) l'indicazione del soggetto nei cui riguardi va esercitato il diritto di recesso ed il suo indirizzo o, se si tratti di societa' o altra persona giuridica, la denominazione e la sede della stessa, nonche' l'indicazione del soggetto al quale deve essere restituito il prodotto eventualmente gia' consegnato, se diverso.2. Qualora il contratto preveda che l'esercizio del diritto di recesso non sia soggetto ad alcun termine o modalita', l'informazione deve comunque contenere gli elementi indicati nella lettera b) del comma 1. 3. Per i contratti di cui all'articolo 45, comma 1, lettere a), b) e c), qualora sia sottoposta al consumatore, per la sottoscrizione, una nota d'ordine, comunque denominata, l'informazione di cui al comma 1 deve essere riportata nella suddetta nota d'ordine, separatamente dalle altre clausole contrattuali e con caratteri tipografici uguali o superiori a quelli degli altri elementi indicati nel documento. Una copia della nota d'ordine, recante l'indicazione del luogo e della data di sottoscrizione, deve essere consegnata al consumatore. 4. Qualora non venga predisposta una nota d'ordine, l'informazione deve essere comunque fornita al momento della stipulazione del contratto ovvero all'atto della formulazione della proposta, nell'ipotesi prevista dall'articolo 45, comma 2, ed il relativo documento deve contenere, in caratteri chiaramente leggibili,

II. O DIREITO DE ARREPENDIMENTO

No Brasil, o Código de Defesa do Consumidor também prevê a obrigatoriedade dos fornecedores prestarem informações aos consumidores[190]. Até pouquíssimo tempo atrás, ao contrário da legislação portuguesa ou italiana, o dever de informação previsto no CDC era estabelecido apenas num panorama geral. Não havia previsões específicas ao dever de informação no comércio eletrônico, muito menos ao direito de arrependimento.

O dever de informação previsto no CDC, num panorama geral, determina que o consumidor possui direito a informações adequadas sobre os produtos e serviços, dentre elas: principais características, preços, garantias, prazos de validade, riscos que apresentam, dentre outros. Esse dever de informação deve ser prestado em todos os contratos do CDC.

Ressalte-se, ainda, que no ano de 2013, o Decreto 7.962/2013 (que tem por objetivo regulamentar a atividade do comércio eletrônico no Código de Defesa do Consumidor) determinou:

"Art. 1º Este Decreto regulamenta a Lei nº 8.078, de 11 de setembro de 1990, para dispor sobre a contratação no comércio eletrônico, abrangendo os seguintes aspectos:

I – informações claras a respeito do produto, serviço e do fornecedor;

---

oltre agli elementi di cui al comma 1, l'indicazione del luogo e della data in cui viene consegnato al consumatore, nonche' gli elementi necessari per identificare il contratto. Di tale documento il professionista puo' richiederne una copia sottoscritta dal consumatore. 5. Per i contratti di cui all'articolo 45, comma 1, lettera d), l'informazione sul diritto di recesso deve essere riportata nel catalogo o altro documento illustrativo della merce o del servizio oggetto del contratto, o nella relativa nota d'ordine, con caratteri tipografici uguali o superiori a quelli delle altre informazioni concernenti la stipulazione del contratto, contenute nel documento. Nella nota d'ordine, comunque, in luogo della indicazione completa degli elementi di cui al comma 1, puo' essere riportato il solo riferimento al diritto di esercitare il recesso, con la specificazione del relativo termine e con rinvio alle indicazioni contenute nel catalogo o altro documento illustrativo della merce o del servizio per gli ulteriori elementi previsti nell'informazione. 6. Il professionista non potra' accettare, a titolo di corrispettivo, effetti cambiari che abbiano una scadenza inferiore a quindici giorni dalla stipulazione del contratto e non potra' presentali allo sconto prima di tale termine".

[190] "Art. 6º São direitos básicos do consumidor: [...] III – a informação adequada e clara sobre os diferentes produtos e serviços, com especificação correta de qualidade, características, composição, qualidade e preço, bem como sobre os riscos que apresentem".

"Art. 31. A oferta e apresentação de produtos ou serviços devem assegurar informações corretas, claras, precisas, ostensivas e em língua portuguesa sobre suas características, qualidades, quantidade, composição, preço, garantia, prazos de validade e origem, entre outros dados, bem como sobre os riscos que apresentam à saúde e segurança dos consumidores".

II – atendimento facilitado ao consumidor; e

III – respeito ao direito de arrependimento."

O art. 1º, inciso I, do Decreto, não possui nenhuma novidade. Apenas reitera as mesmas obrigações já inseridas no art. 6º, III, do Código de Defesa do Consumidor.

Mais curioso ainda é a disposição do art. 1º, inciso III. Nota-se, desde logo, que o legislador parece convencido de que, no Brasil, o direito de arrependimento é desrespeitado. Tanto é assim, que o Decreto possui uma curiosa determinação aos fornecedores para que se respeite o direito de arrependimento, não obstante a sua previsão no CDC. Se a lei já determina o direito de arrependimento, porque há necessidade que outro texto legal reitere a sua obrigatoriedade?

Mais a frente, o art. 2º do Decreto 7.962/2013 determina outras informações que os fornecedores de produtos e serviços do comércio eletrônico devem observar. Nesse caso, temos obrigações específicas dirigidas exatamente nos contratos eletrônicos:

"Art. 2º Os sítios eletrônicos ou demais meios eletrônicos utilizados para oferta ou conclusão de contrato de consumo devem disponibilizar, em local de destaque e de fácil visualização, as seguintes informações:

I – nome empresarial e número de inscrição do fornecedor, quando houver, no Cadastro Nacional de Pessoas Físicas ou no Cadastro Nacional de Pessoas Jurídicas do Ministério da Fazenda;

II – endereço físico e eletrônico, e demais informações necessárias para sua localização e contato;

III – características essenciais do produto ou do serviço, incluídos os riscos à saúde e à segurança dos consumidores;

IV – discriminação, no preço, de quaisquer despesas adicionais ou acessórias, tais como as de entrega ou seguros;

V – condições integrais da oferta, incluídas modalidades de pagamento, disponibilidade, forma e prazo da execução do serviço ou da entrega ou disponibilização do produto; e

VI – informações claras e ostensivas a respeito de quaisquer restrições à fruição da oferta".

A determinação do art. 2º, do Decreto 7.962/2013 veio em boa hora. De fato, seja como pesquisador ou consumidor, fácil constatar que

II. O DIREITO DE ARREPENDIMENTO

muitos fornecedores da internet sequer possuem em seu sítio eletrônico um telefone de contato ao consumidor.

Em inúmeros casos, as páginas da internet dos fornecedores do comércio eletrônico dispõem ao consumidor como forma de contato apenas um endereço de email. Todavia, é possível que o consumidor, por mais que tenha adquirido o produto ou serviço pela internet, em virtude de qualquer problema, queira fazer a sua reclamação seja pessoalmente, seja por telefone. Até porque o contato pelo telefone ou pessoalmente é imediato e o contato por email depende da leitura da reclamação pelo fornecedor.

Cremos que essa prática, ou seja, a ausência de estabelecimentos para reclamação pessoal do consumidor ou a inexistência de um SAC, se dê em virtude dos eventuais custos que os fornecedores possam suportar. São custos com telefonia, locação, contratação de funcionários, etc.

Além do mais, é muito mais cômodo aos fornecedores deixar de receber consumidores insatisfeitos com seus produtos em seus estabelecimentos ou ter de criar um SAC com essa finalidade. Para muitos fornecedores é conveniente simplesmente responder os emails de reclamações dos consumidores, no tempo que melhor lhes convier.

Mas tal medida, certamente, fere o quanto determina o art. 6º, VIII, do CDC, ou seja, a facilitação da defesa de seus direitos, bem como vai em desacordo com o princípio da boa-fé objetiva. Sendo assim, em boa medida a previsão do art. 2º, do Decreto 7.962/2013.

Frise-se, ainda, que o Decreto também prevê o dever de informação para as ofertas de compras coletivas[191].

Especificamente a respeito do direito de arrependimento, o Decreto determina no art. 5º: "O fornecedor deve informar, de forma clara e ostensiva, os meios adequados e eficazes para o exercício do direito de arrependimento pelo consumidor".

Finalmente o legislador atentou para a importância de existir o dever de informação específico sobre o direito de arrependimento, nos

---

[191] "Art. 3º Os sítios eletrônicos ou demais meios eletrônicos utilizados para ofertas de compras coletivas ou modalidades análogas de contratação deverão conter, além das informações previstas no art. 2º, as seguintes: I – quantidade mínima de consumidores para a efetivação do contrato; II – prazo para utilização da oferta pelo consumidor; e III – identificação do fornecedor responsável pelo sítio eletrônico e do fornecedor do produto ou serviço ofertado, nos termos dos incisos I e II do art. 2º".

mesmos termos da legislação de outros países. Apesar disso, o Decreto não diz exatamente a forma como o fornecedor de serviços deve informar o consumidor acerca do direito de arrependimento. Diz, por outro lado (art. 5º, § 4º), que o fornecedor deve enviar ao consumidor "confirmação imediata" do recebimento da manifestação de arrependimento.

Ressalte-se que as disposições do Decreto nº 7.962/2013, relacionadas ao dever de informação, são bem parecidas com as proposições do Projeto de Lei nº 281/2012, de autoria do Senador José Sarney, que pretende inserir a Seção VII ao Código de Defesa do Consumidor, introduzindo os artigos 45-A a 45-E. O Projeto e o próprio Decreto 7.962/2013, no tocante ao exercício do direito de arrependimento, serão melhores estudados adiante[192].

Deve-se ressaltar, ainda, que no âmbito do Estado de São Paulo, a Lei Estadual nº 14.516, de 31 de Agosto de 2011, determina:

Artigo 1º – Todas as empresas atuantes no Estado de São Paulo ficam obrigadas a encaminhar aos contratantes, por escrito, os contratos firmados verbalmente por meio de "call center" ou outras formas de venda a distância.

§ 1º – O encaminhamento de que trata o "caput" se dará até o décimo quinto dia útil após a efetivação verbal do contrato.

§ 2º – O consumidor terá o prazo improrrogável de 7 (sete) dias úteis após o recebimento do contrato para rescindi-lo de forma unilateral.

Trata-se de lei que foi sancionada pelo Governador Geraldo Alckimin e que teve pouca (ou nenhuma) repercussão no Estado de São Paulo. Ao que pudemos constatar, trata-se de uma lei que não vem sendo aplicada seja nas vendas firmadas por meio de *call center*, ou outras forma de venda à distância.

Da mesma forma, não obstante a recente promulgação do Decreto 7.962/2013, fato é que não observamos o respeito das disposições pelos fornecedores do comércio eletrônico.

Em nosso entendimento, a informação sobre o direito de arrependimento apenas será devidamente cumprida quando da aprovação do PLS 281/2012.

---

[192] Vide Parte III, itens 3.2 e 3.3.

II. O DIREITO DE ARREPENDIMENTO

Estamos certos que a ausência da obrigatoriedade de o fornecedor informar ao consumidor sobre a possibilidade de desistência do contrato é a principal justificativa para que o direito de arrependimento seja tão impopular entre os consumidores brasileiros. Estamos otimistas que essa situação será em breve alterada, sobretudo com a vigência do Decreto 7.962/2013.

8. O abuso de direito e sua importante função no direito de arrependimento

8.1 O abuso de direito no Código Civil português

O abuso de direito encontra-se previsto no art. 334 do Código Civil português[193]. Segundo Fernando Cunha de Sá[194], o abuso do direito traduz-se num ato ilegítimo, consistindo sua ilegitimidade precisamente num excesso de exercício de um certo e determinado direito subjetivo: hão de ultrapassar os limites que ao mesmo direito são impostos pela boa-fé, pelos bons costumes ou pelo próprio fim social ou econômico do direito exercido[195].

A doutrina portuguesa é unânime em afirmar que o abuso de direito é configurado apenas quando excedido *manifesta*[196] ou *clamorosamente*[197] os limites que cumpria ao titular de um direito observar[198].

---

[193] "Art. 334: É ilegítimo o exercício de um direito, quando o titular exceda manifestamente os limites impostos pela boa-fé, pelos bons costumes ou pelo fim social ou económico desse direito".

[194] CUNHA DE SÁ, Fernando Augusto Cunha de. *Abuso do direito*. Coimbra: Almedina, 2005, p. 103.

[195] Pires de Lima e Antunes Varela afirmam que abuso de direito reside na utilização do poder contido na estrutura do direito para a prossecução de um interesse que exorbita o fim próprio do direito ou do contexto em que ele deve ser exercido (LIMA; VARELA. *Código*..., v. 1, p. 300).

[196] Expressão defendida por Antunes Varela (*Das obrigações*..., v. 1, p. 545).

[197] Expressão utilizada por Manuel de Andrade (*apud* VARELA. *Das obrigações*..., v. 1. 545) e Vaz Serra (*apud* VARELA. *Das obrigações*..., v. 1, p. 545).

[198] Segundo José Oliveira Ascensão: "Seria muito inconveniente, e mesmo socialmente insuportável, que todo o exercício jurídico pudesse ser objeto de um controlo social exaustivo, para verificar se haveria nele abuso ou não. Criaria uma litigiosidade sem fim, ainda que o recurso a juízo fosse deixado na disponibilidade dos interessados. Só os casos de exercício manifestamente excessivo, por abusivo, poderão ser atingidos" (*A desconstrução*..., p. 43).

E como determinar quando os limites foram ou não excedidos? Pires de Lima e Antunes Varela[199] defendem que para averiguação do excesso dos limites da *boa-fé* e dos *bons costumes*, há que se atender, de modo especial, às concepções ético-jurídicas dominantes na coletividade. Já quanto ao eventual excesso do *fim social ou econômico do direito*, devem considerar-se os juízos de valor positivamente consagrados na lei. Isso porque há direitos acentuadamente subordinados a determinado fim, a par de outros em que se reconhece maior liberdade de atuação ou decisão ao titular.

8.2 O abuso de direito no Código Civil brasileiro

O Código Civil brasileiro prevê o abuso de direito no art. 187[200]. O dispositivo é praticamente uma reprodução do art. 334 do Código Civil português (esse, por sua vez, fundamentou-se no art. 281 do Código Civil grego).

Tal como no direito português, o abuso de direito na legislação brasileira caracteriza um limite imposto ao exercício anormal do direito subjetivo. Afinal, como bem salientado por Luiz Guilherme Loureiro[201], o direito termina quando começa o abuso.

Os fundamentos são os mesmos do direito português, a figura jurídica do abuso do direito constitui um reclamo social destinado a prevenir e indenizar as irregularidades que possam ser cometidas pelo titular de direitos subjetivos.

Antes do advento do Código Civil de 2002, a doutrina brasileira dividia-se quanto à natureza jurídica do abuso de direito. Parte dela reconhecia a figura do abuso de direito como ato ilícito, enquanto outros afirmavam que o abuso de direito localizava-se numa posição intermediária entre o lícito e o ilícito. A discussão era acirrada porque o abuso de direito era consagrado timidamente no Código Civil de 1916[202].

---

[199] VARELA. *Código...*, v. 1, p. 299.

[200] "Art. 187. Também comete ato ilícito o titular de um direito que, ao exercê-lo, excede manifestamente os limites impostos pelo seu fim econômico ou social, pela boa-fé ou pelos bons costumes".

[201] LOUREIRO. *Contratos...*, p. 97.

[202] "Art. 160: Não Constituem atos ilícitos: I – Os praticados em legítima defesa ou no **exercício regular de um direito reconhecido**" (grifo nosso).

II. O DIREITO DE ARREPENDIMENTO

Contudo, a dúvida da doutrina certamente foi superada com a chegada do Código Civil de 2002[203]. A nova legislação insere o abuso de direito no capítulo que trata dos *atos ilícitos*, encerrando de vez qualquer incerteza.

Entretanto, evidenciamos que o abuso de direito é sim ato ilícito, mas distingue-se em parte do ato ilícito propriamente dito, porque se caracteriza apenas quando se executa um ato juridicamente lícito, conforme disposições legais vigentes, mas cuja justiça intrínseca é socialmente objetada. No ato ilícito, existe uma conduta contrária à norma vigente. Além disso, no ato ilícito, viola-se um direito adquirido; no ato abusivo, viola-se um interesse não expressamente protegido pelo interesse.

Ademais, importante ressaltar que tal como no direito português, o abuso de direito estará configurado quando o titular excede os limites da boa-fé, função social e bons costumes de forma *manifesta*.

8.3 O abuso de direito e o direito de arrependimento

Já mencionamos no decorrer desse estudo que o direito de arrependimento é, sem sombras de dúvidas, uma das maiores proteções de que dispõem os consumidores nas contratações celebradas à distância, sobretudo no comércio eletrônico. Além disso, o exercício desta importante proteção gera confiança no mercado, impulsionando os negócios dos comerciantes.

Contudo, é necessário que o exercício desse direito seja moderado, valendo-se principalmente do princípio da boa-fé objetiva. Caso contrário, esse exercício poderá causar prejuízos aos fornecedores de produtos e serviços.

Diante disso, grande parte das legislações que dispõem acerca do direito de arrependimento aos consumidores apresenta algumas restrições ao exercício da desistência do contrato. Assim é o caso, por exemplo, de Portugal, Espanha, França e Alemanha, que influenciados pela Directiva do Parlamento Europeu 2011/83/UE[204], determinaram restri-

---

[203] "Art. 187. Também comete ato ilícito o titular de um direito que, ao exercê-lo, excede manifestamente os limites impostos pelo seu fim econômico ou social, pela boa-fé ou pelos bons costumes".

[204] O art. 16 da Directiva determina algumas restrições ao direito de arrependimento: "a) Aos contratos de prestação de serviços, depois de os serviços terem sido integralmente

DIREITO DE ARREPENDIMENTO NOS CONTRATOS DE CONSUMO

ções ao direito de arrependimento. Todas as situações ali abarcadas são absolutamente justificáveis.

Em Portugal, por exemplo, o Decreto-Lei 143/2001 restringe o direito de arrependimento em algumas hipóteses. São casos em que, aplicando-se o princípio da boa-fé objetiva e da função social dos contratos, o exercício do direito de arrependimento é claramente abusivo, em desfavor a uma das partes.

O rol exemplificativo do art. 8º do Decreto-Lei 143/2001 determina que os consumidores não podem exercer o direito de arrependimento: (alínea 'a') nos contratos de prestação de serviços, caso tenham renunciado ao prazo legal de arrependimento, solicitando a execução imediata do serviço; (alínea 'b') no fornecimento de bens ou de prestação de

---

prestados caso a execução já tenha sido iniciada com o prévio consentimento expresso dos consumidores, e com o reconhecimento de que os consumidores perdem o direito de retractação quando o contrato tiver sido plenamente executado pelo profissional; b) Ao fornecimento de bens ou à prestação de serviços cujo preço dependa de flutuações do mercado financeiro que o profissional não possa controlar e que possam ocorrer durante o prazo de retractação; c) Ao fornecimento de bens realizados segundo as especificações do consumidor ou claramente personalizados; d) Ao fornecimento de bens susceptíveis de se deteriorarem ou de ficarem rapidamente fora de prazo; e) Ao fornecimento de bens selados não susceptíveis de devolução por motivos de protecção da saúde ou de higiene quando abertos após a entrega; f) Ao fornecimento de bens que, após a entrega e pela sua natureza, fiquem inseparavelmente misturados com outros artigos; g) Ao fornecimento de bebidas alcoólicas cujo preço tenha sido acordado aquando da celebração do contrato de compra e venda, cuja entrega apenas possa ser feita após um período de 30 dias, e cujo valor real dependa de flutuações do mercado que não podem ser controladas pelo profissional; h) Aos contratos para os quais o consumidor tenha solicitado especificamente ao profissional que se desloque ao seu domicílio para efectuar reparações ou operações de manutenção. Se, por ocasião dessa deslocação, o profissional fornecer serviços para além dos especificamente solicitados pelo consumidor ou bens diferentes das peças de substituição imprescindíveis para efectuar a manutenção ou reparação, o direito de retractação deve aplicar-se a esses serviços ou bens adicionais; i) Ao fornecimento de gravações áudio ou vídeo seladas ou de programas informáticos selados a que tenha sido retirado o selo após a entrega; j) Ao fornecimento de um jornal, periódico ou revista, com excepção dos contratos de assinatura para o envio dessas publicações; k) Aos contratos celebrados em hasta pública; l) Ao fornecimento de alojamento, para fins não residenciais, transporte de bens, serviços de aluguer de automóveis, restauração ou serviços relacionados com actividades de lazer se o contrato previr uma data ou período de execução específicos; m) Ao fornecimento de conteúdos digitais que não sejam fornecidos num suporte material, se a execução tiver início com o consentimento prévio e expresso do consumidor e o seu reconhecimento de que deste modo perde o direito de retractação".

II. O DIREITO DE ARREPENDIMENTO

serviços, cujo preço dependa de flutuações de taxas do mercado financeiro que o fornecedor não possa controlar; (alínea 'c') no fornecimento de bens confeccionados de acordo com especificações do consumidor ou manifestamente personalizados ou que, pela sua natureza, não possam ser reenviados ou sejam susceptíveis de se deteriorarem ou perecerem rapidamente; (alínea 'd') no fornecimento de gravações áudio e vídeo, de discos e de programas informáticos a que o consumidor tenha retirado o selo de garantia de inviolabilidade; (alíneas 'e") no fornecimento de jornais e revistas; (alínea 'f') nos serviços de apostas e loterias[205].

Segundo Elsa Dias Oliveira[206], as exceções admitidas na lei retratam casos em que a reposição da situação anterior já não é possível ou não é exigível, pois representam para o fornecedor um risco inaceitável ou que poderiam proporcionar comportamentos abusivos por parte dos consumidores.

Essas restrições são medidas de bom alvitre porque configuram casos em que o exercício do direito de arrependimento poderá incorrer em inúmeros prejuízos aos fornecedores, além de coibir o abuso de direito por parte de alguns consumidores guiados pela má-fé.

Analisando de forma pormenorizada as hipóteses de restrição ao direito de arrependimento dispostas no art. 7º do Decreto-Lei 143/2001, verificamos que a única restrição que parece merecer análise mais pormenorizada é aquela disposta na alínea 'a', que restringe o arrependimento quando, num serviço de prestação de serviços, o consumidor requer o início da execução do serviço antes de decorrido o prazo legal do direito de arrependimento. Parece, portanto, que a legislação abre a

---

[205] "Art. 7º: Salvo acordo em contrário, o consumidor não pode exercer o direito de livre resolução previsto no artigo anterior nos contratos de: a) Prestação de serviços cuja execução tenha tido início, com o acordo do consumidor, antes do termo do prazo previsto no Nº 1 do artigo anterior; b) Fornecimento de bens ou de prestação de serviços cujo preço dependa de flutuações de taxas do mercado financeiro que o fornecedor não possa controlar; c) Fornecimento de bens confeccionados de acordo com especificações do consumidor ou manifestamente personalizados ou que, pela sua natureza, não possam ser reenviados ou sejam susceptíveis de se deteriorarem ou perecerem rapidamente; d) Fornecimento de gravações áudio e vídeo, de discos e de programas informáticos a que o consumidor tenha retirado o selo de garantia de inviolabilidade; e) Fornecimento de jornais e revistas; f) Serviços de apostas e lotarias".
[206] OLIVEIRA, Elsa Dias. Op. cit., p. 92.

possibilidade de, em determinados casos, renunciar ao direito de arrependimento.

A nosso ver não foi bem o legislador português ao permitir que o consumidor renuncie a uma proteção legal tão relevante tal como o direito de arrependimento. Essa possibilidade de renúncia pode abrir caminho para abusos por parte dos fornecedores.

Por outro lado, é perfeita a restrição contida na alínea 'd', a qual inibe o arrependimento nos casos de gravações de áudio e vídeo, bem como arquivos digitais e *softwares*. Imaginemos a situação do consumidor que adquire um filme em DVD pela internet. Após alguns dias da confirmação da compra, recebe o produto em sua residência, assiste-o até o final e, ainda dentro do período legal estabelecido para o exercício do arrependimento, resolve devolver o produto e receber o valor anteriormente pago.

Ora, não nos parece razoável imaginar que esse consumidor age de boa-fé. Caso assim fosse, o fornecedor de serviços funcionaria como uma "locadora gratuita", ou um mero comodatário, tendo em vista que poderá enviar filmes e mais filmes sem receber qualquer valor e, ainda, ter de arcar com os custos do reenvio pelo consumidor.

A mesma situação pode ser aplicada na aquisição de um *software* comprado via internet. Poderia muito bem o consumidor receber o produto, instalá-lo em seu computador e, alguns minutos depois, exercer o arrependimento, mas continuando a usufruir dos serviços do *software*. Seria mais um caso de abuso do direito, que fez por bem a lei portuguesa obstar.

Note-se que, mesmo diante dessa limitação, para fomentar as vendas, algumas empresas oferecem um interessante recurso. É o caso citado por Maria Eugênia Finkelstein[207]. Segundo a jurista, a empresa fabricante do *software Viruscan*, por sua característica antivírus, necessita de constantes atualizações a fim de que seja útil para o consumidor. O consumidor então detém um prazo gratuito para verificar se aprova ou não o produto. Passado o prazo concedido para uso gratuito do produto, o consumidor necessita de uma senha, adquirida de forma onerosa para ter continuidade na utilização do produto. Trata-se, portanto, de um período muito razoável (normalmente de um a seis meses) para que o con-

---

[207] FINKELSTEIN. Op. cit., p. 278.

II. O DIREITO DE ARREPENDIMENTO

sumidor julgue a necessidade e conveniência daquele *software*. Caso resolva adquiri-lo, não poderá mais invocar o direito de arrependimento, pois já teve oportunidade de testar as características do produto.

Outros exemplos como o supramencionado são muito comuns na internet. Não apenas *softwares* antivírus possuem essa facilidade. É possível fazer *downloads* de milhares de programas informáticos em sua versão *freeware*, ou seja, uma versão pouco mais simples e temporária pela qual o consumidor pode averiguar sua qualidade e eventual necessidade[208]. No caso dos *downloads* de músicas, os *sites* especializados disponibilizam aos consumidores a possibilidade de ouvirem trechos das faixas dos álbuns.

A restrição do direito de arrependimento também é estendida quanto ao fornecimento de jornais e revistas (alínea 'e'). Trata-se de mais uma medida que possui motivos óbvios. Consumidores imbuídos pela má-fé podem adquirir as revistas e jornais, lerem todo seu conteúdo e, depois, devolvê-los sem custo algum. É, portanto, mais uma medida para coibir o abuso de direito.

Nessa senda, interessante notar que o *site* eletrônico da Editora Juruá[209] dispõe ao internauta a possibilidade de folhear as páginas do livro, tal como se estivesse numa livraria. Após localizar o livro que pretende adquirir, por meio de uma janela que abre no ecrã do computador, o consumidor pode virtualmente folhear o índice e ler alguns trechos do livro a ser adquirido.

Trata-se de uma facilidade concedida ao consumidor e que atende ao dever de informação decorrente da boa-fé objetiva, o qual os fornecedores devem observar antes, durante e após a celebração dos contratos.

Assim, apesar das limitações impostas pela lei, de forma inteligente, para verem suas vendas incrementadas, os fornecedores encontraram formas legais e interessantes para dar a oportunidade ao consumidor de conhecer o produto a ser adquirido. E como já mencionamos anteriormente, quanto maior o número de informações prestadas ao consumidor maior será a possibilidade da aquisição do produto.

---

[208] É o caso, por exemplo, do programa informático *Nero*, que disponibiliza uma versão gratuita para ser testada. Disponível em: <http://www.nero.com/ptb/downloads-nero9-rial.php?NeroSID=74e18d8607490d64f436a1f188733f66>. Acesso em: 13 mar. 2009.
[209] <http://www.jurua.com.br>.

Veja-se, portanto, que as restrições estipuladas na lei portuguesa têm por escopo coibir abusos de direito por parte de alguns consumidores. Pois, se nas referidas situações fosse permitido o exercício do arrependimento, certamente, haveria prejuízos ao mercado. A única previsão que deve ser analisada com maior acuidade é aquela elencada na alínea 'a' do art. 7º, conforme nos manifestamos anteriormente.

O Brasil, por sua vez, não trouxe no teor do artigo 49 do Código de Defesa do Consumidor limitações expressas ao exercício do direito de arrependimento. Ao que pode parecer, numa primeira leitura, basta que seus requisitos estejam presentes para que o consumidor possa desistir de qualquer contrato. A ausência de restrições ao exercício do arrependimento pelo Código de Defesa do Consumidor brasileiro é para Fabrício da Mota Alves[210] uma "falha legislativa".

De toda forma, ainda que o artigo 49 do Código de Defesa do Consumidor não tenha mencionado expressamente quais são as hipóteses em que o exercício do direito de arrependimento não possa ser exercido, tendo em vista que o artigo 187 do Código Civil é uma regra geral, não cremos que se trata de uma falha legislativa, mas, talvez, uma opção legislativa.

O Projeto 281/2012, que será estudado à frente e pretende introduzir alterações ao CDC referente à matéria de comércio eletrônico, optou por não apontar restrições ao direito de arrependimento. Todavia, nosso posicionamento é contrário. As restrições, apontadas na própria letra da lei, além de melhor informar, facilitam a interpretação pelo operador do direito.

Tal como se verifica na legislação portuguesa, o rol *exemplificativo* da lei pode informar com maior clareza, ou trazer exemplos mais claros aos consumidores sobre as situações em que arrependimento não pode ser realizado.

---

[210] Segundo este autor, o direito de arrependimento no Brasil "hoje não encontra explícitas restrições legislativas, abrindo margem à sua aplicação abusiva, imprecisa e incorreta pela magistratura nacional em favor exclusivamente do consumidor, o que não se pode pactuar, sem a necessária ponderação do equilíbrio negocial e legal" (In: ALVES, Fabrício da Mota. *O direito de arrependimento do consumidor*: exceções à regra e necessidade de evolução legislativa no Brasil. Disponível em: <www.jus2.uol.com.br/doutrina/texto.asp?id= 9605> Acesso em: 05 jan. 2009).

II. O DIREITO DE ARREPENDIMENTO

Dessa forma, uma vez que a legislação brasileira não fixou limites para o exercício do direito de arrependimento, a figura do abuso de direito é verdadeiramente o "freio" aos consumidores que se valem da má-fé e ultrapassam os limites da boa-fé.[211]. Ultrapassando os limites estabelecidos no art. 334 do Código Civil português e 187 do Código Civil brasileiro, estaremos diante de uma conduta abusiva e, portanto, ilegítima ou ilícita (como prefere a redação da lei brasileira)[212].

Nos capítulos seguintes, adentraremos no direito de arrependimento nas legislações brasileiras e portuguesas. Nesses capítulos, sobretudo quando voltarmos a tratar das hipóteses de restrições do direito de arrependimento, será possível verificar de forma esclarecedora a importância da figura do abuso de direito.

---

[211] Sobre a questão do abuso de direito e o arrependimento, Ezio Guerinoni asseverou que apesar do direito de arrependimento ser um direito discricionário, tal discricionariedade não pode ser tamanha e absoluta ao ponto de legitimar o abuso de direito por parte do consumidor, mas deve limitar nos princípios gerais de direito de razoabilidade, principalmente no dever de ter um comportamento contratual alinhado com o dever da boa-fé (GUERINONI, Ezio. *I contratti del consumatore:* principi e regole. Milano: G. Giappichelli Editore, 2011, p. 421).

[212] Em artigo específico sobre o abuso de direito, concluiu Wilson Jesus Pereira: "Os princípios que revestem esta norma (abuso de direito) trazem a ideia de uma relação privada mais humana, onde, antes dos interesses das partes, deve prevalecer um interesse maior da contraparte em compreender as necessidades e limitações do outro e, assim, conduzir a negociação de forma a equilibrar todas variações visíveis e/ou dedutíveis durante o exercício da autonomia privada. Exercer esse direito de acordar, de forma contrária ao espírito social que assola o direito contemporâneo/pós-moderno, é infringir de forma inadmissível os direitos e garantias fundamentais que devem sobrepor-se a qualquer relação de cunho patrimonial. Não entender dessa forma o conjunto sistematizado do direito pátrio é cair em equívoco – que não poderá mais ser admitido pelo juiz de direito – de que no exercício pleno de suas funções, deverá aprender a contrabalancear os interesses sociais, sem se privar da coragem necessária à efetiva implantação das normas programáticas constitucionais, em toda demanda que lhe cumpra conhecer e dizer o Direito. As cláusulas gerais serão, doravante, suas maiores aliadas no cumprimento dessa importante função social de equilibrar os interesses de seus tutelados, e o art. 187, seu carro-chefe nessa árdua tarefa de contribuir para a construção de uma sociedade viável onde a coexistência é delimitada por interesses globais de subsistência, ordem e progresso" (PEREIRA, Wilson Jesus. Elementos do abuso de direito e sua aplicação aos contratos. In: HIRONAKA, Giselda Maria Fernandes Novaes; TARTUCE, Flávio (coordenadores). *Direito contratual:* temas atuais. São Paulo: Método, 2007, p. 281-282).

Parte III
Direito de arrependimento nos ordenamentos

1. Breve referência a soluções previstas em outras ordens jurídicas
1.1 Espanha

O direito de arrependimento nas vendas celebradas à distância é regulado, na Espanha, pela *"Ley de Ordenación del Comercio Minorista"*, de 15 de janeiro de 1996. Para a legislação espanhola, considera-se venda à distância[213] quando celebrada sem a presença física simultânea do comprador e vendedor, sempre que a oferta e aceitação se realizem de forma exclusiva a partir de uma técnica de comunicação à distância ou por meio de um sistema de contratação com essa tipologia organizado pelo comerciante.

O direito de arrependimento (*derecho de desistimiento*) é estabelecido no art. 44 do referido diploma legal[214]. Segundo esse dispositivo, o con-

---

[213] "Art. 38. n. 1. Se consideran ventas a distancia las celebradas sin la presencia física simultánea del comprador y del vendedor, siempre que su oferta y aceptación se realicen de forma exclusiva a través de una técnica cualquiera de comunicación a distancia y dentro de un sistema de contratación a distancia organizado por el vendedor".

[214] "Art. 44. Derecho de desistimiento. 1. El comprador dispondrá de un plazo mínimo de siete días hábiles para desistir del contrato sin penalización alguna y sin indicación de los motivos. Será la ley del lugar donde se ha entregado el bien la que determine qué días han de tenerse por hábiles. 2. El ejercicio del derecho de desistimiento no estará sujeto a formalidad alguna, bastando que se acredite en cualquier forma admitida en derecho. 3. El derecho de desistimiento no puede implicar la imposición de penalidad alguna, si bien podrá exigirse al comprador que se haga cargo del coste directo de devolución del

DIREITO DE ARREPENDIMENTO NOS CONTRATOS DE CONSUMO

sumidor dispõe de um prazo mínimo de sete dias para desistir do contrato. Não é necessário apontar qualquer motivação para o seu exercício.

Quanto aos valores para o exercício desse direito, o fornecedor poderá imputar ao consumidor apenas os custos relacionados com o reenvio do produto. Contudo, a lei espanhola ainda afirma que caso o fornecedor ofereça um produto de qualidade e preço equivalentes em substituição ao adquirido, os custos de devolução do produto deverão ser por ele suportados.

Tal como a maioria das legislações europeias, a lei espanhola determina a obrigatoriedade da prestação de uma gama de informações ao consumidor. Interessante, no entanto, que caso esses deveres de informação não sejam cumpridos, o ordenamento espanhol assevera que o consumidor dispõe do direito de *resolução* contratual por descumprimento do dever de informação. Nesse caso, o prazo para a *resolução* será de três meses contados da entrega do bem.

A lei espanhola age bem ao determinar que o consumidor disponha de um direito de *resolução* e não de um direito de arrependimento

---

producto al vendedor. No obstante lo anterior, en los supuestos en que el vendedor pueda suministrar un producto de calidad y precio equivalentes, en sustitución del solicitado por el consumidor, los costes directos de devolución, si se ejerce el derecho de desistimiento, serán por cuenta del vendedor que habrá debido informar de ello al consumidor. Serán nulas de pleno derecho las cláusulas que impongan al consumidor una penalización por el ejercicio de su derecho de desistimiento o la renuncia al mismo. 4. A efectos del ejercicio del derecho de desistimiento, el plazo se calculará a partir del día de recepción del bien, siempre que se haya cumplido el deber de información que impone el artículo 47. 5. En el caso de que el vendedor no haya cumplido con tal deber de información, el comprador podrá resolver el contrato en el plazo de tres meses a contar desde aquel en que se entregó el bien. Si la información a que se refiere el artículo 47 se facilita durante el citado plazo de tres meses, el período de siete días hábiles para el desistimiento empezará a correr desde ese momento. Cuando el comprador ejerza su derecho a resolver el contrato por incumplimiento del deber de información que incumbe al vendedor, no podrá éste exigir que aquel se haga cargo de los gastos de devolución del producto. 6. Cuando el comprador haya ejercido el derecho de desistimiento o el de resolución conforme a lo establecido en el presente artículo, el vendedor estará obligado a devolver las sumas abonadas por el comprador sin retención de gastos. La devolución de estas sumas deberá efectuarse lo antes posible y, en cualquier caso, en un plazo máximo de treinta días desde el desistimiento o la resolución. Corresponde al vendedor la carga de la prueba sobre el cumplimiento del plazo. Transcurrido el mismo sin que el comprador haya recuperado la suma adeudada, tendrá derecho a reclamarla duplicada, sin perjuicio de que además se le indemnicen los daños y perjuicios que se le hayan causado en lo que excedan de dicha cantidad".

III. DIREITO DE ARREPENDIMENTO NOS ORDENAMENTOS

quando o vendedor não cumpre o seu dever de informação. Como houve *descumprimento* de uma das suas obrigações, correto o emprego do direito de resolução e não do direito de arrependimento.

Também, valendo-se do quanto estabelecido na Directiva 97/7/CE, o ordenamento espanhol estabelece restrições ao direito de arrependimento[215]. Dentre elas, exemplificamos as aquisições de produtos que estão sujeitos a flutuações do mercado financeiro e que o vendedor não possa controlar, produtos confeccionados sob medida ao consumidor, as compras de áudios, vídeos e programas informáticos, revistas e publicações periódicas.

1.2 Alemanha

Na Alemanha, o direito de arrependimento aos consumidores é previsto no *Bürgerliches Gesetzbuch* (BGB). Determina o § 355 desse diploma, que o consumidor alemão dispõe de duas semanas para se arrepender das vendas celebradas porta a porta ou à distância.

A venda porta a porta para o direito alemão (§ 312 do BGB) pode ser considerada aquela celebrada de forma verbal no local de trabalho ou casa do consumidor; na ocasião de um evento de lazer organizado pelo empreendedor ou terceiros ou na aproximação de representantes em áreas de circulação publicamente acessíveis.

Já a venda à distância, nos termos do § 312b do BGB, é aquela estabelecida para o fornecimento de mercadorias ou prestação de serviços (incluindo financeiros) quando celebrada entre fornecedor e consumidor, por meio de qualquer meio de comunicação à distância. A lei alemã afirma que dentre esses meios incluem-se cartas, catálogos, ligações telefônicas, fax, *e-mail* e serviços telefônicos e de mídia.

---

[215] "Art. 45. Excepciones al derecho de desistimiento. Salvo pacto en contrario, lo dispuesto en el artículo anterior no será aplicable a los siguientes contratos: a. Contratos de suministro de bienes cuyo precio esté sujeto a fluctuaciones de coeficientes del mercado financiero que el vendedor no pueda controlar. b. Contratos de suministro de bienes confeccionados conforme a las especificaciones del consumidor o claramente personalizados, o que, por su naturaleza, no puedan ser devueltos o puedan deteriorarse o caducar con rapidez. c. Contratos de suministro de grabaciones sonoras o de vídeo, de discos y de programas informáticos que hubiesen sido desprecintados por el consumidor, así como de ficheros informáticos, suministrados por vía electrónica, susceptibles de ser descargados o reproducidos con carácter inmediato para su uso permanente. d. Contratos de suministro de prensa diaria, publicaciones periódicas y revistas".

Segundo o n. 2 do § 355 do BGB, o direito de arrependimento pode ser exercido nesses contratos em até duas semanas, iniciando-se a contagem do prazo para o seu exercício no momento em que o consumidor for informado de forma clara, em formato de texto, sobre a possibilidade de arrepender-se. Caso essa informação tenha sido prestada após a celebração do contrato, o consumidor disporá de novo prazo para arrepender-se (um mês) contado da data da prestação da informação.

As consequências legais decorrentes do direito de arrependimento estão previstas no § 357 do BGB. Segundo determina esse diploma, em regra, exercido o direito de arrependimento, deverá o fornecedor arcar com os custos e riscos para a devolução da coisa. Contudo, poderá o consumidor suportar os custos de reenvio da coisa, desde que não ultrapassem 40 euros. Os riscos com a conservação da coisa também podem ser transferidos ao consumidor caso o fornecedor tenha advertido sobre as formas de mau-uso da coisa ou a possibilidade de evitá-lo.

Com relação aos contratos à distância, o BGB (§ 312b), valendo-se da Directiva do Parlamento Europeu 97/7/CE, restringe o arrependimento em algumas hipóteses, tnãais como: nos contratos para o fornecimento de mercadorias produzidas de acordo com especificações do consumidor; gravações de áudio ou vídeo; jornais, periódicos e revistas, dentre outras.

O arrependimento também não poderá ser exercido nos contratos de prestação de serviços nos quais o consumidor tenha consentido com o início imediato da execução do contrato.

1.3 Itália

A Itália estatuiu, em 2005, o Código do Consumo (*Codice del Consumo*). Esse diploma contém um capítulo referente aos contratos negociados fora do estabelecimento comercial do fornecedor que, para o direito português, seriam os contratos ao domicílio. Há ainda, mais à frente, capítulo reservado à contratação à distância, onde normas regulam, por exemplo, o comércio eletrônico.

Segundo o art. 45, são considerados *contratos negociados fora do estabelecimento comercial do fornecedor* (i) quando há uma visita do fornecedor ao domicílio ou local de trabalho do consumidor; (ii) durante uma excursão organizada pelo fornecedor; (iii) quando a contratação é realizada por correspondência ou por base de um catálogo.

III. DIREITO DE ARREPENDIMENTO NOS ORDENAMENTOS

Sendo um contrato negociado fora do estabelecimento comercial do fornecedor, prevê o art. 47 do Código do Consumo que o "profissional" deve informar ao consumidor o direito de arrependimento previsto nos artigos 64 a 67. A informação deve ser fornecida por escrito e deve conter: (i) a indicação do término do prazo, da forma e da eventual condição para o exercício do direito de arrependimento; (ii) a indicação do profissional perante quem deve ser exercitado o direito de arrependimento.

Além disso, há previsão para que o profissional forneça ao consumidor, em material separado das demais cláusulas contratuais e em letras destacadas, uma nota de ordem, prevendo a faculdade ao consumidor de exercer o direito de arrependimento.

Essa mesma faculdade também é conferida nos *contratos celebrados à distância*. Segundo a lei italiana, o contrato à distância é aquele em que um bem ou serviço é oferecido ao consumidor no âmbito de um sistema de venda ou prestação de serviço em que, para sua contratação, o profissional utilize uma ou mais técnicas de comunicação à distância. Segundo o texto da lei, por técnica de comunicação à distância deve ser entendido qualquer meio que, sem a presença física e simultânea do profissional ou do consumidor, possa ser firmado o contrato (art. 50).

Sempre que a contratação for celebrada à distância, deverá o fornecedor informar ao consumidor a existência do direito de arrependimento. Não sendo o caso de direito de arrependimento (nas hipóteses restritivas determinadas por lei), deverá o fornecedor, da mesma forma, informar que apesar de ser um contrato à distância, aquele contrato não confere o exercício do direito de arrependimento ao consumidor.

A forma de exercício do arrependimento está prevista nos artigos 64 e seguintes, do Código do Consumo Italiano. Segundo esse dispositivo, o consumidor, nos contratos celebrados à distância ou ao domicílio, possui o prazo de 10 dias úteis (*lavorativi*) para exercer o direito de arrependimento sem penalidades e sem especificar o motivo.

O direito de arrependimento é exercido com o envio de uma comunicação escrita à sede do profissional, mediante carta com aviso de recebimento. A comunicação também pode ser enviada mediante telegrama, email, fax. A lei italiana também adverte que o aviso de recebimento não é condição essencial para provar o exercício do direito de arrependimento.

DIREITO DE ARREPENDIMENTO NOS CONTRATOS DE CONSUMO

Com relação aos prazos, a lei italiana traz soluções interessantes. Para os *contratos negociados fora do estabelecimento comercial*, o término para o exercício do direito de arrependimento (art. 64) decorre da data da assinatura do contrato (desde que as informações sobre o direito de arrependimento tenham sido apresentadas ao consumidor) ou <u>até</u> a data de recepção do produto ou do serviço, *desde que o produto ou serviço adquirido tenha sido previamente mostrado pelo profissional, ao consumidor.*

Caso o produto ou serviço não tenha sido previamente apresentado ao consumidor, o prazo inicia-se da assinatura do contrato ou da data do recebimento dos produtos, o que for posterior.

Para contratos à distância, o término para o exercício do direito de arrependimento decorre (i) para bens, a partir do dia da sua recepção pelo consumidor sempre que tenham sido cumpridas as exigências de informação no artigo 52. O prazo pode ser ampliado para até três meses, caso o dever de informação não tenha sido cumprido pelo fornecedor; (ii) para os serviços, a partir da data da celebração do contrato ou no dia em que foram satisfeitas as obrigações de informação estabelecidas no artigo 52, se isso ocorrer após a celebração do contrato, desde que o seja feito em até três meses após a conclusão.

Caso o comerciante não tenha cumprido os requisitos de informação do exercício do direito de arrependimento, o prazo para o exercício é ampliado.

As disposições referidas acima são igualmente aplicáveis nos casos em que o comerciante preste uma informação incompleta ou incorreta, que não permitiria o bom exercício do direito de arrependimento.

A lei italiana ainda faculta às partes que acordem prazos maiores do que aqueles previstos no Código.

Com relação às obrigações pós-exercício do direito de arrependimento, determina a lei italiana que, na hipótese de exercício do direito de arrependimento posteriormente à entrega dos bens, deverá o consumidor devolvê-los ou torná-los disponíveis para o profissional ou a pessoa por ele designada, de acordo com a previsão do contrato.

Essa disposição de fato é bastante interessante. A lei italiana faculta ao consumidor pagar os valores decorrentes da devolução do bem ou, ainda, se preferir, deixar à disposição para retirada dos bens pelo fornecedor. Nessa última hipótese, os valores gastos para retirada dos produtos competirão ao fornecedor.

III. DIREITO DE ARREPENDIMENTO NOS ORDENAMENTOS

O prazo para a devolução dos bens não pode, nunca, ser superior a dez dias úteis, a partir da data do recebimento dos produtos.

Exercido o direito de arrependimento o profissional é obrigado a reembolsar os valores pagos pelo consumidor. O reembolso deve ser integral, no menor tempo possível e em qualquer caso, no prazo de até trinta dias a partir da data em que o profissional teve a ciência do exercício do direito de arrependimento.

Caso o pagamento tenha sido realizado por letras de câmbio, o profissional ainda deve devolver os títulos ao consumidor. Segundo a lei italiana é nula qualquer cláusula que estabeleça limitações no reembolso ao consumidor das quantias pagas em decorrência do exercício do direito de retirada.

Os contratos de crédito coligados aos produtos e serviços adquiridos também devem ser resolvidos automaticamente, sem nenhuma penalidade ao consumidor.

A lei italiana também enumera algumas restrições ao direito de arrependimento (art. 55). Dentre elas: (i) contratos para o fornecimento de gêneros alimentícios, bebidas ou outros bens de consumo corrente, fornecidos no domicílio do consumidor, no seu lugar de residência ou no seu local de trabalho; (ii) contratos para a prestação de alojamento e transporte quando na conclusão do contrato, o profissional se compromete a fornecer esses serviços numa data determinada ou num período específico.

Além disso, com relação aos contratos de prestação de serviços o consumidor não pode exercer o direito de arrependimento nos casos cuja execução tenha tido início, com o acordo do consumidor, antes do termo do prazo previsto para o exercício do arrependimento.

O arrependimento também não pode ser exercido com relação ao fornecimento de bens elaborados de acordo com as especificações do consumidor ou que, pela sua natureza, não possam ser reenviados ou sejam susceptíveis de se deteriorarem ou perecerem rapidamente.

Outrossim, a aquisição de CDs e DVDs, jornais e revistas também não facultam o exercício do arrependimento pelo consumidor. Tal como em outras legislações Europeias, a lei italiana também prevê o exercício do direito de arrependimento nos contratos financeiros celebrados à distância.

DIREITO DE ARREPENDIMENTO NOS CONTRATOS DE CONSUMO

Segundo o art. 67, o consumidor possui o prazo de 14 (quatorze) dias para rescindir o contrato financeiro celebrado à distância. Esse prazo pode ser estendido nos casos relativos a contratos à distância de seguro de vida.

O direito de arrependimento não se aplica nos casos de algumas operações, tal como operações de câmbio, contratos de futuros sobre taxas de juro, operações de valores mobiliários, dentre outros.

Caso o consumidor exerça o direito de arrependimento nos contratos financeiros à distância, determina a lei italiana que o consumidor deve pagar apenas pelo serviço efetivamente prestado pelo fornecedor. Ademais, a execução do contrato, ou seja, por exemplo, o crédito depositado na conta do consumidor, somente pode começar após o pedido do consumidor nesse sentido. É o caso de uma renúncia expressa do consumidor com relação ao exercício do direito de arrependimento.

Por fim, o direito de arrependimento ainda é concedido aos consumidores em outras modalidades de contratação, tais como contratos de *time-sharing*, pacotes turísticos, dentre outros.

Ao final, o Código de Consumo italiano prevê, ainda, formulários para facilitar o exercício dos direitos dos consumidores. Há um formulário exclusivo para o exercício do direito de arrependimento. Trata-se de uma excelente medida. Tal modelo também é encontrado na Directiva 2011/83/EU. Veja-se, abaixo, o formulário da Lei Italiana:

FORMULARIO SEPARATO PER FACILITARE IL DIRITTO DI RECESSO

Diritto di recesso

Il consumatore ha il diritto di recedere dal contratto, senza indicarne le ragioni, entro quattordici giorni di calendario.

Il diritto di recesso ha inizio a decorrere dal ... (da compilare a cura dell'operatore prima di trasmettere il formulario al consumatore).

Qualora il consumatore non abbia ricevuto il presente formulario, il periodo di recesso ha inizio una volta che il consumatore l'abbia ricevuto, ma scade in ogni caso dopo un anno e quattordici giorni di calendario.

Qualora il consumatore non abbia ricevuto tutte le informazioni richieste, il periodo di recesso ha inizio una volta che il consumatore le abbia ricevute, ma scade in ogni caso dopo tre mesi e quattordici giorni di calendario.

Al fine di esercitare il diritto di recesso, il consumatore comunica la propria decisione all'operatore usando il nome e l'indirizzo sotto indicati su supporto durevole (ad esempio lettera scritta inviata per posta o messaggio di posta elettronica).

Il consumatore puo' utilizzare il formulario in appresso, ma non e' obbligato a farlo. Qualora il consumatore eserciti il diritto di recesso, non gli viene imputato alcun costo.

Oltre al diritto di recesso, norme del diritto dei contratti nazionale possono prevedere il diritto del consumatore, ad esempio, di porre fine al contratto in caso di omissione di informazioni.

Divieto di acconti. Durante il periodo di recesso, e' vietato qualsiasi versamento di denaro a titolo di acconto da parte del consumatore.

Tale divieto riguarda qualsiasi onere, inclusi i pagamenti, la prestazione di garanzie, l'accantonamento di denaro sotto forma di deposito bancario, il riconoscimento esplicito di debito, ecc.

Tale divieto include non soltanto i pagamenti a favore dell'operatore, ma anche di terzi.

Notifica di recesso

A (nome e indirizzo dell'operatore) (*)

Il/I (**) sottoscritto/i comunica/no con la presente di recedere dal contratto

Data di conclusione del contratto (*)

Nome del consumatore/dei consumatori (***)

Indirizzo del consumatore/dei consumatori (***)

Firma del consumatore/dei consumatori (solo se il presente formulario e' inviato su carta) (***)

Data (***) (*)

Da compilare a cura dell'operatore prima di trasmettere il formulario al consumatore (**)

Cancellare la dicitura inutile (***)

Da compilare a cura del consumatore/dei consumatori nel caso in cui sia utilizzato il presente formulario per recedere dal contratto

Conferma della ricezione delle informazioni

Firma del consumatore".

1.4 Paraguai

O sistema de proteção ao consumidor paraguaio é estabelecido pela Lei 1.334/98 – *"Ley de Defensa del Consumidor y del Usuário"*. Tal como no Brasil e em outros países da América Latina, o Paraguai estatuiu o direito de arrependimento em apenas um único artigo[216], que pode ser considerado praticamente uma cópia traduzida do art. 49 do Código de Defesa do Consumidor brasileiro.

Assim como no CDC brasileiro, determina o artigo da lei de defesa ao consumidor paraguaio que o consumidor terá um direito de arrependimento de sete dias contados da assinatura do contrato ou do recebimento do produto ou serviço, quando a contratação tenha sido celebrada fora do estabelecimento comercial do fornecedor, especialmente por telefone ou no domicílio do consumidor. A lei paraguaia ainda aduz que os valores a serem restituídos deverão ser atualizados, desde que o produto ou serviço não tenham sofrido deterioração. Não há restrições ao direito de arrependimento expressos na letra da lei.

1.5 Argentina

A norma que rege os direitos dos consumidores argentinos é a Lei nº 24.240, sancionada na Argentina, em 22 de setembro de 1993.

Tal como a maioria dos textos europeus, a legislação do consumidor argentino prevê um capítulo apartado para as vendas ao domicílio, por correspondência e afins[217]-[218] (*venta domiciliria, por correspondencia y otras*).

---

[216] "Artículo 26. El consumidor tendrá derecho a retractarse dentro de un plazo de siete dias contados desde la firma del contrato o desde la recepción del producto o servicio, cuando el contrato se hubiere celebrado fuera del establecimiento comercial, especialmente si há sido celebrado por teléfon o en el domicilio del consumidor. En caso que ejercite oportunamente este derecho, lê serán restituidos los valores cancelados, debidamente atualizados, siempre que ele servicio o producto no hubiese sido utilizado o sufrido deterioro".

[217] Para Gabriel Stiglitz e Rubén Stiglitz, as vendas por correspondência e afins podem ser consideradas aquelas celebradas por correio, telefone e outras vias de telecomunicação, televisão e outros dispositivos eletrônicos ou telemáticos (STIGLITZ, Gabriel; STIGLITZ, Rubén. *Derechos y defensa del consumidor*. Buenos Aires: La Rocca, 1994, p. 201).

[218] O conceito de venda ao domicílio é previsto no art. 32 da referida lei: "Art. 32. Venta Domiciliaria. Es aquella de venta de uma cosa o prestación de un servicio efectuada al consumidor en el lugar donde reside, en forma permanente o transitória o en su lugar de trabajo. Em ella el contrato debe ser celebrado por escrito y com las precisiones del artículo 10.

III. DIREITO DE ARREPENDIMENTO NOS ORDENAMENTOS

O direito de arrependimento é tratado como *revocación de aceptación*[219]. Segundo o direito argentino, o consumidor dispõe apenas de cinco dias corridos para exercer o direito de arrependimento, contados da data que foi entregue a coisa ou da celebração do contrato[220].

Interessante verificar que o direito argentino, tal como o direito português, estabelece em diversas previsões o dever de informação do fornecedor. Não é estabelecido apenas um dever geral de informação, tal como no direito brasileiro. Ao longo da Lei 24.240/93, existem diversas determinações acerca do dever específico de informação (arts. 4º, 10, 14 e 21).

Quanto às informações referentes ao exercício do direito de arrependimento, a lei argentina determina que o vendedor, de forma clara, notória e escrita, deve informar ao consumidor a possibilidade da desistência do contrato.

Com relação aos custos para o reenvio da coisa, a lei argentina consigna de forma expressa que esses devem ser suportados pelo fornecedor[221], posição a que somos totalmente contrários, conforme será visto adiante.

Lo dispuesto precedentemente no es aplicable a la compraventa de bienes perecedores recibidos por el consumidor y abonados al contado".
Já o conceito de vendas celebradas por correspondência e afins é estabelecido pelo art. 33: "Venta por correpondencia y otras. Es aquella en que la propuesta se efectúa por médio postal, telecomunicaciones, eletrónico o similar y la respuesta a la misma se realiza por iguales médios".
[219] Quanto à natureza jurídica do direito de arrependimento argentino, Gabriel Stiglitz e Rubén Stigliz afirmam: "Desde el punto de vista de la esencia de la figura, conceptualmente se há graficado la revocación de la aceptación, o el arrepentimiento dentre del plazo de reflexión, sea como que 'el consentimiento es puesto en cámara lenta', o bien, que 'la aceptación es claudicante'" (STIGLITZ e STIGLITZ. *Derechos...*, p. 200).
[220] "Art. 34. Revocación de Aceptación. Em los casos de los artículos 32 y 33, el consumidor tiene derecho a revocar la aceptación durante el plazo de cinco (5) días corridos, contados a partir de la fecha en que se entregue la cosa o se celebre el contrato, lo último que ocurra, sin responsabilidad alguna. Esa facultad no puede ser dispensada ni renunciada".
[221] "Art. 34. [...] El consumidor debe poner la cosa a disposición del vendedor y los gastos de devolución son por cuenta de este último".

1.6 Uruguai

A lei de proteção aos consumidores do Uruguai é uma das mais recentes na América Latina. Promulgada em 2000, a Lei 17.250, estabelece, em seu art. 16, o direito de arrependimento[222].

Em primeiro lugar, interessa notar que a lei uruguaia prevê o direito de arrependimento no Capítulo IV, da Lei 17.250, que se refere à "oferta em geral". Nesses termos, segundo o art. 16 desse diploma, o direito de arrependimento pode ser exercido sempre que a *oferta* seja realizada fora do estabelecimento empresarial. Diante da promulgação desse diploma, já no século da era digital, a lei uruguaia prevê expres-

---

[222] "Artículo 16. La oferta de productos o servicios que se realice fuera del local empresarial, por medio postal, telefónico, televisivo, informático o similar da derecho al consumidor que la aceptó a rescindir o resolver, "ipso-jure" el contrato. El consumidor podrá ejercer tal derecho dentro de los cinco días hábiles contados desde la formalización del contrato o de la entrega del producto, a su sola opción, sin responsabilidad alguna de su parte. La opción por la rescisión o resolución deberá ser comunicada al proveedor por cualquier medio fehaciente.

Cuando la oferta de servicios se realice en locales acondicionados con la finalidad de ofertar, el consumidor podrá rescindir o resolver el contrato en los términos dispuestos en el inciso primero del presente artículo.

Si el consumidor ejerciere el derecho a resolver o rescindir el contrato deberá proceder a la devolución del producto al proveedor, sin uso, en el mismo estado en que fue recibido, salvo lo concerniente a la comprobación del mismo. Por su parte, el proveedor deberá restituir inmediatamente al consumidor todo lo que éste hubiere pagado. La demora en la restitución de los importes pagados por el consumidor, dará lugar a que éste exija la actualización de las sumas a restituir. Cada parte deberá hacerse cargo de los costos de la restitución de la prestación recibida. En los casos en los que el consumidor rescinda o resuelva el contrato de conformidad a las previsiones precedentes, quedarán sin efecto las formas de pago diferido de las prestaciones emergentes de dicho contrato que éste hubiera instrumentado a través de tarjetas de crédito o similares. Bastará a tal efecto que el consumidor comunique a las emisoras de las referidas tarjetas su ejercicio de la opción de resolución o rescisión del contrato.

En el caso de servicios parcialmente prestados, el consumidor pagará solamente aquella parte que haya sido ejecutada y si el servicio fue pagado anticipadamente, el proveedor devolverá inmediatamente el monto correspondiente a la parte no ejecutada. La demora en la restitución de los importes pagados por el consumidor, dará lugar a que éste exija la actualización de las sumas a restituir. Se aplicará en lo pertinente lo dispuesto en el párrafo final del inciso anterior del presente artículo.

En todos los casos el proveedor deberá informar el domicilio de su establecimiento o el suyo propio siendo insuficiente indicar solamente el casillero postal o similar".

III. DIREITO DE ARREPENDIMENTO NOS ORDENAMENTOS

samente o direito de arrependimento de produtos e serviços ofertados de forma *informática*, televisiva, telefônica e, ainda, postal.

Tal como o direito argentino, os consumidores uruguaios desfrutam cinco dias para o exercício do direito de arrependimento, contados desde a celebração do contrato ou da entrega do produto ou serviço. A comunicação acerca do exercício da desistência do contrato deverá ser feita por qualquer meio "fidedigno" (*fehaciente*).

Exercido o direito de arrependimento, deverá o fornecedor restituir "imediatamente" ao consumidor tudo que fora por ele pago. Havendo demora na restituição dos valores pagos pelo consumidor, determina a lei uruguaia que esses deverão ser pagos de forma atualizada.

Com relação aos custos, em redação sujeita a interpretação, a Lei 17.250/2000 determina que cada parte arcará com os custos relativos ao exercício do direito de arrependimento. Assim sendo, parece-nos que o consumidor deverá arcar com os custos relativos à devolução do produto adquirido.

A lei uruguaia ainda afirma que sendo exercido o direito de arrependimento, todas as formas referentes ao pagamento restarão sem efeito. É o caso do pagamento com cartão de crédito. Para a configuração desse efeito, basta que o consumidor comunique às administradoras de cartão de crédito a opção pela desistência do contrato.

Havemos de salientar a inovação trazida pela Lei 17.250, que diz respeito ao direito de arrependimento na contratação de serviços parcialmente prestados. Nesse caso, determina a lei uruguaia que o consumidor pagará apenas o que for referente ao serviço efetivamente realizado. Desconhecemos qualquer outra legislação que tenha previsão parecida. Realmente existe uma grande problemática quanto ao exercício do arrependimento na prestação de serviços. Diante da complexidade do tema, reservamos mais à frente, item especial para o tratamento desse ponto.

2. Direito de arrependimento em algumas leis portuguesas e directivas europeias

2.1 O direito de arrependimento na Lei de Defesa dos Consumidores: Lei Portuguesa de Defesa dos Consumidores n. 24/96, de 31 de julho

A Lei de Defesa dos Consumidores regula, num panorama geral, os direitos dos consumidores portugueses[223].

O dever geral de informação é previsto na Lei 24/96 no art. 7º, o qual determina que incumbe ao Estado, às Regiões Autônomas e às autarquias locais desenvolverem ações e adotar medidas tendentes à informação geral do consumidor.

Quanto às informações específicas, o art. 8º estabelece que os fornecedores, tanto nas negociações como na celebração dos contratos, devem informar de forma clara, objetiva e adequada o consumidor, nomeadamente, sobre características, composição e preço do bem ou serviço, período de vigência do contrato, garantias e assistência após o negócio jurídico.

Contudo, caso essas informações não sejam prestadas, ou o sejam de forma precária, o consumidor poderá arrepender-se da avença em até sete dias úteis, consoante determina o art. 8º, n. 4[224]. Nesse caso, a possibilidade de extinção do contrato decorre de um *descumprimento* na obrigação do comerciante, qual seja, ausência ou má prestação do seu dever de informar.

Diante do descumprimento do fornecedor no que tange ao dever de informação contratual, entendemos que o consumidor não dispõe de

---

[223] Considera-se consumidor, nos termos da Lei 24/96, "todo aquele a quem sejam fornecidos bens, prestados serviços ou transmitidos quaisquer direitos, destinados a uso não profissional, por pessoa que exerça com carácter profissional uma atividade económica que vise a obtenção de benefícios" (art. 2º, n. 1).

Quanto ao conceito de consumidor português, interessante o artigo de Teresa Almeida, que tece comentários aos artigos iniciais da Lei 24/96 (ALMEIDA, Teresa. Comentários aos artigos iniciais da lei portuguesa de defesa do consumidor de 1996. *Revista de Direito do Consumidor*, n. 37, ano 10. Janeiro-Março de 2001. São Paulo: Revista dos Tribunais, p. 25 a 58).

[224] "Art. 8º n. 4: Quando se verifique falta de informação, informação insuficiente, ilegível ou ambígua que comprometa a utilização adequada do bem ou do serviço, o consumidor goza do direito de retractação do contrato relativo à sua aquisição ou prestação, no prazo de sete dias úteis a contar de recepção do bem ou da data de celebração do contrato de prestação de serviços".

III. DIREITO DE ARREPENDIMENTO NOS ORDENAMENTOS

um direito de *arrependimento*, mas exatamente de um direito de *resolução* (contrariamente ao "direito de retractação", como previsto na redação do art. 8º, n. 4)[225].

No mais, apuramos que a Lei 24/96 não especifica disposições práticas para o exercício do direito de arrependimento. Não há descrição da forma como deve ser exercido o direito de arrependimento (carta ou *e-mail*, por exemplo); não é estabelecido o prazo que o consumidor tem para restituir os bens recebidos ao fornecedor (em caso de contrato de compra e venda de produtos) e não é informado quem deve arcar com os custos dos valores de restituição de produtos. Certamente, houve evolução clara nas legislações seguintes, conforme será visto[226].

2.2 O direito de arrependimento nos contratos à distância: o Decreto-Lei português 143/2001, de 26 de abril e a Directiva 2011/83/ /CE, de 25 de outubro de 2011

2.2.1 *O Decreto-Lei 143/2001, de 26 de abril*

a) Contratos à distância

Para a contratação à distância[227], prevê o Decreto-Lei 143/2001, em seu art. 6º, n. 1, o direito de arrependimento num prazo mínimo de 14 dias,

---

[225] Nessa senda também é o entendimento da Lei Espanhola: "Artículo 44. n. 5. En el caso de que el vendedor no haya cumplido con tal deber de información, el comprador podrá **resolver** el contrato en el plazo de tres meses a contar desde aquel en que se entregó el bien. Si la información a que se refiere el articulo 47 se facilita durante el citado plazo de tres meses, el período de siete días hábiles para el desistimiento empezará a correr desde ese momento. Cuando el comprador ejerza su **derecho a resolver el contrato por incumplimiento del deber de información que incumbe al vendedor**, no podrá éste exigir que aquel se haga cargo de los gastos de devolución del producto" (grifos nossos).
Atente-se que o direito de arrependimento é tratado na legislação espanhola como *derecho de desistimiento*. Entretanto, quando houver incumprimento do dever de informação, passam os consumidores a dispor de um *derecho de resolver* o contrato.

[226] O art. 9º da Lei de Defesa dos Consumidores ainda determina que os consumidores têm direito de arrependimento nos contratos que, por iniciativa do fornecedor de bens ou prestador de serviços, seja celebrado fora do seu estabelecimento. Contudo, diante a especificidade do Decreto-Lei 143/2001 que regula a contratação à distância, este dispositivo perdeu sua eficácia.

[227] Consoante estatuído no Decreto-Lei 143/2001, de 26 de abril, considera-se contrato à distância qualquer contrato celebrado entre fornecedor e consumidor, que se integre num sistema de venda ou prestação de serviços à distância, organizado pelo fornecedor, que, para esse contrato, utilize exclusivamente uma ou mais técnicas à distância até a celebração do

DIREITO DE ARREPENDIMENTO NOS CONTRATOS DE CONSUMO

sem pagamento de indenização e sem necessidade de indicação de qualquer motivo[228]. Dependendo da contratação (fornecimento de bens ou serviços), o início da contagem do prazo distingue-se[229].

Caso a confirmação dessas informações *não* tenha sido realizada pelo fornecedor, haverá descumprimento contratual por parte do fornecedor. Assim, determina o Decreto-Lei 143/2001 que o prazo de 14 (quatorze) dias é ampliado para três meses, iniciando-se sua contagem, no caso do fornecimento de produtos, do recebimento pelo consumidor; e, no caso da prestação de serviços, da data da celebração do contrato. Como já nos posicionamos antecedentemente, nesse caso o consumidor possui efetivo direito de *resolução* do contrato[230].

Tal como a maioria das legislações da Comunidade Europeia, valendo-se da Directiva 97/7/CE[231], o legislador português fez por bem consagrar restrições ao direito de arrependimento (art. 7º do Decreto-Lei 143/2001).

Em tempo, atente-se que o *caput* do art. 7º afirma que, havendo acordo em contrário pelas partes, o direito de arrependimento pode ser realizado inclusive nas situações de restrições ao direito de arrependimento.

---

contrato, incluindo a própria celebração (redação arrimada no art. 2º, n. 1, da Directiva 97//7/CE).

[228] "Art. 6º, n. 1: Nos contratos a distância o consumidor dispõe de um prazo mínimo de 14 dias para resolver o contrato sem pagamento de indemnização e sem necessidade de indicar o motivo".

Neste ponto é interessante notar que o legislador português ampliou o prazo estabelecido na Directiva 97/7/CE. Segundo este diploma, o consumidor dispõe de um prazo de, pelo menos, sete dias úteis para arrepender-se. Além disso, o diploma português não utilizou a expressão *rescisão*, mas direito de *livre resolução*. Sobre essas questões, já demos nosso parecer no tocante ao regime jurídico do instituto (Capítulo 4 da Parte III).

[229] Nos termos do Decreto-Lei 143/2001, art. 6º, n. 2, inicia-se a contagem do prazo: A – quanto ao **fornecimento de bens**, a partir da *recepção dos bens*, desde que tenham sido confirmadas as informações por escrito ou através de outro suporte durável (tal como o disco rígido), tais como identidade do fornecedor, características essenciais do bem ou serviço, despesas de entrega (caso haja), existência e forma do exercício do arrependimento, prazo de validade do produto, dentre outros; B – quanto à **prestação de serviços**, a partir da *celebração do contrato* ou a partir do dia em que tenham sido cumpridas as confirmações das mesmas informações dispostas acima.

[230] Todavia, caso a confirmação das informações se realize no ínterim dos três meses aduzidos acima, o consumidor dispõe, a partir desse momento, do prazo de 14 (quatorze) dias corridos para exercer o arrependimento.

[231] A Directiva 97/7/CE foi atualizada pela Directiva 2011/83/EU.

III. DIREITO DE ARREPENDIMENTO NOS ORDENAMENTOS

Além disso, pelo princípio da autonomia privada, o prazo estipulado para o exercício do arrependimento também pode ser modificado, sempre a favor do consumidor.

Quanto às despesas referentes aos custos de reenvio da mercadoria em caso de devolução do produto, determina o Decreto-Lei 143/2001, no art. 8º, 1, que *"o fornecedor fica obrigado a reembolsar no prazo máximo de 30 dias os montantes pagos pelo consumidor, <u>sem quaisquer despesas para este,</u> <u>salvo eventuais despesas directamente decorrentes da devolução do bem quando</u> <u>não reclamadas pelo consumidor"</u>.*

Tal como se verifica, optou o legislador português determinar que os custos pela devolução do bem podem ser devidos pelos consumidores que arrependerem-se de suas compras.

Cremos que agiu bem o legislador português. O exercício do arrependimento é justo e lícito. Entretanto, não podemos acompanhar a corrente que impõe um ônus ao fornecedor pela desistência do contrato. O direito de arrependimento é uma proteção contratual a favor do consumidor, e não um ônus ao fornecedor.

Já destacamos precedentemente que o direito espanhol[232] adotou uma interessante situação. Segundo a *"Ley de Ordenación del Comercio Minorista"*, recai sobre o consumidor o ônus do pagamento dos valores de reenvio do produto pelo qual exerceu o direito de arrependimento. Por seu turno, caso o comerciante ofereça um produto de qualidade e preço equivalentes, transfere-se a ele a obrigatoriedade do custo de reenvio da coisa. Maria Álvarez Moreno[233] também é a favor do pagamento dos custos com o reenvio da coisa pelo consumidor[234].

---

[232] Art. 44, n. 3 da "Ley de Ordenación del Comercio Minorista".

[233] MORENO. *El desistimiento...*, p. 248-249.

[234] "El único tipo de gastos que la L.C.M. impone a cargo del comprador son los costes directos que origine la devolución del bien al vendedor (por ejemplo, los ocasionados por su transporte). La razón de esta prescripción radica em salvaguardar la indemnidad del profesional, que ha cumplido totalmente con los términos pactuados, por lo que no se le pueden inferir unos gastos que no tienen nada que ver con su comportamiento, sino con la especialidad del tipo de técnicas de comercialización que éste utiliza. De ahí que si el consumidor desea devolver el bien adquirido y cancelar la relación jurídica que el une al vendedor, por su mera discredionalidad, como el permite la ley, es lógico que deba cargar com los costes derivados de la operación. Además, no puede olividarse que la imposición de esta oblicación de asumir los costes de la devolución al consumidor no sino reflejo de

Também, estipula o Decreto-Lei 143/2001 que o consumidor dispõe de até 30 (trinta) dias para a devolução dos produtos recebidos do fornecedor. O prazo é o mesmo para o comerciante restituir os valores pagos pelo consumidor. Em nossa opinião, o prazo de 30 dias a ambos os lados é suficiente para que as partes cumpram suas obrigações.

b) Contratos ao domicílio

O mesmo Decreto-Lei 143/2001, de 26 de abril, que regula os contratos celebrados à distância, também regula aqueles celebrados ao domicílio. Determina o art. 13, n. 1 do referido diploma, que se entende por contrato ao domicílio aquele que, tendo por objeto o fornecimento de bens ou serviços, é proposto e concluído no domicílio do consumidor[235], pelo comerciante ou seu representante. São as vendas chamadas *"door to door"*[236].

---

la regla general en matéria de obligaciones: forma parte de su obligación de entrega (em cuanto desarollo de las actividades necessárias para cumplir su oblicagión)".

[235] Segundo o n. 2 do art. 13, são equiparados aos contratos ao domicílio os seguintes contratos: "a) celebrados no local de trabalho do consumidor; b) celebrados em reuniões, em que a oferta de bens ou de serviços é promovida através de demonstração realizada perante um grupo de pessoas reunidas no domicílio de uma delas a pedido do fornecedor ou seu representante; c) celebrados durante uma deslocação organizada pelo fornecedor ou seu representante, fora do respectivo estabelecimento comercial; d) celebrados no local indicado pelo fornecedor, ao qual o consumidor se desloque, por sua conta e risco, na sequência de uma comunicação feita pelo fornecedor ou pelos seus representantes".

[236] Os fundamentos para a proteção dos consumidores nas contratações "door-to-door" foram bem apontados por David Epstein e Steve Nilckles: "There are a number of reasons why consumers need special protection in door-to-door transactions. First, a door-to-door seller has something of captive audience. After all, you can always walk out of a department store; you do not have that option at home. Moreover, some of the most vunerable people are stuck at home: invalids, elderly, etc. The door-to-door seller has less need to maintain consumer good will than to those selling from a fixed location. Door-to-door sellers are not subject to the same supervision as employees of retail seller. While the consumer can determine which stores he or she will patronize, he or she has litlle chance to screen the type of salesman who cames to the home, and thus both the reputable and disreputable salesmen will have an equal opportunity to talk their way into the living room. Finally, since the consumer has no opportunity to shop around and compare values, he or she is more likely to make an unneeded purchase at an unfair price" (EPSTEIN, David G; NICKLES, Steve H. *Consumer law:* in a nutshell. [S.l.]: West Publishing Co., 1981, p. 35).

III. DIREITO DE ARREPENDIMENTO NOS ORDENAMENTOS

Praticamente, todas as disposições para o exercício do direito de arrependimento nos contratos ao domicílio seguem as mesmas determinações daquelas previstas nos contratos celebrados à distância.

Contudo, há uma restrição implícita ao direito de arrependimento nos contratos celebrados em domicílio consoante determina o n. 1 do art. 13 do Decreto-Lei 143/2001. Nos termos dessa disposição, não se considera contrato celebrado em domicílio quando o consumidor tenha requerido de forma expressa a visita do comerciante para apresentação de um determinado produto ou serviço. Todavia, caso, na visita solicitada pelo consumidor, o comerciante apresente produtos e serviços não solicitados pelo consumidor, então, mantém-se o caráter de contratação ao domicílio.

Dessa feita, de forma indireta, o Decreto-Lei 143/2001 exclui o direito de arrependimento quando o consumidor requer a visita de um comerciante para apresentação de um determinado produto e acaba adquirindo-o.

Como já havíamos citado em outra oportunidade, o direito de arrependimento tem por fundamento coibir o "elemento surpresa" de que normalmente os comerciantes se valem para vender seus produtos. Contudo, caso o próprio consumidor tenha requerido a visita do comerciante, não se faz presente esse elemento e, portanto, não há porque ser facultado ao consumidor o arrependimento da avença. Referida restrição se afigura em consonância com os fundamentos e a natureza jurídica do instituto.

2.2.2 A Directiva 2011/83/EU de 25 de outubro de 2011

A Directiva 2011/83/EU foi recentemente adotada pelo Parlamento Europeu e pelo Conselho. Tem por escopo proteger os direitos dos consumidores no caso de contratos negociados fora dos estabelecimentos comerciais e nos contratos celebrados à distância.

De fato, com o avanço do Comércio Eletrônico, a Directiva 97/7/CE precisava de uma revisão, com o objetivo de eliminar incoerências e harmonizar a atual realidade do Comércio Eletrônico. A Directiva ainda não recebeu a transposição da legislação portuguesa. Assim, ainda vige o Decreto-Lei 143/2001.

Ressalte-se, também, que consoante o artigo 31 da Directiva 2011/83/EU, revoga-se, a partir de 13 de Junho de 2012, a Directiva

85/577/CEE e a Directiva 97/7/CE, com as alterações introduzidas pela Directiva 2002/65/CE de 23 de Setembro de 2002 e pelas Directivas 2005/29/CE e 2007/64/CE.

Inicialmente, temos de ressaltar que o texto traz, de fato, muitas inovações ao direito de arrependimento. Tais inovações, a nosso ver, são modernas e deveriam servir para alterações legislativas no Brasil.

Inicialmente, verificamos que a definição de contratação à distância e contratos celebrados fora do estabelecimento comercial não tiveram alterações substanciais em suas redações. Segundo a Directiva, a definição de contrato à distância "deverá abranger todos os casos em que os contratos são celebrados entre o profissional e o consumidor no âmbito de um sistema de vendas ou prestação de serviços vocacionado para o comércio à distância, mediante a utilização exclusiva de um ou mais meios de comunicação à distância (por correspondência, internet, telefone ou fax), e/inclusive até ao momento da celebração do contrato" (Considerando nº 20 da Directiva).

A maior novidade, contudo, é a impossibilidade de considerarmos um contrato celebrado à distância quando todas as tratativas e avaliações do produto ou serviço deram-se no estabelecimento comercial do fornecedor e apenas a contratação realizou-se à distância.

Segundo a Directiva, "um contrato que tenha sido negociado no estabelecimento comercial do profissional e tenha sido celebrado por um meio de comunicação à distância não deverá ser considerado um contrato à distância" (Considerando nº 20 da Directiva).

Da mesma forma, não mais será considerado contrato firmado à distância aquele que tenha o início das tratativas realizadas à distância, mas cuja contratação tenha sido realizada no estabelecimento comercial do fornecedor. Seria, nesse caso, a hipótese inversa. Ou seja, o consumidor acessa a página eletrônica do fornecedor, lê as informações do produto, assiste a um vídeo explicativo, mas prefere adquirir na loja. Nesse caso, como o consumidor dirigiu-se à loja física, teve a oportunidade de testar o produto. Sendo assim, não seria razoável a proteção contratual do direito de arrependimento.

Já com relação aos contratos ao domicílio, a Directiva prefere chamá-los de contratos celebrados fora do estabelecimento comercial. Para o texto da Directiva um contrato celebrado fora do estabelecimento comercial deverá ser definido como um "contrato celebrado na presença

III. DIREITO DE ARREPENDIMENTO NOS ORDENAMENTOS

física simultânea do profissional e do consumidor, num local que não seja o estabelecimento comercial do profissional, por exemplo, no domicílio ou no local de trabalho do consumidor".

Atentando-se a uma abusividade por parte de alguns fornecedores de produtos ou serviços, a Directiva determina que a "a definição de contrato celebrado fora do estabelecimento comercial deverá também incluir as situações em que o consumidor é pessoal e individualmente contactado fora do estabelecimento comercial, mas em que o contrato é celebrado imediatamente a seguir, no estabelecimento comercial do profissional ou através de um meio de comunicação à distância".

Por outro lado, a Directiva determina que "a definição de contrato celebrado fora do estabelecimento comercial não abrange as situações em que o profissional se desloca inicialmente ao domicílio do consumidor para efectuar medições ou apresentar um orçamento sem qualquer compromisso por parte do consumidor e em que o contrato só é celebrado posteriormente nas instalações comerciais do profissional ou através de um meio de comunicação à distância com base no orçamento do profissional".

Outra interessante inovação da Directiva é a recomendação para que os Estados-Membros mantenham um prazo padrão para o exercício do direito de arrependimento. A Directiva menciona que tais diferenças "criam incertezas jurídicas e custos de conformidade". Diante disso, determina a Directiva que o prazo de arrependimento seja de 14 dias para os contratos de serviços, a contar da celebração do contrato. Com relação aos contratos de compra e venda, o prazo de 14 dias deverá expirar a contar da data em que o consumidor ou um terceiro diferente do transportador adquira a posse física dos bens (artigo 9º).

No que tange ao exercício do direito de arrependimento nos contratos de prestação de serviços, a Directiva apresenta uma novidade. Pelo que se verifica, a Directiva pretende criar um novo caminho ao direito de arrependimento. O consumidor pode solicitar que o serviço seja realizado antes do prazo conferido ao direito de arrependimento. Mas ainda que o serviço tenha sido iniciado, poderá se arrepender. Todavia, deverá pagar o valor proporcional do serviço realizado.

Com relação à omissão de informação sobre o direito de arrependimento, ou direito de retractação como prefere a Directiva, "se o profissional não tiver fornecido ao consumidor a informação relativa ao direito de retractação, nos termos do artigo 6º, nº 1, alínea h), o prazo de retractação expira 12 meses após o termo do prazo de retractação inicial, determinado nos termos do artigo 9. o , n. o 2" (art. 10º).

O prazo, em outras legislações, em caso de omissão acerca do direito de arrependimento, seria de até três meses. Com o dispositivo citado acima, o dever de informação é ainda mais prestigiado. Caso o profissional forneça ao consumidor a informação no prazo de 12 meses a contar da entrega do produto, o prazo de arrependimento encerra-se 14 dias após o dia da informação prestada.

No que diz respeito ao exercício do direito de arrependimento, a maior novidade da Directiva é a apresentação de um "modelo". Segundo o art. 11º, o consumidor poderá exercer o direito de arrependimento seja pelo modelo, seja declarando de forma inequívoca a sua decisão. Já referimos nesse trabalho que a ideia do modelo é bem vinda, porque facilita o exercício do direito de arrependimento.

Com relação às obrigações do profissional em caso de retratação, a novidade da Directiva é que o fornecedor deverá efetuar o reembolso de todos os valores pagos pelo consumidor, inclusive aqueles decorrentes do envio do produto, caso existam (art. 13º, nº 1). Apenas não será obrigado a reembolsar os valores de envio se o próprio consumidor tiver expressamente solicitado uma modalidade de entrega diferente da modalidade padrão menos onerosa proposta pelo profissional (art. 13º, nº 2).

Por outro lado, caberá ao consumidor, no prazo de 14 dias, devolver os bens recebidos do fornecedor. O consumidor suporta apenas o custo com a devolução dos bens, salvo se o profissional concordar em suportar o referido custo ou se o profissional não tiver informado o consumidor de que esse último tem de suportar. (art. 14º, nº 1).

Interessante, também, o disposto no art. 13º, nº 2, da Directiva: "O consumidor só é responsável pela depreciação dos bens que decorra de uma manipulação dos bens que exceda o necessário para verificar a natureza, as características e o funcionamento dos bens. O consumidor não é, em caso algum, responsável pela depreciação dos bens quando o profissional não o tiver informado do seu direito de retractação, nos termos do artigo 6. ° , n.° 1, alínea h)."

Por fim, com relação, às exceções ao exercício do direito de arrependimento, a directiva determina que não haverá retratação "aos contratos de prestação de serviços, depois de os serviços terem sido integralmente

III. DIREITO DE ARREPENDIMENTO NOS ORDENAMENTOS

prestados caso a execução já tenha sido iniciada com o prévio consentimento expresso dos consumidores, e com o reconhecimento de que os consumidores perdem o direito de retractação quando o contrato tiver sido plenamente executado pelo profissional" (art. 16º, alínea 'a'). Assim, ainda que o serviço tenha sido parcialmente cumprido, poderá o consumidor exercer o arrependimento, desde que, como visto, remunere o fornecedor dos serviços já executados.

2.3 O direito de arrependimento nos contratos de crédito ao consumo: o Decreto-Lei nº 133/2009, de 2 de junho

Inicialmente regulada pelo Decreto-Lei 359/91, de 21 de setembro, que foi o resultado da transposição das Directivas nºs 87/102/CEE, de 22 de dezembro de 1986 e 90/88/CEE, de 22 de fevereiro de 1990, os contratos de crédito ao consumo em Portugal atualmente estão regulados pelo Decreto-Lei nº 133/2009, de 2 de junho, resultado da Directiva nº 2008/48/CE, de 23 de abril.

Não restam dúvidas que a decisão do consumidor em firmar um contrato bancário deve ser tomada com bastante cautela e serenidade. Contratos de mútuo bancário podem levar alguns consumidores a sua insolvência se não forem bem analisados.

Além disso, também é bastante comum que em casos de *internet banking*, ou seja, quando os consumidores acessam as suas contas-correntes pela web, que os mesmos acabem sendo surpreendidos com *pop-ups* com informações sobre créditos pré-aprovados. Assim, após poucos cliques, o consumidor tem em sua conta-corrente elevados valores, mesmo sem saber a que juros contratou. Basta confirmar que aceita as condições do negócio, ainda que não as tenha lido e pronto.

Como nos ensina Fernando de Gravato Morais[237], o direito de arrependimento nos contratos de crédito ao consumo tem por escopo proporcionar uma efetiva informação acerca do teor do contrato, permitindo que o consumidor avalie não só com minúcia e detalhe, mas também de modo (mais) ponderado e tranquilo, as cláusulas do contrato.

Com a oportunidade desse período de reflexão, o consumidor pode consultar um advogado ou mesmo um estrategista financeiro para saber

---

[237] MORAIS, Fernando Gravato de. *Contratos de crédito ao consumo*. Almedina, 2007, p. 165.

DIREITO DE ARREPENDIMENTO NOS CONTRATOS DE CONSUMO

se o crédito é realmente necessário, bem como saber se as circunstâncias do negócio lhe parecem favoráveis.

O Decreto-Lei 133/2009 é aplicado aos contratos de crédito ao consumo cujo montante não seja inferior a € 200 nem superior a € 75.000 (art. 2º, alínea *c*).

Com relação ao dever de informação, observamos que o Decreto-Lei 133/2009 dispõe de uma série de informações pré-contratuais que devem ser entregues aos consumidores tais como o tipo de crédito a ser concedido, a identificação e o endereço geográfico do credor, o montante total do crédito e as condições de utilização, a duração do contrato de crédito, a taxa nominal e as condições aplicáveis a essa taxa, os custos notariais, a taxa de juros de mora, as consequências da falta de pagamento, dentre outras informações (artigo 6º).

Caso o contrato tenha sido celebrado por solicitação do consumidor através de um meio de comunicação a distância que não permita o fornecimento das informações impressas, o credor deve oferecer ao consumidor, na íntegra e imediatamente após a celebração do contrato de crédito, uma ficha chamada "Informação normalizada europeia em matéria de crédito a consumidores". Além desta ficha, também deve ser disponibilizada ao consumidor uma cópia da minuta do contrato de crédito (artigo 6º, número 7).

Interessante notar, ainda, que o Decreto 133/2009 também obriga o credor ao chamado "dever de assistência ao consumidor". Segundo o artigo 7º, número 1, o credor e o mediador de crédito "devem esclarecer de modo adequado o consumidor, por forma a colocá-lo em posição que lhe permita avaliar se o contrato de crédito proposto se adapta às suas necessidades e à sua situação financeira [...] bem como descrever os efeitos específicos deles decorrentes para o consumidor, incluindo as consequências da respectiva falta de pagamento".

Dentre as formas para a cessação dos contratos de crédito, a legislação prevê no artigo 16º a extinção dos contratos de crédito de duração indeterminada por meio da denúncia[238].

---

[238] O emprego do vocábulo não poderia ser o mais correto. Tal como já tivemos oportunidade de mencionar neste trabalho, a denúncia tem com uma de suas funções impedir a vigência das relações contratuais estabelecidas por tempo indeterminado. Nestes termos, determina o artigo 16º que "O consumidor pode *denunciar* o contrato de crédito de duração

III. DIREITO DE ARREPENDIMENTO NOS ORDENAMENTOS

Tal como podemos inferir do dispositivo, não se trata de um direito de arrependimento, não obstante esse direito ser gratuito e não haver a necessidade de indicação de um motivo. Na realidade, o que a denúncia difere do direito de arrependimento é que ela pode ser exercida muito tempo após o início dos contratos. Além disso, como já mencionamos outrora, os efeitos da resilição operam de forma *ex nunc*, já no arrependimento, seus efeitos operam de forma *ex tunc*, retornando as partes ao estado anterior ao de terem celebrado qualquer avença.

Mas além da denúncia, o Decreto-Lei 133/2009 também prevê o direito de arrependimento aos contratos de crédito. Para a referida legislação, o direito de arrependimento é intitulado "direito de livre revogação" em um prazo de "14 dias de calendário"[239].

Note-se que o atual diploma possui algumas distinções em relação à revogada legislação. O revogado Decreto-Lei 359/199 dispunha em seu art. 8º, n. 1, que a declaração negocial do consumidor, relativa à celebração do contrato de crédito, somente se tornaria *eficaz* se esse não a revogasse no prazo de sete dias úteis, a contar da assinatura do contrato[240].

A novel legislação, por sua vez, não condiciona a eficácia do contrato ao transcurso do prazo para que o consumidor possa exercer o direito de arrependimento. O contrato é desde logo válido, eficaz e seus efeitos, portanto, são produzidos. Como se vê, o legislador português optou pelo modelo de eficácia resolúvel ao contrário do modelo da eficácia suspensa.

Além disso, nos termos do Decreto-Lei 133/2009, o prazo para o exercício desse direito começa a correr: (i) a partir da data da celebração

indeterminada, a todo o tempo, salvo se as partes tiverem estipulado um prazo de pré-aviso, sem indicação e gratuitamente".

[239] Nos termos do artigo 17º, do Decreto-Lei 133/2009: "Art. 17º – O consumidor dispõe de um prazo de 14 dias de calendário para exercer o direito de revogação do contrato de crédito, sem necessidade de indicar qualquer motivo".

[240] "Artigo 8º Período de reflexão: 1 – Com excepção dos casos previstos no nº 5, a declaração negocial do consumidor relativa à celebração de um contrato de crédito só se torna eficaz se o consumidor não a **revogar**, em declaração enviada ao credor por carta registada com aviso de recepção e expedida no prazo de sete dias úteis a contar da assinatura do contrato, ou em declaração notificada ao credor, por qualquer outro meio, no mesmo prazo" (grifo nosso).

Já discutimos, anteriormente, a natureza jurídica do arrependimento e a redação do art. 8º do Decreto-Lei 359, que parece ter condicionado a eficácia do contrato à ausência do exercício do direito de arrependimento pelo consumidor (Capítulo 4 da Parte III).

DIREITO DE ARREPENDIMENTO NOS CONTRATOS DE CONSUMO

do contrato de crédito **ou** (ii) a partir da data de recepção pelo consumidor, do exemplar do contrato e das informações pré-contratuais, se essa data for posterior à referida na primeira hipótese (art. 17, número 2, alínea *a* e *b*)[241].

Outra aplaudida alteração da nova legislação frente à anterior é a impossibilidade do consumidor renunciar ao direito de arrependimento, nesse tipo de contratação. A revogada lei, como se viu, apenas condicionava os efeitos do contrato bancário caso tivesse transcorrido o prazo para o exercício do arrependimento. Assim, o consumidor apenas poderia ter o crédito em suas mãos após o transcurso do prazo.

Mas havia uma saída para isso e que era considerada extremamente prejudicial ao consumidor. Caso o novo devedor pretendesse o crédito na mesma hora, a lei facultava a ele que renunciasse ao direito de arrependimento (art. 8º, nº 5, do Decreto 359/2001[242]). Esse regramento, como se pode imaginar, contrariava o sentido e a finalidade do direito de arrependimento, que tem, por intuito, exatamente proteger o consumidor de eventuais precipitações. Mesmo que se encontre em extrema dificuldade financeira, a reflexão é muito valiosa. Sendo assim, a medida veio em boa hora.

Em relação ao direito de arrependimento, a maior curiosidade do Decreto-Lei 133/2009 é a disposta no artigo 17, nº 4º, que determina que "exercido o direito de revogação, o consumidor deve pagar ao credor o capital e os juros vencidos a contar da data de utilização do crédito até à data de pagamento do capital, sem atrasos indevidos, em prazo não superior a 30 dias após a expedição da comunicação".

---

[241] Neste ponto, parece que o legislador acolheu sugestão feita pelo Prof. Fernando Gravato de Morais (MORAIS, Fernando Gravato de. *Contratos de crédito ao consumo*. Almedina, 2007, p. 159) que, à época da vigência do Decreto-Lei 359/1991, criticou o legislador português no tocante à contagem do prazo para o exercício do direito de arrependimento, uma vez que aquela legislação asseverava que o exercício do direito de arrependimento teria início *a partir da assinatura do contrato*. Como acertadamente manifestou Fernando de Gravato Morais, o momento decisivo para o efeito em causa é o da entrega do contrato, porquanto só a partir desse instante o consumidor dispõe dos meios necessários para refletir ponderadamente. É esta a disposição da nova lei.

[242] "Art. 8º, n. 5. Sem prejuízo do disposto no nº 2, pode o consumidor, em caso de entrega imediata do bem, **renunciar**, através de declaração separada e exclusiva para o efeito, ao exercício do direito de revogação previsto no presente artigo" (grifo nosso).

III. DIREITO DE ARREPENDIMENTO NOS ORDENAMENTOS

O direito de arrependimento, sabemos, é um direito sempre gratuito. De todo modo, o que determina o dispositivo é que o consumidor apenas está obrigado a devolver o capital que recebeu, com a inclusão dos juros vencidos a contar da data da utilização do crédito. Não são juros moratórios, mas remuneratórios, que apenas têm o condão de restituir o eventual prejuízo do banco, nada, além disso.

2.4 O direito de arrependimento nos contratos de direito real de habitação periódica: o Decreto-Lei 275/93, de 05 de agosto

O direito real de habitação periódica inicialmente foi introduzido no ordenamento português no ano de 1981, pelo Decreto-Lei n. 355/1981, de 31 de dezembro. Tendo em vista diversas críticas que esse diploma recebera, em 1993, foi sancionado o Decreto-Lei n. 275/1993, de 5 de agosto. Esse, por sua vez, sofreu profundas alterações pelo Decreto-Lei n. 180/1999, de 22 de maio e pelo Decreto-Lei n. 22/2002, de 31 de janeiro.

O direito real de habitação periódica pode ser caracterizado pela exploração, por um ou mais períodos certos de tempo, em cada ano, das unidades de alojamento integradas em hotéis-apartamentos, aldeamentos turísticos e apartamentos turísticos, mediante o pagamento de uma prestação periódica ao proprietário ou cessionário do empreendimento ou a quem o administre[243]. Em resumo, o consumidor adquire a possibilidade de, num prazo determinado, poder desfrutar de hospedagem em apartamentos, casas ou, ainda, hotéis.

Para esse tipo de contratação, também há previsão do direito de arrependimento. E não poderia deixar de ser. Temos notícia que há inúmeras empresas interessadas na venda desse produto e que, para tanto, organizam coquetéis aos consumidores, onde são transmitidas imagens de vídeo do empreendimento, suas facilidades, seus atrativos, dentre outros. Não raras vezes, há convites a toda a família para passar uma tarde no local do empreendimento, com vendedores à disposição para fechar

---

[243] Segundo o art. 3º, n. 1 do Decreto-Lei 180/99, o direito real de habitação periódica é, na falta de indicação em contrário, perpétuo, mas pode ser-lhe fixado um limite de duração, não inferior a 15 anos. A exploração pelo adquirente deste direito é limitado a um período de tempo em cada ano, que pode variar entre o mínimo de 7 (sete) dias seguidos e o máximo de 30 (trinta) dias seguidos (art. 3º, n. 2).

DIREITO DE ARREPENDIMENTO NOS CONTRATOS DE CONSUMO

qualquer tipo de contrato[244]. Todos esses atrativos acabam deixando os consumidores mais vulneráveis para celebração de contratos que, numa situação normal, não celebrariam.

Portanto, nesse tipo de contrato, o direito de arrependimento também se mostra uma importante medida contra as pressões que os consumidores podem sofrer por vendedores bastante treinados.

Assim, o direito de arrependimento foi previsto no art. 16 do Decreto--Lei 275/93[245], dispondo que o adquirente do direito real de habitação periódica detém 10 (dez) dias úteis para arrepender-se sem indicação de motivos ou pagamento de quaisquer encargos.

Especificamente quanto ao prazo, vê-se que o legislador português reservou o prazo de 10 (dez) dias úteis para o exercício do arrependimento no direito real de habitação. Esse prazo é suficiente para o consumidor exercer seus direitos. Contudo, não nos parece interessante que o legislador português ora adote prazo de 10 (dez) dias úteis, ora adote prazo de 14 (quatorze) dias corridos (tal como o Decreto 143/2001, que protege os consumidores nos contratos à distância). Essa diversidade de datas pode gerar dúvidas ou confusões aos consumidores. O melhor seria estabelecer um prazo padrão para que o consumidor exercesse o arrependimento. Assim, em todas as hipóteses que o consumidor

---

[244] Conforme Acórdão da Relação de Lisboa de 23 de junho de 1994: "[...] A partir daí e com o desenvolvimento turístico que se foi verificando, surgiram no mercado inúmeras empresas que de uma forma agressiva e numa concorrência desenfreada passaram a anunciar propostas de negócio, muitas delas não concretizadas: umas por não corresponderem ao que ofereciam aos potenciais interessados e outras por falta de capacidade de concretização por parte dessas mesmas empresas, que entretanto recebiam a totalidade ou, pelo menos, parte do preço que depois não devolviam. Muitos desses negócios, como é do domínio público, eram concretizados num ambiente de autêntica pressão psicológica, ou mesmo chantagem. Assim, é vulgar ainda hoje o aliciamento de pessoas para comparecer em determinados locais através do telefone ou outros meios, com a promessa de passeios, almoços ou jantares e outras ofertas irresistíveis porque gratuitas. Uma vez presentes, os interessados são envolvidos numa teia de novas promessas e após várias horas de aliciamento e sem se aperceberem, ficam vinculadas a contratos que, num ambiente de serenidade e reflexão e em condições normais não celebrariam: ou porque não tinham capacidade econômica para isso ou por verificarem que caíram num autêntico logro" (GOMES. *Sobre...*, p. 70-71).

[245] "Art. 16º Direito de resolução. n. 1. O adquirente do direito real de habitação periódica pode resolver o resolver o respectivo contrato de aquisição, sem indicar o motivo e sem quaisquer encargos, no prazo de 10 dias úteis a contar da data em que lhe for entregue o contrato de transmissão do direito real de habitação periódica" (redação dada pelo Decreto--Lei 22/2002).

128

III. DIREITO DE ARREPENDIMENTO NOS ORDENAMENTOS

souber que possui o direito de se arrepender da avença, já tem a certeza do prazo para o exercício[246].

Quanto à forma para o exercício do direito de arrependimento, optou o Decreto-Lei 275/93 pela arcaica carta registrada, com aviso de recepção[247].

Atento ao dever de informação pré-contratual, determina o art. 11, n. 5, do Decreto-Lei 275/93 que, no direito real de habitação periódica, deverá ser emitido um certificado predial. Dentre as informações constantes nesse certificado predial, no espaço imediatamente anterior ao destinado a assinaturas, deverá constar a menção que o adquirente pode "resolver" o contrato, sem indicar qualquer motivo e sem quaisquer encargos. É medida que atende ao dever de informação, decorrente da boa-fé objetiva.

Outra interessante disposição estabelecida no Decreto-Lei 275/93 é trazida no art. 16, n. 6. Segundo esse dispositivo, caso o preço do imóvel esteja coberto por um crédito concedido pelo vendedor ou por terceiro com base num acordo entre esse e o vendedor, esse contrato de crédito é automaticamente resolvido. É a extinção do contrato coligado, já retratado aqui em outras situações. Realmente, não raras vezes, o contrato de aquisição de direito real de habitação periódica é celebrado em coligação com um contrato de crédito. Não faria sentido o consumidor ar-

---

[246] Com relação a essa crítica, veja-se que a Directiva 2011/83/UE, relativa à proteção dos consumidores no caso de contratos negociados fora dos estabelecimentos comerciais e em matéria de contratos à distância, tendo verificado a divergência de prazos relativos ao exercício do direito de arrependimento, estabeleceu em seus considerandos que "as diferenças relativas aos prazos de retractação que actualmente existem, quer em função dos Estados-Membros quer no que respeita aos contratos à distância e aos celebrados fora do estabelecimento comercial, criam incertezas jurídicas e custos de conformidade. Deverá aplicar-se o mesmo prazo de retractação para todos os contratos, tanto os celebrados à distância como os celebrados fora dos estabelecimentos comerciais".

[247] Destacamos que a redação dada ao art. 16 foi alterada por legislações do ano de 1999 e 2002, ou seja, em tempos já marcados pela internet e pelo correio eletrônico. Assim sendo, deveria o legislador português ter atentado a ampliar o rol das formas para o exercício do arrependimento também se realizar pelo correio eletrônico, tal como dispõe o Decreto-Lei 95/2006. Podemos até afirmar que o *e-mail* pode ser utilizado como forma de exercício de arrependimento em analogia à carta registrada. Contudo, melhor seria que a legislação assim tivesse previsto expressamente. Ademais, em todos os diplomas, deveria estar disposta a possibilidade de notificação ao fornecedor via correio eletrônico, ou qualquer outro meio capaz de transmitir o desejo do consumidor em desistir da avença.

DIREITO DE ARREPENDIMENTO NOS CONTRATOS DE CONSUMO

repender-se da aquisição do direito real de habitação periódica se ainda continuasse sujeito ao contrato de crédito.

Por fim, dispõe ainda o art. 15, n. 1, 'd', do Decreto-Lei 275/93 que os proprietários das unidades de alojamento sujeitas ao regime do direito real de habitação periódica devem prestar caução para garantir a devolução da totalidade das quantias entregues pelo adquirente até o termo do prazo previsto para o exercício do arrependimento. Mais uma medida importante e que propicia maior segurança ao consumidor para desistir do contrato celebrado. Em virtude dos elevados valores que esses contratos podem estabelecer, nada mais razoável do que garantir, por meio de caução, os valores que deverão ser restituídos ao consumidor caso eventualmente arrependa-se da avença.

Ademais, melhor ainda é obrigar o pagamento dos valores entabulados no contrato, apenas quando transcorrido o prazo estabelecido para o exercício do arrependimento, tal como disposto no art. 189 do Anteprojeto do Código do Consumo português. Para o caso do direito real de habitação periódica, em virtude dos elevados valores que a contratação pode alcançar, pensamos ser uma medida de bom alvitre. Contudo, noutros contratos, tal como a compra e venda de produtos pela internet, a medida não nos parece ser a mais correta. Essa e outras discussões serão mais bem examinadas no capítulo seguinte.

2.5 O direito de arrependimento no anteprojeto do Código do Consumidor português

A ideia de unificar as legislações consumeristas e estatuir um Código do Consumidor em Portugal teve início com o Despacho 42/MA/96, de 28 de maio, pela Ministra do Ambiente, a qual nomeou o Prof. Doutor António Joaquim de Matos Pinto Monteiro ao cargo de Presidente da Comissão responsável pela elaboração do respectivo código.

Participam da comissão juristas altamente renomados, como Prof. Doutor Carlos Ferreira de Almeida, Mestre Paulo Cardoso Mota Pinto, Dr. Manuel Tomé Soares Gomes, Dra. Maria Manuela Flores Ferreira, Mestre Mário Paulo da Silva Terneiro, Prof. José Eduardo Tavares de Sousa, Prof. Doutor Augusto Silva Dias e Prof. Doutora Maria da Glória Ferreira Pinto Dias Garcia.

Caso seja aprovado o Código do Consumidor português, diversos diplomas consumeristas portugueses serão totalmente ou parcialmente

III. DIREITO DE ARREPENDIMENTO NOS ORDENAMENTOS

revogados. Dentre os diplomas a serem totalmente revogados, destacamos a Lei de Defesa do Consumidor n. 24/96, de 31 de julho, o Decreto-Lei 359/91, de 21 de setembro, que tratam do crédito ao consumidor e o Decreto-Lei 143/2001, de 26 de abril, que estabelece o regime dos contratos à distância e ao domicílio.

A idéia de unificação, num único diploma, de matérias relativas à publicidade, ao direito empresarial, penal e outras disciplinas não é bem vista por alguns doutrinadores. Um dos principais juristas contrários ao Projeto do Código do Consumidor, ao menos com relação à unificação de diversos diplomas num único texto é o festejado jurista José Oliveira Ascensão[248].

[248] Segundo José Oliveira Ascensão "A linha que norteia o Anteprojecto é a de conseguir uma codificação, praticamente exaustiva, do Direito do Consumidor. As várias leis que toquem, de perto ou de longe, o Direito do Consumidor são integradas no novo diploma. São-no por vezes na totalidade, com revogação até dos diplomas preexistentes. Doutras vezes, esse diplomas são parcialmente mantidos, ou prevê-se a aprovação de diplomas complementares. O Anteprojecto não se limita a disposições substantivas. Contém disposições orgânicas; disposições penais (bem como de ilícito de mera ordenação social); bem como disposições processuais. O consumidor seria o pólo, em torno do qual se agruparia tudo o que lhe respeitasse. [...] Mas há ainda mais – e pior. O Anteprojecto, como dissemos, procede à consolidação por fotocópia, em geral, dos diplomas preexistentes em que encontrou matéria que considerou ser de Direito do Consumidor. Mas esses diplomas, com frequência, contêm outras disposições que são gerais – e não apenas de Direito do Consumidor. Damos como exemplo o Dec.-Lei nº 275/93, de 5 de Agosto, sobre o direito real de habitação periódica. Essa matéria passaria a ser regulada nos arts. 325 a 353 do Código do Consumidor. Mas o que se regula é, antes de mais, o regime geral desse direito – o seu âmbito, a sua incompatibilidade com a constituição doutros direitos reais, a duração e assim por diante. Quer dizer, é o regime básico dum direito real que passaria a constar do Código do Consumidor e não do Código Civil! [...] Mais impressionante é ainda o que respeita às cláusulas contratuais gerais. Representam um muito importante instituto do Direito Civil, com uma regulação já relativamente antiga mas renovada (e perturbada) por aditamentos posteriores. Todavia, essa matéria é praticamente transposta na sua essência para o Código do Consumidor; e o Dec.-Lei nº 446/85, de 25 de Outubro, seria revogado. Não vale a pena chamar a atenção para as incongruências e imperfeições que foram entretanto detectadas naquele diploma e que são mantidas tal qual não obstante esta transposição. Basta chamar a atenção para o facto de o Código do Consumidor passar a regular, quer estas cláusulas nas relações com consumidores (arts. 221 e seguintes), quer em todos os outros casos, nomeadamente nas relações entre empresários ou entidades equiparadas (arts. 218 e seguintes)! Isto sem aprofundarmos o que representa o carácter ficcioso de semelhante divisão, pois não há na realidade sequer nenhuma disciplina específica das relações com consumidores: há uma disciplina genérica das cláusulas contratuais gerais (e das cláusulas abusivas) e uma disciplina específica, menos exigente, dessas cláusulas nas relações entre

DIREITO DE ARREPENDIMENTO NOS CONTRATOS DE CONSUMO

Não obstante as críticas formuladas pelo Prof. Oliveira Ascensão e da qual somos parcialmente partidários, fato é que caso aprovado, o projeto do Código do Consumidor português trará inúmeras alterações ao direito de arrependimento, razão pela qual não poderia deixar de ser estudado neste trabalho.

A primeira novidade foi criar condições gerais para o exercício do direito de arrependimento (arts. 187 a 193). Não obstante o regime geral, o arrependimento ainda é disposto em capítulos que versam sobre matérias específicas. Assim, o arrependimento também é previsto no capítulo que trata dos contratos à distância (art. 233), no capítulo que cuida do direito real de habitação periódica (art. 340), dentre outros.

O Anteprojeto resolveu, em todos os casos, intitular o arrependimento como *direito de livre resolução*. Em nenhum momento, foi utilizada a expressão *direito de revogação* ou *prazo de reflexão*. Tal assertiva nos faz crer que a comissão que elaborou o texto do anteprojeto enquadra o direito de arrependimento como forma de *resolução* contratual[249].

---

empresários e entidades equiparadas. Mas assim distorce-se completamente a relação entre Direito Civil e Direito do Consumidor, qualquer que seja o núcleo deste.

O diploma básico do cives é o Código Civil. É aí que se regula e resguarda a vida comum e se consigna o regime correspondente à dignidade de cada pessoa, enquanto pessoa. O Código do Consumidor surgiria agora a disputar esse espaço, trazendo um segundo regime comum, na realidade, mas norteado pela preocupação de proteger o consumidor. Isto, que poderia aparentar ser destinado a exaltar a pessoa, tem exactamente o sentido contrário. A pessoa é degradada. Deixa de surgir como o cives, como o cidadão de pleno direito, para aparecer antes como o objecto duma protecção especial, que é justificada pela sua qualidade de consumidor. Passou a representar algo menos do que valeria como pessoa, simplesmente. [...] No plano da orientação geral, é gravíssimo que o Código do Consumidor pretenda ser um Código universal, êmulo do Código Civil. Passaria a ser a sede da disciplina de institutos gerais, como o direito real de habitação periódica, os direitos de habitação turística, as agências de viagens e turismo, as cláusulas contratuais gerais e assim por diante. Isto não é a exaltação do cives – é a sua degradação porque, quaisquer que sejam os objectivos protecionistas, a pessoa é degradada quando passa a ser encarada prioritariamente como consumidor. [...]. Menospreza-se o essencial para se privilegiar o acidental" (ASCENSÃO, José Oliveira. *O anteprojecto do Código do Consumidor e a publicidade.* Disponível em: <http://www.apriori.com.br/cgi/for/post13805.html>. Acesso em: 2 mar. 2012).

[249] É curioso o posicionamento da comissão. O Prof. Carlos Ferreira de Almeida, por exemplo, alterou seu posicionamento. Em sua obra, este jurista havia qualificado o direito de arrependimento como forma de revogação, declarando, ainda, que os efeitos desta revogação são "semelhantes" aos da resolução (ALMEIDA. *Direito...*, p. 113).

III. DIREITO DE ARREPENDIMENTO NOS ORDENAMENTOS

O direito de arrependimento (regime geral) é previsto no art. 187, n. 1 do Anteprojeto[250]. A partir da leitura desse dispositivo, verifica-se que a comissão elaboradora do Anteprojeto decidiu que o prazo geral para o exercício do arrependimento é de sete dias úteis. Esse prazo, no entanto, é estendido em alguns casos do Anteprojeto. É o caso, por exemplo, do arrependimento nos contratos à distância pelo qual dispõe o consumidor de 14 (quatorze) dias corridos para desistir do contrato (art. 233) e 10 (dez) dias úteis para o arrependimento nos contratos de direito real de habitação (art. 340).

Cremos que a comissão do Anteprojeto deveria estender o prazo geral para 14 (quatorze) dias corridos em vez de sete dias úteis. Trata-se de prazo pouco mais extenso, que facilitaria o exercício do arrependimento. Temos a certeza de que a ampliação desse prazo não prejudicaria os fornecedores. Aliás, o prazo de 14 (quatorze) dias úteis poderia ser um prazo geral, para todos os casos previstos no Anteprojeto. Já nos manifestamos acerca de um prazo padrão para o exercício do direito de arrependimento em todos os contratos, para que o seu exercício seja facilitado aos consumidores, sem o risco de decadência desta importante forma de proteção contratual.

Quanto à contagem do prazo, nos termos do n. 1, do art. 188 do Anteprojeto, terá início a partir da recepção do bem **ou** da conclusão do contrato de prestação de serviço, desde que tenha sido prestada ao consumidor a informação pré-contratual a qual disponha: a possibilidade de arrependimento, nome e endereço da pessoa ou entidade a quem deva ser enviada a comunicação, dentre outras. Essa informação deve ser *"materialmente separada de qualquer outro documento contratual"*, sob pena de se ter como não prestada, subscrita ou eletronicamente assinada pelo consumidor.

Nesse ponto o Anteprojeto deve ser festejado. Além da obrigatoriedade imposta ao fornecedor de serviços em separar a informação do direito de arrependimento do contrato em si, estatui que o início do prazo apenas será contado a partir da prestação dessa informação.

---

[250] "Art. 187º, n. 1. Sempre que neste Código se atribua ao consumidor um direito de livre resolução, pode o beneficiário fazer cessar o contrato sem ter de indicar o motivo e sem ter que suportar qualquer indemnização ou encargo, através de comunicação enviada à outra parte no prazo de 7 dias úteis, se outro superior não for estabelecido em disposição especial".

DIREITO DE ARREPENDIMENTO NOS CONTRATOS DE CONSUMO

Quanto à forma de exercício, outra excelente novidade é trazida no n. 2, do art. 187[251], afirmando que o consumidor poderá exercer o arrependimento por carta registrada, com aviso de recepção, **ou** através de qualquer outro meio suscetível de prova nos termos gerais de direito.

Portanto, caso seja aprovado, o Anteprojeto encerrará de uma vez por todas a retrógrada determinação de outras legislações que determinam o exercício do arrependimento por carta registrada (tal como estabelecido no art. 16, n. 2 do Decreto-Lei 275/93 e o art. 6º, n. 5 do Decreto-Lei 143/2001). Ainda que parte da doutrina já defendesse que, nessas legislações, o envio de declaração por correio eletrônico também pudesse ser realizado em analogia à carta registrada, fato é que, no Anteprojeto, esse direito é expressamente consagrado e encerra qualquer interpretação contrária.

Veja-se, ainda, que o Anteprojeto não obriga essa comunicação. A simples devolução do bem equivale à comunicação do arrependimento (art. 187, n. 3). Mais uma medida salutar que atende ao princípio da boa-fé objetiva. Essa disposição proíbe que fornecedores imbuídos de má-fé, ao receberem os produtos devolvidos, utilizem o frágil argumento de que, por exemplo, não foi enviada carta registrada informando a intenção de devolução dos produtos.

Por outro lado, uma inovação trazida pelo Anteprojeto e que poderá ser palco de calorosas discussões entre os fornecedores é quanto ao expresso no art. 189, que tal como outras legislações (francesa, por exemplo), proíbe que o fornecedor exija a entrega de qualquer quantia, seja a título de pagamento do preço, seja a pretexto de qualquer outro objetivo direta ou indiretamente relacionado com o contrato[252], antes de findo o prazo para o exercício do direito de arrependimento.

Assenta esse dispositivo que o consumidor deverá realizar o pagamento do preço apenas quando transcorrer o prazo para o exercício do arrependimento. Assim, poderá o consumidor adquirir um produto via

---

[251] "Art. 187º n. 2: A comunicação a que se refere o número anterior pode efectuar-se por carta registrada com aviso de recepção ou **através de qualquer outro meio susceptível de prova nos termos gerais de direito**" (grifos nossos).

[252] "Art. 189. n. 1: Durante o decurso do prazo para o exercício do direito de livre resolução é **proibido exigir ao consumidor a entrega de qualquer quantia, seja a título de pagamento do preço, seja a pretexto de qualquer outro objectivo**, direta ou indirectamente relacionado com o contrato" (grifos nossos).

III. DIREITO DE ARREPENDIMENTO NOS ORDENAMENTOS

internet e realizar o seu pagamento apenas após o décimo quarto dia, contado da data em que foram confirmadas as informações constantes no n. 5, do art. 187. Em suma, o consumidor recebe o produto em casa, mas só faz o pagamento findo o prazo que dispunha para exercer o arrependimento.

Em nosso ponto de vista, essa medida não pode ser generalizada em todos os contratos dos consumeristas. É interessante sua aplicação nos contratos de direito real de habitação porque os valores envolvidos podem ser elevados, ou ainda nos contratos de crédito ao consumo, devido às consequências que a decisão de levantar crédito perante uma instituição financeira pode causar aos consumidores.

Entretanto, não nos parece razoável a aplicação da mesma medida nas compras de produtos pelo Comércio Eletrônico, por exemplo, onde os valores envolvidos, na maioria das vezes, não são tão elevados.

Temos uma razão para tanto. Já nos manifestamos que o direito de arrependimento é uma proteção contratual que não deve ser a regra, mas a exceção dos contratos. Sendo a exceção, acreditamos que o mais correto seria, em todos os casos, o fornecedor restituir o consumidor dos valores recebidos do que vice-versa. Isso porque receamos que os fornecedores sofram prejuízos ligados principalmente à inadimplência após o transcurso do prazo para o exercício do arrependimento.

Outra regra que deverá o legislador português analisar com maior prudência é a concernente à renúncia do direito de arrependimento nos contratos de prestação de serviços. Esta disposição é prevista no art. 190, n. 1, 'c', e aduz que o direito de arrependimento caduca no momento em que o profissional, com expresso consentimento do consumidor, inicia a prestação do serviço, mesmo antes de esgotado o prazo para o exercício do arrependimento, desde que preste a informação clara e inequívoca sobre tal efeito[253].

Trata-se da mesma disposição prevista no Decreto-Lei 95/2006 e na Directiva 2002/65/CE, de 23 de setembro. Já nos manifestamos totalmente contrários a ela e aqui reiteramos tais argumentos.

---

[253] "Art. 190º, n. 1. 'c': No momento em que o profissional, com expresso consentimento do consumidor, inicia a prestação do serviço antes de esgotado o prazo de que este dispõe para exercer o seu direito, contanto que aquele, nos termos dos nºs 4 e 5 do art. 187, preste informação clara e inequívoca sobre tal efeito".

Quanto à devolução dos produtos adquiridos, determina o art. 191, n. 1 do Anteprojeto, que o consumidor dispõe de sete dias úteis para realizar a restituição ao profissional. Observamos que, na atual legislação portuguesa, o consumidor dispõe de 30 (trinta) dias para restituir os bens recebidos (*v.g.* art. 8º, n. 2 do Decreto-Lei 143/2001). Houve, portanto, diminuição do prazo para a devolução da mercadoria adquirida. Acreditamos que o prazo de sete dias é exíguo. Melhor que se mantenha a redação da legislação em vigor.

O encurtamento do prazo também foi aplicado para o fornecedor restituir ao consumidor tudo que ele *eventualmente* tenha despendido. Segundo o Anteprojeto, o fornecedor de serviços também deve fazer a restituição em até sete dias úteis (art. 191, n. 3). "Eventualmente", porque, como já referido, nos termos do art. 189 do Anteprojeto, é proibido exigir do consumidor o pagamento de qualquer quantia no ínterim do prazo do arrependimento. Nesse caso, também entendemos que o prazo é demasiadamente curto para que o fornecedor restitua o consumidor. O prazo de 30 (trinta) dias estabelecido no Decreto 143/2001 parece mais razoável.

No tocante às despesas para o reenvio do produto adquirido, o Anteprojeto é expresso ao afirmar que o consumidor tem direito de ser reembolsado de todas as despesas a que a restituição tenha dado causa (art. 191, n. 2). Assim, apesar de toda discussão envolvida nesse tema, de forma expressa e inequívoca, o Anteprojeto resolveu obrigar a esses valores os fornecedores.

Caso essa medida não seja respeitada, nos termos do art. 485, n. 1, o fornecedor incorrerá em violação contratual devendo arcar com multa de até 2.500 euros, se for pessoa singular (física, no direito brasileiro), ou de 1.500 a 30.000 euros, se for pessoa coletiva (jurídica, no direito brasileiro).

Já nos manifestamos contrários à disposição que obriga o fornecedor ao pagamento desses valores. Parece-nos ainda mais injusto consoante entabulado no Anteprojeto. Além de ter enviado o produto sem qualquer custo ao consumidor (vez que é proibida cobrança antes do prazo do arrependimento – art. 189), o fornecedor também deverá suportar o custo da devolução. Trata-se, em nosso ver, de proteção demasiada em detrimento dos fornecedores.

Em conclusão: o Anteprojeto possui inovações positivas ao instituto do direito de arrependimento. Contudo, conforme as ponderações que

III. DIREITO DE ARREPENDIMENTO NOS ORDENAMENTOS

fizemos, em determinados pontos, faz-se necessária maior discussão entre os órgãos de proteção aos consumidores, toda a sociedade e a comissão revisora desse importante diploma.

3. O direito de arrependimento no direito brasileiro
3.1 O direito de arrependimento no Código de Defesa do Consumidor

Como já mencionado na introdução deste trabalho, ao contrário de Portugal e demais países da Comunidade Europeia, o direito de arrependimento no Brasil é previsto no Código de Defesa do Consumidor em apenas um dispositivo. Nunca é demais trazer à lume a letra da lei:

"Art. 49. O consumidor pode desistir do contrato, no prazo de 7 (sete) dias a contar de sua assinatura ou do ato de recebimento do produto ou serviço, sempre que a contratação de fornecimento de produtos e serviços ocorrer fora do estabelecimento comercial, especialmente por telefone ou a domicílio.

Parágrafo único. Se o consumidor exercitar o direito de arrependimento previsto neste artigo, os valores eventualmente pagos, a qualquer título, durante o prazo de reflexão, serão devolvidos, de imediato, monetariamente atualizados."

Analisemos, agora, quais são os requisitos para que o direito de arrependimento seja garantido aos consumidores, nos termos do CDC.

3.1.1 *Requisitos para o exercício do direito de arrependimento*

Consoante o art. 49 do CDC, podemos afirmar que são dois os requisitos que configuram o arrependimento no CDC: (i) existência de relação de consumo; (ii) contratação de fornecimento de produto ou serviço fora do estabelecimento comercial do fornecedor. Analisemos.

a) Existência de um consumidor

Para a análise deste tema caberia uma nova dissertação de mestrado. Contudo, não é nosso intuito aprofundarmos tanto esse assunto, mas tão somente desenvolver uma abordagem moderna e atual de como a doutrina e jurisprudência brasileira se posicionam quanto à existência ou não de relação de consumo. O Código de Defesa do Consumidor trouxe o seu próprio conceito de consumidor no art. 2º, afirmando que consumidor é *"toda pessoa física ou jurídica que adquire ou utiliza produto ou serviço como destinatário final"*.

A questão não é tormentosa quando se propõe a enquadrar a pessoa física como consumidora. Para José Geraldo Brito Filomeno[254], o consumidor pessoa física vem a ser aquele que, isolada ou coletivamente, contrate para *consumo final*, em benefício próprio ou de outrem, a aquisição ou locação de bens ou ainda a prestação de serviços. Veja-se que ao contrário do que quer fazer crer o Código, consumidor não é aquele que apenas "adquire" uma mercadoria.

Como bem ressaltado por Rizatto Nunes[255], o verbo "adquirir" tem de ser interpretado em seu sentido mais lato, de obter, seja a título oneroso ou gratuito. Assim, ainda segundo aquele jurista, não se trata apenas de adquirir, mas também de utilizar o produto ou serviço. Nestes termos, se João adquire um telefone celular e o presenteia a Carlos, por exemplo, Carlos será considerado consumidor, ainda que não tenha adquirido o bem, mas simplesmente recebido de presente.

E a definição de consumidor é ainda ampliada por dispositivos que tratam do consumidor-equiparado. São os dispositivos: art. 2º, parágrafo único; artigo 17 e 29. Vejamos.

O parágrafo único do artigo 2º afirma que é equiparado a consumidor a "coletividade de pessoas, ainda que indetermináveis, que haja intervindo nas relações de consumo"[256]. Protege-se por meio desse dispositivo a coletividade de pessoas que possam ser, de alguma maneira, afetadas pela relação de consumo. A hipótese dessa norma diz respeito apenas ao atingimento da coletividade, indeterminável ou não, mas sem sofrer danos.

O artigo 17, por sua vez, visa proteger as vítimas do fato do produto ou serviço, isto é, dos acidentes de consumo, tenham ou não essas víti-

---

[254] FILOMENO, José Geraldo Brito. *Manual de direitos do consumidor.* 8. ed. São Paulo: Atlas, 2005, p. 22.

[255] NUNES, Luiz Antonio Rizatto. *Curso...*, p. 72.

[256] José Geraldo Brito Filomeno afirma que há que se equiparar ao consumidor a coletividade que, potencialmente, esteja sujeita ou propensa à referida contratação. Caso contrário se deixaria à própria sorte, por exemplo, o público-alvo de campanhas publicitárias enganosas ou abusivas, ou então sujeitos ao consumo de produtos ou serviços perigosos ou nocivos à saúde ou segurança (Ibidem, p. 24 et seq.).

III. DIREITO DE ARREPENDIMENTO NOS ORDENAMENTOS

mas utilizado os produtos[257]: "Para os efeitos desta Seção, equiparam-se aos consumidores todas as vítimas do evento". Citamos como exemplo o caso de uma explosão de uma loja de fogos de artifícios. Nessa hipótese, o transeunte que é atingido pela explosão dos vidros da loja, ainda que não esteja adquirindo produtos no momento da explosão, mas apenas passando pela rua, deverá ser equiparado à qualidade de consumidor nesse "acidente de consumo".

A última hipótese de consumidor-equiparado é aquela trazida pelo o art. 29: "Para os fins deste Capítulo e do seguinte, equiparam-se aos consumidores todas as pessoas, determináveis ou não, expostas às práticas nele previstas"[258]. Esse dispositivo, como bem ressaltou Rizzatto Nunes[259], não trata de equiparação eventual a consumidor das pessoas que foram expostas às práticas. É mais do que isso. O que a lei diz é que, uma vez existindo qualquer prática comercial, *toda* a coletividade de pessoas já está exposta a ela, ainda que em nenhum momento se possa

---

[257] Nesse sentido, veja-se o seguinte acórdão proferido pelo Superior Tribunal de Justiça: "Direito civil. Responsabilidade civil. Furto em estacionamento. *Shopping center*. Veículo pertencente a possível locador de unidade comercial. Existência de vigilância no local. Obrigação de guarda. Indenização devida. Precedentes. Recurso provido. I – Nos termos do enunciado n. 130/STJ, "a empresa responde, perante o cliente, pela reparação de dano ou furto de veículo ocorridos em seu estacionamento". II – A jurisprudência deste Tribunal não faz distinção entre o consumidor que efetua compra e aquele que apenas vai ao local sem nada dispender. Em ambos os casos, entende-se pelo cabimento da indenização em decorrência do furto de veículo. III – A responsabilidade pela indenização não decorre de contrato de depósito, mas da obrigação de zelar pela guarda e segurança dos veículos estacionados no local, presumivelmente seguro" (Superior Tribunal de Justiça, 4ª Turma, REsp 437.649-SP, Rel. Min. Sálvio de Figueiredo Teixeira, j. 06.02.2003).

[258] O capítulo a que este diploma legal se refere é o Capítulo V, ou seja, "Das práticas comerciais". Para Claudia Lima Marques, "o art. 29 [...] é aplicável, portanto, a todas as seções do capítulo, quais sejam a seção sobre oferta (arts. 30 a 35), sobre publicidade (arts. 36 a 38), sobre práticas abusivas (arts. 39 a 41), sobre cobranças de dívidas (art. 42), sobre bancos de dados e cadastros de consumidores (arts. 43 e 44), e que se diz aplicável também ao capítulo posterior, o Capítulo VI, dedicado à Proteção Contratual. Trata-se atualmente, portanto, da mais importante norma extensiva do campo de aplicação da lei. [...] O artigo 29 supera, portanto, os estritos limites da definição jurídica de consumidor para imprimir uma definição de política legislativa. Para harmonizar os interesses presentes no mercado de consumo, para reprimir eficazmente os abusos do poder econômico, para proteger os interesses econômicos dos consumidores finais, o legislador colocou um poderoso instrumento nas mãos daquelas pessoas (mesmo agente econômico) expostas às práticas abusivas" (Marques et al., *Código...*, p. 451).

[259] Nunes, Rizzato. *Curso...*, p. 84.

DIREITO DE ARREPENDIMENTO NOS CONTRATOS DE CONSUMO

identificar um único consumidor real que pretenda insurgir-se contra tal prática.

Assim, por exemplo, se um fornecedor faz publicidade enganosa e se ninguém jamais reclama concretamente contra ela, ainda assim isso não significa que o anúncio não é enganoso, nem que não se possa – por exemplo, o Ministério Público – ir contra ele.

A discussão, claro, toma um caráter muito mais complexo quando se propõe qualificar a *pessoa jurídica* como consumidora. Isso porque o artigo 2º não faz distinção entre as pessoas jurídicas que podem se valer do Código de Defesa do Consumidor, seja ela uma microempresa, multinacional, pessoa jurídica civil ou comercial, associação, fundação, dentre outros.

De todo modo, para a qualificação de uma pessoa jurídica como consumidora, também se faz relevante avaliarmos se aquela pessoa jurídica é (ou não) *destinatária final* dos produtos e serviços que adquiriu.

Contudo, como bem ponderou Rizzatto Nunes[260], excepcionalmente, o Código também pode regular situações em que uma pessoa jurídica tenha adquirido produto ou serviço com finalidade de produção (como, por exemplo, um escritório de advocacia que adquire uma impressora e a utiliza na impressão de suas petições) desde que esse bem ou serviço, uma vez adquirido, seja oferecido regularmente no mercado de consumo, independentemente do uso e destino que o adquirente vai lhes dar.

Seguindo esse raciocínio, novamente concordamos com Rizzatto Nunes que afirma que o CDC não regula situações nas quais, apesar de se poder identificar um "destinatário final[261]" (como é o caso de uma

---

[260] NUNES, Rizzato. Idem, p. 83.

[261] Não é o caso de ser destinatário final, caso uma empresa tome um empréstimo, por exemplo, e o aplique na melhoria de suas instalações. Nesse sentido, veja-se o acórdão: *"Cobrança. Contrato bancário (LIS Limite Itaú para Saque PF – Aval). Pessoa Jurídica. Aplicação dos princípios do CDC. Impossibilidade. Recursos utilizados como meio para desenvolvimento das atividades – Não é destinatário final – Contrato não juntado – Ausência de prova eficaz da existência de previsão expressa da taxa de juros – Impossibilidade de cobrança nestes moldes – Juros remuneratórios limitados à taxa média de mercado nas operações da espécie, divulgadas pelo BACEN, salvo se a cobrada pelo banco for mais vantajosa para o cliente – Entendimento pacificado pelo E. STJ – Aplicação do art. 543-C, do CPC, incluído pela Lei nº 11.672, de 08.05.2008 – Comissão de permanência afastada, vez que não pactuada – Capitalização – Impedimento, permitida a anual – Inteligência da Súmula nº 121, do E.*

III. DIREITO DE ARREPENDIMENTO NOS ORDENAMENTOS

hidrelétrica que adquire como destinatária final uma máquina profissional de fotocópias que faz 10.000 cópias por minuto), o produto ou serviço adquirido não está colocado no mercado como bem de consumo, mas como bem de produção, ou seja, que um consumidor regular não o adquiriria em condições normais.

Por outro lado, caso um milionário adquira um Boeing 737 para o transporte de sua família, mesmo não se tratando de um bem de consumo, mas normalmente um bem de produção, como a sua utilização será para uso próprio, aplicaremos as regras da Lei 8.078/90.

Assim, bastante importante além da verificação da destinação final dada a determinado produto ou serviço adquirido por uma pessoa jurídica, devemos observar se trata de um bem ou serviço de produção ou comum.

Mas, além disso, parece-nos bastante importante verificar caso a caso, a fragilidade da pessoa-jurídica "consumidora". Isso porque o CDC possui o espírito de proteger o vulnerável, ou seja, aquela parte mais frágil frente à outra. Assim, por exemplo, caso uma grande companhia tenha adquirido veículos de luxo para transporte de seus diretores, por mais que seja destinatária final daquele produto, não nos parece que tal empresa mereça a aplicação dos preceitos do Código. Uma companhia possui departamento jurídico próprio, fato que não justificaria a aplicação das regras protetivas do CDC.

Por outro lado, caso uma pequena empresa tenha firmado contratos com outra grande empresa e esta última venha a inadimplir o contrato, considerando-se a fragilidade de uma empresa em relação à outra, bem como a destinação final dos produtos ou serviços que adquiriu, há de ser aplicado o Código de Defesa do Consumidor[262]-[263].

STF – Necessidade de liquidação de sentença para diagnóstico e adequação – Procedência parcial da ação mantida – Sucumbência recíproca – Recurso parcialmente provido, por outros fundamentos" (Tribunal de Justiça de São Paulo, Recurso de Apelação nº 0001235-40.2011.8.26.0576, Rel. Sebastião Junqueira, 19ª Câmara de Direito Privado, j. 18 de outubro de 2011).

[262] Nessa senda, veja-se interessante acórdão proferido pelo Tribunal de Justiça de São Paulo: "*Prestação de serviços. Contratos de serviços de publicidade executada por diversos veículos, em listas telefônicas, Internet e malas-diretas. Caracterização de relação de consumo entre pequena clínica médica, de profissionais liberais, e empresa que detém monopólio no ramo das listas telefônicas. Vulnerabilidade fática ou econômica, a justificar a adoção da teoria finalista aprofundada – Responsabilidade objetiva por vício do serviço – art. 20 do CDC – Pequeno erro em um*

dos anúncios que não chega a caracterizar inadimplemento, ensejando simples abatimento no preço do serviço – Atraso injustificado na divulgação do anúncio na Internet, a implicar inadimplemento – Vício no serviço que justifica a resolução do contrato, acompanhada da restituição do preço pago, acrescida de multa compensatória – Inexistência de nexo causal entre o vício nos serviços e os danos descritos na inicial, resultantes da forma de administração da clínica médica – Ação parcialmente procedente – Reconvenção parcialmente procedente, para deduzir do valor total em cobrança as parcelas inexigíveis pelo inadimplemento e o valor cobrado pelo contrato resolvido – Compensação do crédito da ré com os valores devidos às autoras. Recurso parcialmente provido (Tribunal de Justiça de São Paulo, 30ª Câmara de Direito Privado, Rel. Edgar Rosa, j. 28 de Abril de 2010)".

O Superior Tribunal de Justiça ademais, também já enfrentou questões desta natureza *"Direito do consumidor. Recurso especial. Conceito de consumidor. Critério subjetivo ou finalista. Mitigação. Pessoa jurídica. Excepcionalidade. Vulnerabilidade. Constatação na hipótese dos autos. Prática abusiva. Oferta inadequada.* Característica, quantidade e composição do produto. Equiparação (art. 29). Decadência. Inexistência. Relação jurídica sob a premissa de tratos sucessivos. Renovação do compromisso. Vício oculto. – A relação jurídica qualificada por ser "de consumo" não se caracteriza pela presença de pessoa física ou jurídica em seus pólos, mas pela presença de uma parte vulnerável de um lado (consumidor), e de um fornecedor, de outro. – Mesmo nas relações entre pessoas jurídicas, se da análise da hipótese concreta decorrer inegável vulnerabilidade entre a pessoa-jurídica consumidora e a fornecedora, deve-se aplicar o CDC na busca do equilíbrio entre as partes. Ao consagrar o critério finalista para interpretação do conceito de consumidor, a jurisprudência deste STJ também reconhece a necessidade de, em situações específicas, abrandar o rigor do critério subjetivo do conceito de consumidor, para admitir a aplicabilidade do CDC nas relações entre fornecedores e consumidores-empresários em que fique evidenciada a relação de consumo. – São equiparáveis a consumidor todas as pessoas, determináveis ou não, expostas às práticas comerciais abusivas. Recurso especial não conhecido" (Superior Tribunal de Justiça, 3ª Turma, REsp. 476.428/SC, rel. Min. Nancy Andrighi, j. 19/04/2005).

Neste mesmo acórdão, vale transcrever trecho da decisão da Ministra Nancy Andrighi: "Isso ocorre, todavia, porque a relação jurídica qualificada por ser "de consumo" não se caracteriza pela presença de pessoa física ou jurídica em seus pólos, mas pela presença de uma parte vulnerável de um lado (consumidor), e de um fornecedor, de outro. Porque é essência do Código o reconhecimento da vulnerabilidade do consumidor no mercado, princípio-motor da política nacional das relações de consumo (art. 4º, I). [...] Por isso mesmo, ao consagrar o critério finalista para interpretação do conceito de consumidor, a jurisprudência deste STJ também reconhece a necessidade de, em situações específicas, abrandar o rigor do critério subjetivo do conceito de consumidor, para admitir a aplicabilidade do CDC nas relações entre fornecedores e consumidores-empresários em que fique evidenciada a relação de consumo, isto é, a relação formada entre fornecedor e consumidor vulnerável, presumidamente ou não. De fato, os critérios jurisprudenciais têm avançado no sentido de se reconhecer a necessidade de mitigar o rigor excessivo do critério subjetivo do conceito de consumidor, para permitir, por exceção, a equiparação e a aplicabilidade do CDC nas relações entre fornecedores e consumidores-empresários. Superada a questão da "destinação final" do produto, agora a jurisprudência é incitada à

III. DIREITO DE ARREPENDIMENTO NOS ORDENAMENTOS

Segundo Claudia Lima Marques[264], a vulnerabilidade[265] é uma situação permanente ou provisória, individual ou coletiva, que fragiliza, enfraquece o sujeito de direitos, desequilibrando a relação de consumo. É uma característica, um estado do sujeito mais fraco, um sinal de necessidade de proteção. Já para José Geraldo Brito Filomeno[266], há que se entender a vulnerabilidade dos consumidores quer no que diz respeito ao aspecto econômico e de poder aquisitivo, quer no que diz respeito às chamadas informações disponibilizadas pelo próprio fornecedor, inclusive de natureza técnica.

formação das diretrizes para o reconhecimento da vulnerabilidade ou da hipossuficiência (aspecto processual) no caso concreto".

[263] Recente decisão proferia pelo STJ reitera a questão de abrandar o conceito de consumidor apenas nos casos em que esse for destinatário final. Nessa senda: "[...] Todavia, a jurisprudência do STJ, tomando por base o conceito de consumidor por equiparação previsto no art. 29 do CDC, tem evoluído para uma aplicação temperada da teoria finalista frente às pessoas jurídicas, num processo que a doutrina vem denominando 'finalismo aprofundado'. Assim, tem se admitido que, em determinadas hipóteses, a pessoa jurídica adquirente de um produto ou serviço possa ser equiparada à condição de consumidora, por apresentar frente ao fornecedor alguma vulnerabilidade, que constitui o princípio-motor da política nacional das relações de consumo, premissa expressamente fixada no art. 4º, I, do CDC, que legitima toda a proteção conferida ao consumidor" (Superior Tribunal de Justiça, REsp 1.195.642-RJ, Rel. Min. Nancy Andrighi, j. 13.11.2012).

[264] MARQUES et al., *Manual...*, p. 71.

[265] Analisando a importância da proteção do consumidor em decorrência da sua vulnerabilidade, Cláudio Belmonte asseverou: "Bem, a proteção dos consumidores ou usuários (notadamente aqueles que consomem ou usam produtos finais) é justificada sobretudo pela evidente inferioridade negocial nos contratos firmados com fornecedores ou prestadores de serviços, em decorrência de uma sociedade de consumo contemporânea que, por sua vez, respalda as contratações em massa, o uso de contratos estandardizados, o surgimento de inovadoras técnicas de marketing e os métodos agressivos de venda. Esse contexto ensejador de uma desigualdade material contratual entre fornecedores e consumidores – uma vez que as melhores organização e informação dos produtos e fornecedores, a publicidade, a capacidade de racionalização operacional, dentre outros fatores, tornam aqueles contratantes bastante mais capazes de obter vantagens contratuais do que estes – justifica a tutela dos direitos contratuais dos consumidores, como o direito à segurança (a questão dos produtos defeituosos ou perigosos), à informação, à escolha, a ser ouvido, a proteção contra as chamadas práticas desleais de comércio (as questões da publicidade enganosa e dos preços muito elevados, por exemplo) (BELMONTE, Cláudio. *Proteção contratual do consumidor*: conservação e redução do negócio jurídico no Brasil e em Portugal. São Paulo: Revista dos Tribunais, 2002, p. 78-79)

[266] FILOMENO, José Geraldo Brito. Op. cit., p. 11.

Concluindo, para a classificação de determinada pessoa jurídica como consumidora, relevante observarmos:

(i) Se a empresa é **destinatária final**, ou seja, se adquiriu o produto ou serviço sem finalidade de produção de outros produtos ou serviços.

    a. Em caso positivo, poderá haver a aplicação do Código de Defesa do Consumidor. Para tanto, necessário verificar se a empresa é considerada vulnerável, para os fins do CDC.

    b. Em caso negativo, mesmo não sendo destinatária final, caso o produto ou serviço adquirido seja um bem comum (e não um bem de produção), bem como sendo a empresa vulnerável, poderá ser tratada como consumidora.

Pois bem. Após tratarmos o conceito de consumidor para o Código de Defesa do Consumidor, voltemos ao escopo do presente trabalho.

Para o exercício do direito de arrependimento, relevante verificar que tanto os consumidores pessoas físicas quanto as pessoas jurídicas consumidoras, caso consumidoras sejam, poderão exercer o direito de arrependimento, desde que a contratação de produto ou serviços seja realizada *fora* do estabelecimento comercial do fornecedor, tal como veremos no item a seguir.

Contudo, ainda sim podem surgir algumas dúvidas. A primeira dá-se no caso trazido pouco atrás, quando um amigo presenteia o outro. Valendo-nos do exemplo de Carlos e João, caso Carlos tenha recebido o presente que foi adquirido por João na internet, poderia Carlos exercer o direito de arrependimento?

Parece bastante óbvio que a resposta deve ser negativa. Por mais que a doutrina entenda que consumidor deve ser não apenas aquele que adquiriu de forma onerosa um determinado bem, mas também aquele que o adquiriu também de forma gratuita, o titular do exercício deste direito seria apenas o comprador de determinado produto ou serviço e não terceiros, por mais que também possam vir a ser considerados consumidores.

Caso contrário, teríamos uma situação bastante injusta para o fornecedor de produtos. Isso porque o direito de arrependimento, diga-se outra vez, é um instrumento de *proteção contratual* ao consumidor[267]. Ora:

---

[267] O direito de arrependimento é, a nosso ver, a maior proteção contratual de que dispõem os consumidores nos contratos ao domicílio e à distância. Segundo Ezio Gurerinoni, "il

III. DIREITO DE ARREPENDIMENTO NOS ORDENAMENTOS

Carlos queria adquirir aquele aparelho e assim o fez. Não se arrependeu da sua compra. Recebeu o produto, não foi surpreendido por nenhuma propaganda falsa ou por fotos embelezadas do produto e o presenteou a João. Por que o fornecedor poderia, neste caso, ser punido pelo arrependimento pela pessoa que foi presenteada?

Reitere-se, ainda, que caso João não se interesse pelo produto, poderá trocá-lo por outro, prática bastante comum nas lojas brasileiras, mas não se valer do direito de arrependimento. Não faz o menor sentido.

Por fim, veja-se que a própria leitura do artigo 49 parece resolver este conflito: "O consumidor pode desistir do contrato, no prazo de 7 dias a **contar de sua assinatura ou do ato de recebimento** do produto ou serviço [...]".

No caso do exemplo trazido acima, o contratante é Carlos e quem recebeu o produto foi João. O adquirente, ou seja, aquele que manifestou a vontade para concretizar o contrato de compra e venda foi Carlos e não João.

Encerrada a discussão sobre o destinatário final de produtos ou serviços no CDC, passemos a analisar em qual situação o consumidor pode exercer o direito de arrependimento.

b) *Contratação de produto ou serviço fora do estabelecimento comercial do fornecedor*

O segundo requisito que o Código de Defesa do Consumidor determina para o exercício do arrependimento é que a contratação feita pelo consumidor tenha sido realizada *"fora do estabelecimento comercial, especialmente por telefone ou a domicílio"*.

O art. 49 do CDC foi consagrado ainda em 1990, ano em que o legislador não podia imaginar o que seria internet e quais as consequências que traria ao comércio brasileiro. Assim sendo, faz-se necessário analisarmos de forma cautelosa o que pretendeu o legislador ao estatuir a expressão *"fora do estabelecimento do fornecedor"*. Apenas a título exemplificativo, a norma aduz que o telefone[268] é considerado uma dessas formas de contratação.

---

ricesso è un rimedio facilmente azionable e particolarmente efficace: esso, infatti, come si è già avuto occasione di osservare, diversamente da altri strumenti di tutela predisposti per il contraente debole (obblighi di informazione, trasnparenza, controllo di vessatorietà) è immediatamente azionable dal medesimo in via di autotutela (Guerinoni. Op. cit., p. 456).

[268] A contratação via telefone é suscetível do direito de arrependimento, segundo Tribunal de Justiça de São Paulo: *"Consumidor. Contrato de compra e venda de motocicleta. Negócio*

DIREITO DE ARREPENDIMENTO NOS CONTRATOS DE CONSUMO

Aplicando-se uma interpretação extensiva[269], podemos afirmar que as contratações realizadas fora do estabelecimento do comerciante podem ser aquelas celebradas tanto por telefone, ao domicílio ou local de trabalho do consumidor, fax, mensagem de telefone celular, dentre outras.

Outrossim, o art. 49 do CDC também deve ser ampliado às transações envolvendo o comércio eletrônico via internet. Neste sentido a doutrina é quase unânime[270].

A doutrina apenas não pode ser considerada unânime porque existe uma corrente minoritária que defende que a disposição do art. 49 do CDC não deve ser aplicada quando o consumidor visita estabelecimento virtual do comerciante. A justificativa dessa doutrina é que, neste caso,

oferecido mediante contato telefônico da vendedora na residência do adquirente. Direito de Arrependimento – Possibilidade – Inteligência do art. 49 do Código de Defesa do Consumidor – Prazo de sete dias contados da assinatura do contrato ou da entrega do produto ou serviço. Recurso improvido" (Tribunal de Justiça de São Paulo, 34ª Câmara de Direito Privado, Agravo de Instrumento nº 1.208.362-0/8, Des. Rel. Antonio Benedito do Nascimento. j. 09.03.09).

[269] A interpretação extensiva é definida por Tercio Sampaio Ferraz Júnior como modo de interpretação que amplia o sentido da norma para além do contido na sua letra. Essa interpretação extensiva busca o que o legislador efetivamente visou com a elaboração da lei (FERRAZ JÚNIOR, Tercio Sampaio. *Introdução ao estudo do direito*. 2. ed. São Paulo: Atlas, 1996, p. 296).

Vale ainda a excelente lição do Prof. José Oliveira Ascensão que afirma que princípio absoluto é o da preferência do espírito sobre a letra. Este nobre jurista ainda ressalta que, no direito, tal como em outras ciências, vale a afirmação de que a letra mata, o espírito vivifica (ASCENSÃO, José de Oliveira. *O direito. Introdução e teoria geral*. 7. ed. Coimbra: Almedina, 1993, p. 400).

[270] Nesse sentido, veja-se: MARQUES. *Contratos*, p. 703 et seq.; OLIVEIRA. *A protecção...*, p. 97; FINKELSTEIN, *Aspectos...*, p. 271; SAAD et al., *Código...*, p. 597 et seq.

O Deputado Severino Cavalcante também é adepto desta corrente. Para tanto, encaminhou ao Congresso Nacional o Projeto de Lei 1451/2003, no qual pretende alterar a redação do art. 49 para os seguintes termos: "Art. 49. O consumidor pode desistir do contrato, no prazo de 7 (sete) dias a contar de sua assinatura ou do ato de recebimento do produto ou serviço, sempre que a contratação de fornecimento de produtos e serviços ocorrer fora do estabelecimento comercial, especialmente por telefone, a domicílio ou **pela via do comércio eletrônico**" (grifos nossos).

É uma proposta válida. Entretanto, conforme será discutido adiante, o direito de arrependimento merece uma reforma muito mais abrangente do que simplesmente incluir, de forma expressa, o comércio eletrônico no art. 49 do Código do Consumidor. Ademais, as transações envolvendo o comércio eletrônico merecem ser reguladas em legislação própria, prevendo para estes casos, hipóteses especiais de arrependimento.

III. DIREITO DE ARREPENDIMENTO NOS ORDENAMENTOS

não estaria configurada a contratação à distância, uma vez que a iniciativa para aquisição do produto foi realizada pelo próprio consumidor. O principal adepto desta corrente é Fábio Ulhôa Coelho[271].

Apesar deste posicionamento, a vasta maioria da doutrina brasileira discorda do pensamento de Fábio Ulhôa Correa. Não é apenas o "elemento surpresa" que dá ensejo para o exercício do direito de arrependimento. Ainda que o consumidor acesse por sua própria vontade o sítio eletrônico do comerciante, ele não tem a possibilidade de tocar a coisa, tal como se estivesse numa loja. Não pode ter a real sensação do peso, tamanho, qualidade, dentre outros elementos do produto a ser adquirido. As fotos embelezadas dos produtos, na internet podem dar uma falsa impressão ao consumidor.

Segundo Newton de Lucca[272], inexiste diferença ontológica entre o ato de comprar um produto pela televisão ou mediante um folder recebido em casa ou pelo monitor do computador. Em qualquer desses casos, não houve o acesso físico ao produto.

A mesma opinião também é compartilhada por Maria Eugênia Finkelstein[273] que afirma que o direito de arrependimento deve ser garantido nas compras celebradas nos estabelecimentos virtuais dos comerciantes, porque o consumidor encontra-se fragilizado, uma vez

[271] Segundo Fábio Ulhôa Coelho: "A compra de produtos ou serviços através da internet realiza-se "dentro" do estabelecimento (virtual) do fornecedor. Por isso, o consumidor internáutico não tem direito de arrependimento, a menos que o empresário tenha utilizado em seu website alguma técnica agressiva de *marketing*, isto é, tenha-se valido de expediente que inibe a reflexão do consumidor sobre a necessidade e conveniência da compra [...] O consumidor está em casa, no trabalho, mas acessa o estabelecimento virtual do empresário; encontra-se por isso na mesma situação de quem se dirige ao estabelecimento físico" (COELHO, Fábio Ulhôa. *Curso de direito comercial*. 3. ed. São Paulo: Saraiva, 2002. v. 3, p. 49).

[272] DE LUCCA, Newton. Comércio eletrônico na perspectiva de atualização do CDC. *Revista Luso-Brasileira de Direito do Consumo*, nº 7, Setembro 2012. Curitiba: Bonijuris, p. 124.

[273] "Nas relações efetivadas fora do estabelecimento, como necessariamente é o caso dos estabelecimentos virtuais, o consumidor encontra-se fragilizado, uma vez que não teve o necessário tempo para refletir sobre a aquisição do produto ou serviço, não tendo tido contato físico com o produto ou informações personalizadas sobre o serviço. Assim, a tendência natural é que o consumidor celebre contratos que normalmente não celebraria, caso tivesse tido tempo de refletir e não fosse tão fácil o processamento da aquisição. Esta é uma situação comumente designada de compra por impulso, aquela em que o consumidor só se dará conta do que fez quando receber o produto ou serviço e tiver que pagar por isso. Assim, o contrato eletrônico caracteriza um contrato à distância, porque realizado fora do estabelecimento do fornecedor" (FINKELSTEIN. *Aspectos...*, p. 268).

que não teve o necessário tempo para refletir sobre a aquisição do produto ou serviço.

Compartilhamos as palavras de Maria Eugênia. Até podemos concordar que, quando o consumidor acessa a página de um fornecedor, não está configurado *marketing* agressivo. Por sua vez, o consumidor não tem a oportunidade de ter a noção exata da qualidade dos produtos anunciados. Normalmente, os sítios eletrônicos deste tipo de comerciante possuem cores vivas, fotos deslumbrantes dos produtos, imagens de pessoas felizes. Ainda que assim não fosse, por mais que o fornecedor dispusesse apenas fotos comuns e uma gama de informações suficientes, o consumidor não teria oportunidade de conhecer a coisa como se estivesse na loja física. Na aquisição de um televisor, por exemplo, não pode ligá-lo e testar a qualidade de sua imagem e som. Esses fatores fatalmente deixam os consumidores vulneráveis à contratação de produtos e serviços.

Ainda assim, admitimos a teoria de Fábio Ulhôa Coelho numa única hipótese: na contratação à distância de serviços de transportes aéreos.

Como se sabe, nos dias de hoje, a grande maioria das passagens aéreas é adquirida por meio da internet, ou seja, o consumidor visita o sítio eletrônico da companhia aérea e compra o bilhete eletrônico. Com menor frequência as pessoas compram seus bilhetes nos estabelecimentos físicos das companhias aéreas. Isso porque não há grandes surpresas quanto ao serviço prestado. É sempre a contratação de um serviço de transporte aéreo para um destino certo, em horário pré-agendado.

No entanto, não podemos deixar de considerar que nos termos da lei brasileira, esse tipo de contratação também é considerada como "fora do estabelecimento do comerciante". Ainda assim, pergunta-se: é possível admitir o direito de arrependimento neste tipo de contratação?

Imaginemos o seguinte caso. No dia 21 de janeiro de 2009, o consumidor 'A' adquire da companhia aérea 'B' um bilhete eletrônico partindo de São Paulo no dia 25 de janeiro de 2009, com destino ao Rio de Janeiro. No dia previsto para o voo, horas antes do *check-in*, ainda no prazo compreendido para o exercício do direito de arrependimento, o consumidor resolve exercer o direito de arrependimento. Destacamos que o consumidor não está agindo de má-fé com o intuito de, por exemplo, lesar a companhia. Apenas acabou desistindo da viagem em virtude de outros compromissos surgidos, após a compra da passagem aérea. Pergunta-se: é legítimo o exercício do direito de arrependimento no caso apontado acima?

III. DIREITO DE ARREPENDIMENTO NOS ORDENAMENTOS

Pedro Paulo Muanis e Márcio Costa Pereira[274], analisando essa questão, colocaram-se contra a possibilidade do direito de arrependimento. Na ótica desses autores, o legislador não procurou abarcar essa hipótese como forma de desistência do contrato, sobretudo porque não há qualquer efeito surpresa e foi do próprio consumidor a iniciativa da procura do sítio eletrônico.

Encarando essa questão, a jurisprudência brasileira não se mostra uníssona, tendo proferido decisões completamente antagônicas. O Tribunal de Justiça do Rio Grande do Sul, por exemplo, proferiu decisão acolhendo a possibilidade do exercício do direito de arrependimento na

---

[274] Veja-se a opinião *in verbis* destes autores: "Na nossa opinião, esse dispositivo legal não pode ser aplicado, tendo em vista que, na compra de passagens aéreas pela internet, o consumidor exerce, sem qualquer interferência, sua vontade de contratar. O artigo 49 do Código tem como objetivo proteger o consumidor quando ele está fora do estabelecimento comercial e recebe uma proposta inesperada, não tendo, assim, tempo hábil para efetivar o negócio como se estivesse na loja, analisando pormenorizadamente as condições de compra e do produto. [...] O objetivo do legislador foi justamente o de proteger o consumidor dessas práticas comerciais mais agressivas e que vêm se tornando praxe no mercado. Entretanto, é preciso deixar bem claro que a hipótese de venda de passagens aéreas pela internet apresenta um cenário diametralmente oposto do visto acima. [...] O famigerado efeito surpresa, que levou o legislador a criar o artigo 49 do CDC, não ocorre nas compras de passagens aéreas feitas pela internet, uma vez que é o consumidor que, por sua livre e espontânea vontade, dirige-se ao site para celebrar o negócio.

Sem dúvida alguma, o objetivo nítido do legislador foi impedir o prejuízo do consumidor que não tem muito tempo para pensar e torna-se uma presa fácil quando é abordado pelo fornecedor fora do estabelecimento comercial, em sua própria casa ou local de trabalho, por visitas ou telefonemas. Tal técnica de marketing evidencia a atitude ativa do fornecedor de produtos ou serviços, na medida em que o consumidor, algumas vezes, pela quantidade de informações repassada, não se encontra seguro o suficiente para concretizar o negócio proposto.

Isso, contudo, não acontece com a venda de passagens aéreas. O consumidor, com o tempo que necessita, após formar seu convencimento, vai ao encontro do fornecedor de serviços de transporte aéreo, sendo a única diferença do negócio a facilidade de sua concretização decorrente da utilização do comércio eletrônico. [...] Como se vê, por qualquer ângulo que se analise a questão, resta inequívoca a não aplicabilidade do artigo 49 do CDC para a hipótese de venda de passagens aéreas" (MUANIS, Paulo; PEREIRA, Márcio Costa. Consumidor não pode devolver bilhete comprado na internet. Disponível em: <http://www.conjur.com.br/2005-jun-05/consumidor_nao_devolver_bilhete_comprado_internet>. Acesso em: 10 jan. 2009. O artigo destes autores gerou a discordância de diversos advogados que postaram opiniões contrárias no site do Conjur.

DIREITO DE ARREPENDIMENTO NOS CONTRATOS DE CONSUMO

aquisição de bilhetes aéreos[275]. Esse entendimento também foi acolhido pelo Colégio Recursal do Distrito Federal[276].

Em sentido contrário, contudo, o Tribunal de Justiça do Rio de Janeiro[277], por sua vez, decidiu contrariamente, afirmando que "A situação do

---

[275] *"Transporte aéreo. Vôo chartes. Desistência. Prazo de reflexão.* Adquiridas as passagens de vôo charter por telefone, assiste ao consumidor o direito de arrependimento no prazo de reflexão de que trata o art. 49 do CDC, com repetição integral do preço, na forma do parágrafo único do mesmo dispositivo. Recurso desprovido. Unânime" (Tribunal de Justiça do Rio Grande do Sul, 1ª Turma Recursal Cível, Recurso Inominado nº 71000597799, Des. Rel. João Pedro Cavalli Júnior, j. 18.11.2004).

[276] *"Direito do consumidor. Compra de passagem aérea por internet. Desistência. Faculdade do consumidor. Multa não aplicável.* 1 – A faculdade de desistir das compras fora do estabelecimento do fornecedor, prevista no art. 49 do CDC, aplica-se aos contratos de transporte aéreo de passageiro concluídos por intermédio da internet. Ademais, o exercício do direito de arrependimento, por constituir faculdade do consumidor não o sujeita a aplicação de multa. Precedentes na 1ª. Turma (Acórdão n.398269, 20080111250468ACJ, Relator: Wilde Maria Silva Justiniano Ribeiro, 1ª Turma Recursal dos Juizados Especiais do Distrito Federal, Publicado no DJE: 12/01/2010. Pág.: 151) 2 – Recurso conhecido, mas não provido. Custas processuais honorários advocatícios, no valor equivalente a 15% da condenação, pelo recorrente" (2ª Turma Recursal dos Juizados Especiais do Distrito Federal. Apelação Cível do Juizado Especial, Acórdão nº 652.744, Rel. Aiston Henrique de Souza, j. 5 de Fevereiro de 2013).

[277] *"Ação civil pública. Danos morais e materiais. Venda de passagem aéreas fora do estabelecimento comercial, em especial pela internet e por telefone. Desistência voluntária manifestada pelo consumidor.* Alegada contrariedade ao disposto no art. 49 da Lei 8.078/90, que conferiria ao consumidor o prazo de sete dias para desistir do serviço contratado. Direito de arrependimento. Afastamento. Ausência de vulnerabilidade do consumidor. A situação do comprador de passagem aérea no estabelecimento comercial da transportadora é idêntica à do comprador do mesmo produto pela internet, pelo menos no que se refere ao conhecimento do que está sendo adquirido. Desta forma, se um ou outro consumidor desiste da viagem, por conveniência pessoal, não há porque conferir-se a apenas àquele que comprou o bilhete pela internet – e o que fez até com mais comodidade e conforto – o direito ao reembolso integral. Retenção lícita por parte da companhia aérea de 10% (dez por cento) do valor da passagem. Sentença de improcedência. Desprovimento do recurso de apelação e não conhecimento do agravo retido" (Tribunal de Justiça do Rio de Janeiro, 7ª Câmara Cível do Tribunal de Justiça do Rio de Janeiro, Apelação Cível nº 33.979/08, Rel. Des. Maria Henriqueta Lobo, j. 04.02.2002).
A sentença que deu ensejo à propositura do Recurso de Apelação já bem dispunha: "Tal retenção afigura-se lícita diante das peculiaridades do sistema de transporte aéreo e do turismo de um modo geral, que se sujeitam a grande sazonalidade, mostrando-se até mesmo necessária, pois o exercício do arrependimento sem nenhuma penalidade, ainda que no prazo legal, pode prejudicar o sistema concorrencial, o planejamento dos orçamentos e promoções dos réus e até mesmo os outros consumidores, que tentam adquirir, principalmente as passagens de período de alta estação ou promocionais, e não o conseguem fazer em vir-

III. DIREITO DE ARREPENDIMENTO NOS ORDENAMENTOS

comprador de passagem aérea no estabelecimento comercial da transportadora é idêntica à do comprador do mesmo produto pela internet, pelo menos no que se refere ao conhecimento do que está sendo adquirido. Dessa forma, se um ou outro consumidor desiste da viagem, por conveniência pessoal, não há porque conferir-se a apenas àquele que comprou o bilhete pela internet – e o que fez até com mais comodidade e conforto – o direito ao reembolso integral".

Estamos, portanto, diante de um dissídio jurisprudencial. Apesar do conflito, temos que concordar com a posição adotada pelo Tribunal de Justiça do Rio de Janeiro, ou seja, contrariar a possibilidade de direito de arrependimento nas compras de passagens aéreas por telefone ou internet.

tude do bloqueio anterior efetuado por consumidores que compram apenas para assegurar as melhores tarifas e depois desistem da viagem, sabendo que serão reembolsados integralmente".

A mesma opinião foi mantida pela Procuradoria de Justiça do Rio de Janeiro: "[...] o serviço vendido pela internet – transporte aéreo de pessoas – não necessita, como é evidente, ser pessoalmente examinado ou experimentado pelo comprador. Assim sendo, parece-nos que, a menos que o bilhete recebido pelo consumidor, correspondente ao serviço que lhe será prestado, contenha especificações diversas das contratadas, tais como data de viagem, horário, classe, etc... não há como se estender a esse consumidor o direito de desistência com o reembolso total da quantia paga. A situação do comprador de passagem aérea no estabelecimento comercial da transportadora é idêntica à do comprador do mesmo produto pela internet, pelo menos no que se refere ao conhecimento do que está sendo adquirido."

No voto proferido em 2ª Instância pela Des. Rel. Maria Henriqueta Lobo: "De fato, não há que se aplicar a toda e qualquer compra e venda realizada fora do estabelecimento comercial o prazo de reflexão ou de arrependimento previsto no art. 49 do Código de Defesa do Consumidor. A intenção do legislador, ao criar tal dispositivo, foi proteger o consumidor contra técnicas agressivas de *marketing* publicitário, aquisição irrefletida, ou ainda, desconhecimento quanto ao produto ou serviço a ser adquirido. Na hipótese de venda de passagem aérea por meio de telefone ou internet, entretanto, o consumidor tem acesso a todas as informações relativas ao serviço a ser contratado, como valor de passagem, horário de vôo, data, serviço de bordo, conexão, etc. da mesma forma que teria se o mesmo se dirigisse pessoalmente ao estabelecimento comercial. Assim, não há que se falar em situação de vulnerabilidade do consumidor ou desequilíbrio na relação de consumo, a justificar a incidência do art. 49 da Lei 8.078/90, já que nada difere a aquisição da passagem aérea no próprio estabelecimento comercial da aquisição fora dele. [...] Por outro lado, há que ser levado em consideração que o reembolso integral ao consumidor acarretaria um desequilíbrio financeiro das companhias aéreas, aos quais suportariam todos os prejuízos decorrentes da desistência do consumidor, inviabilizando a reocupação dos assentos ociosos, em tempo hábil, por outros passageiros".

DIREITO DE ARREPENDIMENTO NOS CONTRATOS DE CONSUMO

Não nos parece crível facultar aos consumidores a desistência neste tipo de contratação sem o pagamento de qualquer indenização à companhia aérea. A desistência do contrato poucos dias antes do voo, certamente, trará prejuízos à companhia aérea. Prejuízos esses que não podem ser considerados inerentes ao risco do seu negócio.

Ressaltamos que as empresas aéreas brasileiras dispõem da possibilidade de remarcações ou cancelamentos dos voos. Em caso de cancelamento, a empresa Gol Transportes Aéreos, por exemplo, cobra uma taxa de 20% (vinte por cento) sobre o valor do bilhete. Dependendo do tipo de passagem adquirida (promocional ou não) é facultado ao consumidor a possibilidade de remarcações sem qualquer tarifa, podendo ainda o valor ser convertido em crédito para ser utilizado em outra oportunidade[278].

Assim, as empresas conferem a possibilidade de *resilição* contratual, mediante o pagamento de uma multa. Nada mais razoável. Em suma, deve ser oferecido ao consumidor o direito de resilir a compra realizada, mas não arrepender-se, de forma gratuita.

Ademais, conforme será verificado à frente, esse nosso posicionamento foi proposto em emenda apresentada ao PLS 281/2012.

Ressalte-se, também que caso a empresa tenha se utilizado de práticas agressivas de *marketing*, como já tivemos a oportunidade de presenciar, onde empresas enviam emails com promoções relâmpagos, ou seja, o consumidor tem apenas alguns minutos para adquirir uma passagem aérea com valores que parecem incríveis, mas na verdade não o são, o direito de *resolução* contratual deve ser garantido, por quebra do princípio da boa-fé objetiva. Veja-se, não estamos diante de um direito de arrependimento, mas, sim, resolução por descumprimento contratual de uma das partes.

Acentuamos, ainda, que a norma não deve se prender a conceitos fechados. É necessário verificar o verdadeiro espírito da lei. Em outros casos, também podemos entender como local fora do estabelecimento do fornecedor uma feira ou evento onde podem ser celebrados contratos ao consumidor[279]. Foi exatamente o que fez o Tribunal de Justiça do

---

[278] Disponível em: <http://www.voegol.com.br/InformacoesUteis/RemarcacaoCancelamento/Paginas/CreditosReembolsos.asp>. Acesso em: 20 abr. 2009.

[279] Nessa senda, veja-se julgado proferido pelo Tribunal de Justiça de São Paulo, que entendeu que uma feira automotiva não pode ser considerada o próprio estabelecimento do fornecedor e conferiu a possibilidade do consumidor arrepender-se da avença firmada: "A

III. DIREITO DE ARREPENDIMENTO NOS ORDENAMENTOS

Estado de São Paulo, entendendo também possível o exercício do direito de arrependimento ainda que a venda tenha sido celebrada num espaço que poderia ser considerado como "dentro" do estabelecimento comercial do fornecedor[280]. Nesse julgado, uma consumidora foi abordada na praia com suas sobrinhas, quando o representante do fornecedor de serviços ofereceu-lhe um jogo, do qual a consumidora acertou

apelante alega que o apelado não faz jus à aplicação do CDC 49, pois o contrato de compra e venda não foi celebrado fora de seu estabelecimento, porém, quando da apresentação da contestação, apelado informou que, na verdade, o local da celebração do negócio foi no '*Mendes Convencion Centrer* – Tribuna Motor Show', realizado na Baixada Santista, conforme documento juntado às fls. 36, onde há a indicação de que a autora era uma das expositoras de veículos." (Tribunal de Justiça de São Paulo, Apelação nº 0011369-71.2011.8.26.0562, Rel. Rosa Maria de Andrade Nery, j. 24 de Setembro de 2012).

[280] "*Cerceamento de defesa. Julgamento antecipado da lide*. A necessidade da produção de prova há de ficar evidenciada para que o julgamento antecipado da lide implique cerceamento de defesa – Cerceamento inocorrente – Preliminar afastada. Sentença – Julgamento "extra petita" – Inocorrência – Alegação de que os fundamentos da sentença não foram trazidos pela autora – Desnecessidade – O juiz não é obrigado a decidir em conformidade com os fundamentos indicados pelos litigantes – Preliminar afastada. Negócio Jurídico – Contrato – Direito de arrependimento – Incidência do Código de Defesa do Consumidor – Hipótese em que o contrato foi firmado dentro do estabelecimento comercial – Art. 49 do CDC que não deve ser interpretado restritivamente. – Método agressivo de "marketing" que permite o direito de arrependimento – Caso em que a consumidora foi premiada após participação de jogo, ganhando direito a conhecer hotel, onde foi convencida a contratar, em duna emocional – Vontade maculada pelo entusiasmo temporário, causado pelo estímulo repentino e de ansiedade de contratação, derivado do método de apresentação do produto ou serviço – Direito de arrependimento que deve ser garantido em homenagem à boa-fé contratual, evitando-se que a venda emocional possa legitimar contratações maculadas pela ausência de transparência e respeito aos interesses do contratante mais fraco – Recurso não provido" (Tribunal de Justiça de São Paulo, Apelação Cível nº 1.224.228-5, 14ª Câmara de Direito Privado, Des. Rel. Melo Colombi, j. 09 de Maio de 2007).

Também foi considerada venda fora do estabelecimento do comerciante quando realizada em feira dentro de uma festa popular: "*Consumidor. Contrato de consumo. Direito de arrependimento. Periodo de reflexão*. 1) Caracteriza-se como contratação fora do estabelecimento comercial a celebração de contrato de uso de imóvel em Punta Del Leste durante festa popular em município do interior do estado (festa do pêssego). 2) A demonstração do arrependimento, dentro do período de reflexão, pode ser efetivada por qualquer meio de prova, inclusive com os documentos comprobatórios da realização de ligações telefônicas pelo consumidor a empresa fornecedora no dia seguinte a contratação. 3) Desfazimento do contrato, liberando o consumidor das obrigações assumidas. 4) Aplicação do artigo 49 do CDC. Sentença mantida. Apelação improvida" (Tribunal de Justiça do Rio Grande do Sul, Apelação Cível Nº 599008299, Primeira Câmara de Férias Cível, Relator: Paulo de Tarso Vieira Sanseverino, Julgado em 04.02.1999).

DIREITO DE ARREPENDIMENTO NOS CONTRATOS DE CONSUMO

todos os pontos, razão pela qual foi convidada a conhecer um hotel, "sem compromisso algum".

Devidamente acomodada na piscina do hotel, um dos representantes do hotel propôs à consumidora a contratação de *time sharing* em diversos hotéis indicados em um catálogo. Ante o entusiasmo das crianças que acompanhavam a consumidora, a insistência do vendedor e a facilidade de pagamento, esta acabou por firmar o contrato, do qual se arrependeu dias depois.

A defesa do hotel se baseava na interpretação restritiva do art. 49 do CDC, afirmando que o direito de arrependimento só pode ser exercido quando o contrato for celebrado fora do estabelecimento comercial do fornecedor, o que não teria ocorrido.

Nestes termos, não acolhendo a tese aduzida pelo hotel, fez por o Tribunal de Justiça de São Paulo[281] rejeitar o recurso de apelação, afirmando que o artigo 49, do CDC, "não pode ser interpretado restritivamente, protegendo apenas aqueles que são abordados em seu domicílio ou por telefone. Na verdade, o termo 'especialmente' apenas reforça a aplicabilidade da proteção consumerista em casos corriqueiros de venda à época de entrada em vigor dessa legislação, de forma meramente exemplificativa, mas não exclui, nem poderia, a proteção às práticas que viriam a surgir".

Ademais, o PLS 281/2012 pretende alterar o direito de arrependimento não apenas nas hipóteses em que a contratação ocorre fora do estabelecimento dos fornecedores, tal como será visto a frente[282].

---

[281] "A finalidade da norma é permitir o direito de arrependimento daqueles que são abordados e levados a consumir algo que não comprariam em condições normais. O dispositivo legal citado não pode ser interpretado restritivamente, protegendo apenas aqueles que são abordados em seu domicílio ou por telefone. Na verdade, o termo "especialmente" apenas reforça a aplicabilidade da proteção consumerista em casos corriqueiros de venda à época de entrada em vigor dessa legislação, de forma meramente exemplificativa, mas não exclui, nem poderia, a proteção às práticas que viriam a surgir. Na verdade, procura-se proteger o consumidor de uma manifestação de vontade maculada pelo entusiasmo temporário, produzido pelo estímulo repentino, pelo efeito de surpresa e de ansiedade de contratação, causado pelo método de apresentação do produto. Nessa esteira, a contratação em que se convida o consumidor a ingressar no estabelecimento comercial por meio de chamarizes como festas, coquetéis, sorteios, jogos em geral, num clima "emocional" de consumo, como diria Claudia Lima Marques, deve receber proteção do código consumerista".

[282] Por outro lado, caso o consumidor se dirija a um "feirão" de veículos, não poderia alegar estar adquirindo um bem fora do estabelecimento comercial do fornecedor: *"Bem*

III. DIREITO DE ARREPENDIMENTO NOS ORDENAMENTOS

3.1.2 *Prazo de desistência*

Determina o art. 49 do CDC que o consumidor dispõe do prazo de sete dias para arrepender-se do contrato outrora celebrado. Não se fala em sete dias úteis. Parece ter o legislador adotado o prazo corrido, ou seja, comum do Código Civil. Essa contagem deve respeitar a forma estabelecida no art. 132 do Código Civil[283].

Além disso, observe-se que o Código de Defesa do Consumidor optou pelo início da contagem do prazo de duas maneiras. O prazo pode ter início a partir da assinatura do contrato, **ou** do ato do recebimento do produto ou serviço[284]. Nos termos do art. 423 do Código Civil e do art. 47 do Código de Defesa do Consumidor, o consumidor poderá optar pela contagem do prazo pela forma que mais lhe favorece[285].

---

móvel. Compra e financiamento de veículo em "feirão" de automóveis. Pretensão declaratória de resolução contratual julgada procedente e parcialmente procedente a pretensão indenizatória. Direito de arrependimento Inexistência. Inaplicabilidade do artigo 49, do Código de Defesa do Consumidor. Compra de veículo em "feirão" não configura negócio à distância a justificar a incidência do referido dispositivo legal, uma vez que é mera extensão do estabelecimento comercial, ao qual o consumidor comparece espontaneamente e onde pode perfeitamente examinar o produto ofertado Pretensões deduzidas na inicial que se tem por improcedentes Recursos das rés providos, prejudicado o exame do recurso adesivo interposto pela autora" (Tribunal de Justiça de São Paulo, Apelação nº 0020522-02.2010.8.26.0001, Rel. Sá Duarte. j. 17 de Junho de 2013).

[283] "Art. 132. Salvo disposição legal ou convencional em contrário, computam-se os prazos, excluído o dia do começo, e incluído o do vencimento. § 1º Se o dia do vencimento cair em feriado, considerar-se-á prorrogado o prazo até o seguinte dia útil".

[284] Vejamos julgamento que considerou inválida cláusula que determinava a possibilidade da desistência somente a partir da assinatura do contrato: *"Contrato de prestação de serviço. Desistência. Aplicação do art. 49 do CDC. Prazo. Fluência a partir da entrega do produto ou realização do serviço. Recurso improvido.* É inválida cláusula que determina a possibilidade de desistência somente a partir da assinatura do contrato. Sem a entrega do serviço, não se inicia a contagem do prazo estipulado pelo art. 49 do Código de Defesa do Consumidor". (Tribunal de Justiça de São Paulo, 26ª Câmara de Direito Privado, Apelação c/ revisão nº 929.014-0/5, Rel. Renato Sartorelli, j. 05.05.08).

[285] Esse entendimento também foi exarado no seguinte acórdão: *"Contrato de promessa de compra e venda.* Time-sharing. *Direito de arrependimento.* Art. 49 do CDC tem por objetivo proteger o consumidor da prática comercial agressiva. Hipótese em que o negócio é feito em ambiente que inibe a manifestação da vontade do consumidor, carregada de apelo emocional. O prazo de arrependimento, no caso, dever ser aquele que mais favorece a parte hipossuficiente, ou seja, a contar da efetiva data em que o serviço estaria à disposição do consumidor. Ação de revisão de contrato procedente. Deferimento da devolução das parcelas pagas. Honorários devem ser fixados em percentual sobre expressão econômica da

Por fim, é unânime na doutrina que a contagem do prazo inicia no momento em que é realizada a *remessa* da informação. Isso porque o consumidor dependerá de outros fornecedores para que a informação chegue ao seu destinatário (correios, servidor de internet, dentre outros)[286]. Numa situação hipotética, encerrando-se o prazo para o exercício do direito de arrependimento no dia 12 de junho, por exemplo, até esse dia tem o consumidor para enviar uma carta registrada informando sua intenção em desfazer a avença.

3.1.3 *Dever de guarda do bem a ser devolvido*

Esse dever não decorre apenas da letra da lei, mas também do princípio da boa-fé. Para poder se arrepender da aquisição de um produto adquirido deverá o consumidor cuidar para que o bem não pereça ou sofra qualquer tipo de desvalorização.

No caso do recebimento de um eletrodoméstico que pretende devolver ao fornecedor, deverá o consumidor, após o "teste" do produto, guardá-lo na caixa até a sua devolução.

Não poderá o consumidor utilizar o produto até a data limite para o exercício do arrependimento apenas com o intuito de aproveitar o máximo possível daquele bem até a sua devolução. O atendimento ao princípio da boa-fé objetiva é verificado no momento em que, logo após ter decidido exercer o arrependimento, o consumidor guarde o produto na caixa e imediatamente o devolva ao comerciante. Caso, no primeiro dia, o consumidor já tenha decidido devolver o produto, mas ainda assim continue a utilizá-lo, estará abusando do seu direito. Havendo abuso de direito, o arrependimento pode ser negado ao consumidor.

O fornecedor também deverá ser indenizado quando ocorrer a desvalorização do produto por mau uso. É o caso, por exemplo, daquele consumidor que adquire um aparelho de som de potência 110V e liga na tomada 220V, incorrendo em danos ao aparelho. Nessa situação, o consumidor não poderá devolver o produto com defeito sem o pagamento

---

causa. Traduzida naquilo que deve ser devolvido à parte. Apelo e recuso adesivo desprovido (Tribunal de Justiça do Rio Grande do Sul. Apelação Cível nº 70000195578, 20ª Câmara Cível, Rel. José Aquino Flores de Camargo, j. 26/10/1999).

[286] Neste sentido, salientamos, por exemplo, a opinião de Rizzatto Nunes (*Curso...*, p. 614).

III. DIREITO DE ARREPENDIMENTO NOS ORDENAMENTOS

de qualquer valor. Frise-se que na Europa[287], em inúmeras passagens, fornecedores de serviços reclamaram acerca de abusos cometidos por consumidores[288].

3.1.4 *Deveres impostos ao fornecedor em decorrência do exercício do direito de arrependimento*

Exercido o arrependimento pelo consumidor, determina o art. 49 do CDC alguns deveres a serem observados pelos comerciantes. Esses deveres decorrem do que está entabulado no parágrafo único do art. 49 do CDC: "Se o consumidor exercitar o direito de arrependimento previsto neste artigo, os valores eventualmente pagos, a qualquer título, durante o prazo de reflexão, serão devolvidos, de imediato, monetariamente atualizados".

Verifica-se, portanto, a obrigatoriedade do fornecedor devolver, *de imediato*, todos os valores recebidos em decorrência da contratação realizada pelo consumidor[289]. Salientamos que, segundo o parágrafo único

---

[287] Ezio Guerinoni, representante do direito italiano, ensina: "È consentito di usare il bene ricevuto in consegna in attuazione dell'acordo contrattuale, com il limite della 'sostanziale integrità' dalle mercê da restituire, oppure della restituzione della medesima in normale stato di conservazione in quanto sia stata custodia ed eventualmente adoperata com l'uso della normale diligenza" (GUERINONI. Op. cit., p. 422).

[288] Nesse sentido, veja-se que a consideração nº 47 da Directiva 2011/83/EU advertiu que "alguns consumidores exercem o seu direito de retractação após terem utilizado os bens numa medida que excede o necessário para verificar a sua natureza, as suas características e o seu funcionamento. Neste caso, o consumidor não deverá perder o direito de retractação do contrato, mas deverá ser responsabilizado pela eventual depreciação dos bens. Para verificar a natureza, as características e o funcionamento dos bens, o consumidor apenas deverá proceder às mesmas manipulações e à mesma inspecção que as admitidas numa loja. Por exemplo, o consumidor deverá poder provar uma peça de vestuário, mas não usá-la. Por conseguinte, durante o prazo de retractação, o consumidor deverá manipular e inspeccionar os bens com o devido cuidado. As obrigações do consumidor em caso de retractação não o deverão desencorajar de exercer o seu direito de retractação".

[289] A ausência de devolução dos valores pagos, ainda que tenham sido efetuados por cartão de crédito, incorre na obrigatoriedade de indenização por danos morais segundo o Tribunal de Justiça de São Paulo: "*Comércio eletrônico*. Consumidor que se arrepende no prazo do art. 49 da lei 8.078/90, da compra de uma batedeira elétrica e não consegue que a vendedora estorne o pagamento realizado *on line* pela operadora de cartão de crédito. Hipótese em que as seis prestações foram faturadas e pagas pelo consumidor, senhor idoso e doente, que, com isso sofreu abalos emocionais dignos de serem compensados pela indenização por danos morais. Recursos não providos" (Tribunal de Justiça do Estado de São Paulo. 4ª Câmara

do art. 49 do CDC, esses valores não devem apenas ser devolvidos, mas sim restituídos *monetariamente atualizados.*

O dever de restituição de forma atualizada soa estranho nos dias de hoje. Todavia, devemos lembrar que o Código de Defesa do Consumidor foi estatuído num período fortemente marcado pela inflação. Hodiernamente, acreditamos que essa obrigação perde eficácia. Se o fornecedor restituir o consumidor num período razoável (boa-fé), não acreditamos que seja necessária a atualização do valor.

Caso contrário, dar-se-á na hipótese do comerciante levar alguns meses para restituir os valores devidos. Nesse caso, estará o fornecedor incorrendo em *mora*, deverá restituir não apenas o valor devidamente atualizado, mas incluir juros de mora, sem prejuízo de eventuais perdas e danos nos termos do art. 389 do Código Civil.

3.1.5 *Análise crítica ao artigo 49 do Código de Defesa do Consumidor brasileiro*

Não podíamos deixar de nos manifestar contra a previsão do direito de arrependimento no Código de Defesa do Consumidor brasileiro. Depois de estudado o direito europeu, sobretudo o português e italiano, pudemos nos certificar que o art. 49, por si só, não é adequado para regular de forma suficiente o exercício do direito de arrependimento no Brasil.

Na realidade, em complementação ao artigo 49 do CDC, recentemente foi aprovado o Decreto nº 7.962/2013 e que será adiante estudado. Esse decreto certamente trouxe melhorias para o exercício do direito de arrependimento. Todavia ainda existem pontos que devem ser melhorados e as esperanças agora estão depositadas na aprovação do Projeto de Lei do Senado 281/2012, que também será estudado adiante. Enquanto não aprovado o PLS 281/2012, o direito de arrependimento no CDC encontra-se regulado tão somente pelo art. 49.

Em primeiro lugar, a nossa maior desaprovação ao art. 49 do CDC é a ausência de restrições ao direito de arrependimento. Em tese, basta que seus requisitos estejam presentes para que o consumidor possa desistir da avença.

de Direito Privado. Apelação nº 2932164/4, Rel. Ênio Santarelli Zuliani, j. 29 de Março de 2007).

III. DIREITO DE ARREPENDIMENTO NOS ORDENAMENTOS

Ao contrário de Portugal e demais países da Europa, o legislador brasileiro (não se sabe por qual motivo) deixou de consignar hipóteses em que o arrependimento não possa ser exercido, simplesmente porque determinadas hipóteses podem caracterizar o abuso de direito.

Diante de uma interpretação literal do art. 49 do CDC, o consumidor poderá arrepender-se das aquisições de produtos digitais, livros, revistas, bens confeccionados consoante suas especificações, dentre outros.

A única forma para limitar o exercício do direito de arrependimento dá-se pela figura do abuso do direito (razão pela qual foi tão debatido ao longo deste trabalho).

Apesar dessa importante arma contra abusos, melhor seria se o legislador brasileiro, tal como o legislador português e italiano o fizeram, consignasse *expressamente* as hipóteses em que o arrependimento não possa ser exercido. Tais restrições, além de informar o consumidor quando o arrependimento não pode ser realizado, facilita a aplicação do direito pelo seu operador. Pois, não temos dúvidas de que a ausência de restrições dificulta os julgamentos dos casos concretos pelos tribunais, causando, inclusive, conflitos jurisprudenciais.

É o caso de um julgamento do Mato Grosso que, por exemplo, permitiu o exercício do direito de arrependimento mesmo tratando-se de um produto confeccionado sob encomenda[290].

Ora. Imaginar que os consumidores podem se arrepender das compras sob encomenda nos parece uma grande injustiça imposta aos fornecedores. Não podemos concordar com o argumento de que essa situação deva ser encarada como o risco inerente ao negócio do comer-

---

[290] "*Direito do consumidor e processual civil. Ação monitória. Embargos. Contrato de venda de produto por telefone e fax. Pagamento parcial. Arrependimento. Cobrança do valor total. Devolução. Alegação de produto especial. Recurso improvido. Sentença mantida.* Na compra e venda por telefone e fax, tem o consumidor o direito de arrependimento assegurado pelo art. 49 do CDC, bem como de ver devolvidas as importâncias antecipadas, a qualquer título, notadamente se ainda não recebeu o produto negociado. A alegação de produto especial ou feito sob encomenda não serve para desnaturar a relação de consumo e suplantar o direito de arrependimento, até porque tais circunstâncias não descaracterizam a relação de consumo que marcou a transação, não passando de risco próprio e natural da atividade mercantil do ramo de negócio abraçado livremente pela apelante" (Tribunal de Justiça do Mato Grosso, Apelação Cível nº 24.068, 3ª Câmara Cível. Rel. Des. José Ferreira Leite. j. 28.06.2000).

ciante[291]. Caso esse entendimento seja firmado, estar-se-á abrindo caminho ao abuso do direito[292].

Imaginemos que um consumidor resolva adquirir um móvel sob medida. Toda a contratação é celebrada por correio eletrônico. Passadas as medidas à empresa, o bem é confeccionado e entregue na casa do consumidor. Quando o móvel é instalado em sua residência, resolve o consumidor arrepender-se da avença. Como fica a situação do fornecedor? Parece-nos que, em situações como essa, deverá o direito de arrependimento ser limitado de forma expressa, para não incorrer em situações absurdas, como observado acima.

Da mesma forma, o CDC, ao contrário de outras legislações, não restringe o exercício do direito de arrependimento aos contratos de serviço cuja execução já tenha iniciado. O direito de arrependimento, nos contratos de prestação de serviços, não pode ser exercido em relação ao *serviço* prestado, mas, sim, quanto ao *contrato* celebrado[293].

Além da ausência de quaisquer restrições ao exercício do direito de arrependimento, o CDC também não estabeleceu a forma que o exercício do arrependimento deve ser realizado. Já vimos que, no direito

[291] Segundo Hélio Zaghetto Gama, num panorama geral, as atividades do fornecedor são atividades de risco: "[...] as atividades do fornecedor passaram a ser 'atividades de risco', em que os fornecedores têm a obrigação de entregar produtos e serviços de qualidade, nas quantidades anunciadas e de dar garantias de adequação dos seus usos aos consumidores. Se antes o 'risco' era de quem se 'aventurava' a consumir, agora o 'risco' é de quem se disponha a ser fornecedor. Restaurou o CDC o ditado, já antigo, de 'quem não tem competência, não se estabeleça'" (GAMA, Hélio Zaghetto. *Curso de direito do consumidor*. 2. ed. Rio de Janeiro: Forense, 2004, p. 43). Ainda que este autor esteja falando do risco num panorama geral, frisamos que a assertiva descrita acima não pode ser generalizada para todas as situações. Cremos não ser correto, em todas as situações, imputar o risco da atividade ao fornecedor.

[292] O Tribunal de Justiça de São Paulo, por sua vez, proferiu acórdão em sentido contrário. No acórdão abaixo, pretendia a apelante exercer o direito de arrependimento da aquisição de um vestido confeccionado sob medida: *"Prestação de serviços. Ação de cobrança contrato atípico. Serviço de confecção em alta costura.* Autora que pretende a devolução integral de quantia paga para confecção de vestido de noiva, modalidade primeira-locação, uma vez não realizado o enlace matrimonial – contrato que se aperfeiçoou cumprindo a ré fielmente o que fora ajustado pelas partes – Ação julgada improcedente – Decisão mantida" (Tribunal de Justiça de São Paulo, Apelação c/ revisão nº 930387-0/4, 36ª Câmara, j. 13.03.2008, Des. Rel. Jayme Queiroz Lopes).

[293] A respeito da problemática envolvendo o direito de arrependimento nos contratos de prestação de serviços, vide itens 3.1.1. b e 3.3.1, da Parte III.

III. DIREITO DE ARREPENDIMENTO NOS ORDENAMENTOS

português, por exemplo, é estabelecido que o exercício do arrependimento pode ser realizado por carta registrada com aviso de recepção ou por outras formas possíveis de provar a vontade do consumidor extinguir o contrato outrora celebrado[294]. O direito brasileiro nada fez, silenciando-se.

Ante a lacuna da lei, coube à doutrina fazer a integração do texto legal. Para Rizzatto Nunes[295], o consumidor pode exercer o arrependimento por meio telefônico, correio eletrônico, telegrama, notificação via cartório de títulos e documentos etc.

Parece-nos realmente que deve ser ampliada ao máximo a gama dos meios pelos quais o consumidor poderá exercer o direito de arrependimento. Ademais, prevê expressamente o CDC que é direito básico dos consumidores a facilitação da defesa de seus direitos[296].

---

[294] Ademais, criticamos as hipóteses que a lei portuguesa consagra expressamente o exercício do arrependimento apenas por carta registrada.

[295] NUNES. *Curso...*, p. 614.

[296] "Art. 6º São direitos básicos do consumidor: [...] VIII – facilitação da defesa de seus direitos, inclusive com a inversão do ônus da prova, a seu favor, no processo civil, quando, a critério do juiz, for verossímil a alegação ou quando for ele hipossuficiente, segundo as regras ordinárias de experiências".

Observamos que o fornecedor não poderá colocar entraves para o exercício do direito de arrependimento: "*Contrato de compra e venda de bem móvel. Pacto verbal.* Distrato feito oralmente ao preposto da reclamada. Não consta dos autos prova de que o autor/recorrente teve ciência de todos os termos do contrato de compra e venda e de que deveria exercer o direito de arrependimento formalmente. Interpretação mais favorável ao consumidor (artigo 6º, VIII, 46 e 47, da lei nº 8.078/90) e falta do dever de oportunizar. Verifica-se do documento juntado pela parte ré às fls. 34 que o autor/recorrente efetuou a sustação dos cheques emitidos para a compra do bem três dias após a venda celebrada; portanto, dentro do prazo previsto no artigo 49 do CDC, constando, inclusive do mesmo documento, que o autor/recorrente manifestou a sua desistência ao preposto da reclamada, como narrado na exordial, o que torna verossímil a alegação autoral. O protesto do título que levou à negativação do nome do recorrente ensejou indenização por dano moral in re ipsa. Não há nos autos litigância de má-fé a ser declarada. Isto posto, conheço do recurso e dou provimento ao mesmo para condenar a recorrida a pagar ao autor à título de indenização por dano moral o valor de três mil Reais. Deverá a recorrida devolver ao requerente os seis títulos que foram emitidos, sustar o protesto, retirar a bíblia da residência do autor e excluir o nome do reclamante do Serasa, tudo no prazo de quarenta dias após o trânsito em julgado do Acórdão, sob pena de multa diária de vinte Reais para cada uma das obrigações de fazer fixadas. Sem ônus sucumbenciais" (Tribunal de Justiça do Rio de Janeiro, Conselho Recursal, Primeira Turma Recursal, Recurso Inominado nº 2003.700.032809-0, Rel. Maria Cândida Gomes de Souza. j. 17 de Setembro de 2003).

DIREITO DE ARREPENDIMENTO NOS CONTRATOS DE CONSUMO

Ademais, o jurista italiano Ezio Guerinoni[297], por exemplo, afirma que é suficiente para exercitar o direito de arrependimento um comportamento concludente e idôneo a demonstrar a vontade do consumidor em extinguir o contrato. Assim, ainda segundo o jurista, a simples devolução das mercadorias deve ser considerada uma forma idônea a permitir o direito de arrependimento. Essa última alternativa, como visto, é prevista no Projeto de Código Consumidor português.

Também silencia o Código de Defesa do Consumidor acerca de quem deve responder pelas despesas relativas à devolução dos produtos que deverão ser restituídos ao comerciante. Essa questão, como verificamos, é extremamente contraditória e possui diferentes determinações de país para país. O legislador brasileiro simplesmente não regulamentou a questão. E, assim, mais uma vez, diante da omissão da lei, coube à doutrina integrar o texto legal. Nelson Nery Junior[298], autor do Anteprojeto do CDC, manifestou que o "ressarcimento fica por conta do risco negocial da empresa. O fornecedor que opta por práticas comerciais mais incisivas, como as vendas a domicílio ou por marketing direto, isto é, fora do estabelecimento comercial, corre o risco do negócio, de modo que não tem nem do que reclamar se a relação jurídica é desfeita em virtude do arrependimento do consumidor. Essa situação de arrependimento e resolução do contrato de consumo é ínsita aos negócios estabelecidos mediante essa prática comercial".

Com todo o respeito que nutrimos pelo Prof. Nelson Nery Junior, não podemos concordar com seu posicionamento[299]. É inaceitável o

---

[297] GUERINONI. Op. cit., p. 418.

[298] NERY JUNIOR, Nelson et al. *Código Brasileiro de Defesa do Consumidor.* Comentado pelos autores do anteprojeto. 9. ed. São Paulo: Forense, 2007, p. 563.

[299] Por mais que discordemos da posição do Prof. Nelson Nery Junior, temos que admitir que outros dela são adeptos. É o caso de João Batista de Almeida que afirma: "A lei não regulamentou a questão atinente às despesas efetuadas ou prejuízos sofridos pelo vendedor durante o período de reflexão. Assim o fazendo, permite ao intérprete a conclusão de que a devolução se dará sem qualquer dedução, pelas seguintes e inafastáveis razões: a) tratando-se de restrição ao direito de arrependimento, deveria ser expressa na lei tal dedução; b) quando pretendeu ressalvar as deduções, o legislador o fez expressamente (art. 53, §2º), de sorte que seu silêncio nesse tema tem o significado de negar a via compensatória ou ressarcitória ao fornecedor, c) além disso, as despesas e eventuais prejuízos enfrentados pelo fornecedor são inerentes à atividade comercial sob a modalidade de vendas agressivas por telefone, reembolso postal ou em domicílio. Admitir o contrário será desestimular o uso do direito de arrependimento, criando limitações legalmente não previstas ao consumidor,

III. DIREITO DE ARREPENDIMENTO NOS ORDENAMENTOS

argumento de que as empresas que realizam a venda fora do seu estabelecimento comercial optaram por "práticas comerciais mais incisivas". Muitas empresas ligadas ao comércio eletrônico, por exemplo, são procuradas pelos consumidores para aquisição de seus produtos. Não se pode olvidar que grande parte da população brasileira já é acostumada a adquirir produtos no meio virtual[300].

O direito de arrependimento é bom para o mercado, seja porque dá oportunidade ao consumidor não adquirir de forma precipitada produtos desnecessários, seja porque aumenta a confiança nesse tipo de contratação, o que fomenta o próprio mercado. Entretanto, dirigir esse custo ao fornecedor não nos parece o mais correto. O Código de Defesa do Consumidor brasileiro não foi estatuído para trazer prejuízos às empresas. Foi sancionado um importante diploma para *proteger* os consumidores de práticas abusivas dos fornecedores. Ademais: o arrependimento é medida de proteção contratual. A partir do momento em que essa proteção é ruim para o mercado, ruim será para toda sociedade, perdendo o seu significado. Nosso entendimento também é acompanhado por Maria Eugênia Finkelstein[301], a qual assevera que é mais justo que o pagamento das despesas de reenvio dos produtos seja arcado pelo consumidor.

Outro vazio encontrado na lei diz respeito ao prazo em que deve o consumidor restituir os bens recebidos pelo fornecedor. Veja-se que o caso inverso é tratado pelo CDC, ou seja, deverá o fornecedor restituir *de imediato* os eventuais valores recebidos pelo consumidor. Contudo, não há disposição expressa acerca da forma como deve o consumidor reenviar a mercadoria ao comerciante.

Neste caso, parece-nos que, mais uma vez, o consumidor deverá valer-se do bom senso, aplicando o princípio da boa-fé objetiva. Porém, essa omissão da lei pode abrir caminhos para o abuso de direito por alguns consumidores eivados pela má-fé. Acreditamos que a melhor

---

sujeitando-o a deduções que certamente serão feitas unilateralmente pelo economicamente mais forte. Em suma, o que é direito seu passaria a ser pesadelo" (ALMEIDA, João Batista de. *A proteção jurídica do consumidor*. 5. ed. São Paulo: Saraiva, 2006, p. 154).

[300] Estima-se que há, no Brasil, 44,5 milhões de internautas, considerando a conexão da internet em suas residências ou local de trabalho. Disponível em: <http://dinheiro.br.msn. com/financaspessoais/noticia.aspx?cp-documentid=20373627>. Acesso em: 12 jun. 2009.

[301] FINKELSTEIN. Op. cit., p. 274.

DIREITO DE ARREPENDIMENTO NOS CONTRATOS DE CONSUMO

medida seria estipular de forma expressa um prazo de, por exemplo, 30 (trinta) dias para que o consumidor pudesse efetuar essa restituição.

O Código de Defesa do Consumidor também não obriga o fornecedor a prestar a informação de maneira expressa sobre a existência do direito de arrependimento[302]. Como se viu, o Decreto-Lei português 143/2001 declara expressamente que o fornecedor deverá informar o consumidor sobre a possibilidade do arrependimento (art. 4º, n. 1, 'f'). Caso essa informação não seja prestada, o prazo para o exercício do arrependimento é ampliado de 14 dias para três meses (art. 6º, n. 3).

O CDC, por sua vez, além de não determinar qualquer obrigatoriedade para o fornecedor informar o consumidor sobre a possibilidade de desistir da avença, também não prevê ampliação do prazo em virtude da ausência da informação. Coube, assim, ao Decreto nº 7962/2013, determinar a obrigatoriedade de cumprimento do dever de informação específico ao direito de arrependimento, no comércio eletrônico. Todavia, mesmo com a plena vigência do Decreto nº 7962/2013, o que se vê é que os fornecedores continuam infringindo o dever de informação.

Da mesma forma, o Código do Consumidor não faz qualquer referência específica ao direito de arrependimento nos contratos de crédito[303]. Como já se viu, diante da importância da matéria, Portugal dis-

---

[302] O Código de Defesa do Consumidor prevê que o fornecedor deve prestar uma gama de informações ao consumidor, todavia, silenciou-se sobre a obrigatoriedade de informá-lo quanto à possibilidade de arrepender-se da avença.

[303] Quanto à antiga discussão sobre a aplicação ou não do Código de Defesa do Consumidor nas atividades financeiras, o Supremo Tribunal Federal pacificou a questão quando do julgamento da Ação Direta de Inconstitucionalidade 2591/2002, ajuizada pela Confederação Nacional das Instituições Financeiras (Consif) contra o parágrafo 2º do artigo 3º do CDC. Na petição inicial, assinada pelos advogados Ives Gandra da Silva Martins e Arnoldo Wald, os bancos pediram que as instituições financeiras fossem excluídas do conceito de "fornecedores de serviços" englobados pelas relações de consumo as atividades de natureza bancária, financeira, de crédito e securitária.

Entretanto, em acertada decisão, o Supremo Tribunal Federal firmou entendimento que as instituições financeiras também estão susceptíveis à aplicação do Código de Defesa do Consumidor. Veja-se trecho da ementa: "*Código de Defesa do Consumidor. Art. 5º, XXXII, da CB/88. Art. 170, V, da CB/88.* Instituições financeiras. Sujeição delas ao Código de Defesa do Consumidor, excluídas de sua abrangência a definição do custo das operações ativas e a remuneração das operações passivas praticadas na exploração da intermediação de dinheiro **na economia [art. 3º, § 2º, do CDC]. Moeda e taxa de juros. Dever-poder do banco central do brasil. Sujeição ao Código Civil. 1. As instituições financeiras estão, todas elas, alcançadas pela incidência das normas veiculadas pelo Código de Defesa do Consu-**

III. DIREITO DE ARREPENDIMENTO NOS ORDENAMENTOS

põe de dois diplomas específicos para tratar do crédito ao consumo[304]. Em ambos os diplomas, há previsões claras e bem fundamentadas

midor. 2. "Consumidor", para os efeitos do Código de Defesa do Consumidor, é toda pessoa física ou jurídica que utiliza, como destinatário final, atividade bancária, financeira e de crédito. 3. O preceito veiculado pelo art. 3º, § 2º, do Código de Defesa do Consumidor deve ser interpretado em coerência com a Constituição, o que importa em que o custo das operações ativas e a remuneração das operações passivas praticadas por instituições financeiras na exploração da intermediação de dinheiro na economia estejam excluídas da sua abrangência. 4. Ao Conselho Monetário Nacional incumbe a fixação, desde a perspectiva macroeconômica, da taxa base de juros praticável no mercado financeiro [...]" (Supremo Tribunal Federal, Ação Direta de Inconstitucionalidade nº 2591-DF, Rel. Min. Carlos Velloso, j. 07/06/2006).

Analisando a questão, antes mesmo do julgamento da referida ação movida pelos bancos, manifestou-se Celso Marcelo de Oliveira: "A implementação econômica, ao longo dos anos, constituiu uma tarefa difícil para a grande parte dos pequenos empresários e consumidores brasileiros, cujas consequências se fizeram perceber em face do quadro recessivo que se instalou no País e efetivamente aos abusos cometidos pelas Instituições Financeiras com o alto custo financeiro, o avanço usuário das taxas de juros e dos encargos em contratos bancários e comerciais, levando inclusive uma intervenção do Governo Federal com a Secretaria de Direito Econômico do Ministério da Justiça e do Banco Central do Brasil.

Como sucedâneo intermediador da relação de consumo bancária temos o Código de Defesa do Consumidor, um dos maiores marcos jurídicos do século passado e revolucionou a maneira de pensar com relação ao consumidor brasileiro, naturalmente mais fraco, considerando-se principalmente não possuir conhecimento sobre os meandros dos contratos bancários. Transmitir-lhe tais informações com a intervenção do nosso Poder Judiciário, perfaz-se a finalidade primordial de nosso Direito e a Justiça. O Código de Defesa do Consumidor não é uma lei excepcional, mas especial, compatibilizando-se com a nova noção jurídica e, por isso, passível de aplicação aos contratos bancários em geral, como apresentamos aos termos da doutrina especializada e da nossa jurisprudência.

O nosso Código de Defesa do Consumidor nada mais fez do que ressaltar o que sempre esteve subentendido no sistema contratual – a boa-fé objetiva e a justiça contratual, reflexos no campo do Direito Contratual dos novos valores do sistema jurídico como um todo e não ao pacta sunt servanda onde os Bancos se apoiam para fazer valer um contrato eivado de vicissitudes abusivas. Consequentemente, as disposições do nosso Código devem ser aplicadas sempre que frente a frente estiverem contratantes desequilibrados economicamente, ou em situações em que a vontade de um, em razão da fraqueza econômica do outro, prevaleça, ditando condições contratuais iníquas, como ocorre com as Instituições Financeiras" (OLIVEIRA, Celso Marcelo de. ADIn 2.591: o direito do consumidor e os bancos. *Jus Navigandi*, Teresina, ano 6, n. 55, mar. de 2002. Disponível em: <http://jus2.uol.com.br/doutrina/texto.asp?id=2741> Acesso em: 12 maio 2008).

[304] Decreto-Lei 359/91, de 21 de setembro e Decreto-Lei 95/2006, de 29 de maio.

quanto ao exercício do direito de arrependimento. Todavia, mais uma vez, silencia a lei brasileira[305].

Também é lamentável que o direito de arrependimento, segundo os ditames do Código de Defesa do Consumidor, possibilite que o consumidor arrependa-se apenas nas compras celebradas fora do estabelecimento do fornecedor. Ainda que a jurisprudência tenha ampliado a possibilidade de exercício do direito de arrependimento em outras situações, a nossa sugestão é que o texto legal seja alterado, de forma a tornar mais claro o sistema.

Em Portugal, como se viu, o direito de arrependimento é facultado, por exemplo, em qualquer contrato consumerista, desde que se verifique falta de informação, informação insuficiente, ilegível ou ambígua que comprometa a utilização adequada do bem ou do serviço (art. 8º, nº 4 da Lei 24/96).

Melhor que o direito de arrependimento fosse disposto em um capítulo apartado do Código de Defesa do Consumidor, onde se consignassem maiores disposições acerca deste importante direito, assim como proposto no PLS 281/2012.

Em suma, analisando o arrependimento estabelecido no Código de Defesa do Consumidor brasileiro, verificamos que o art. 49 deste diploma não é capaz de regular o instituto tal como deveria. A ausência de diversas disposições de cunho prático gera inúmeras dúvidas acerca do exercício dessa importante proteção.

Por outro lado, não há como negar, consoante nos ensina José Geraldo de Brito Filomeno[306], que o Código de Defesa do Consumidor é um microssistema jurídico, com princípios próprios, mas de natureza multi e interdisciplinar, na medida em que contém preceitos de ordem civil, penal, administrativo, dentre outros.

Sendo assim, diante da lacuna da lei, poderíamos utilizar os princípios do Código Civil e outros diplomas. Seria o caso, portanto, de utilizarmos, por exemplo, a figura do abuso do direito, o princípio da boa-fé objetiva e seus deveres laterais.

---

[305] Isso, contudo, poderá ser alterado, com a aprovação do PLS 281/2012, conforme será demonstrado à frente.

[306] FILOMENO, José Geraldo. Disponível em: <http://www.cognitiojuris.com/artigos/01/01. html>. Acesso em: 25 de fevereiro de 2013.

III. DIREITO DE ARREPENDIMENTO NOS ORDENAMENTOS

Em tese, isso bastaria para que o direito de arrependimento fosse bem aplicado e devidamente regulamentado.

Contudo, o contexto social brasileiro demonstrou que a ausência de tais previsões trouxe por consequência inúmeras dúvidas em julgados e na doutrina nacional. Além disso, em virtude da ausência de um dever de informação específico, o direito de arrependimento é uma proteção contratual pouco utilizada e conhecida pelos consumidores.

Assim, é salutar a recente aprovação do Decreto nº 7962/2013 que certamente trará melhorias ao exercício do direito de arrependimento. De toda forma, ainda se faz necessária aprovação do PLS 281/2012, que traz outras medidas extremamente importantes para o direito de arrependimento, conforme será demonstrado a seguir.

3.2 O direito de arrependimento no Decreto nº 7.962, de março de 2013

O Decreto nº 7.962/2013 propõe regulamentar a atividade do comércio eletrônico no Código de Defesa do Consumidor. Dentre as suas determinações, o Decreto impõe aos fornecedores do comércio eletrônico que disponibilizem aos consumidores, em local de destaque e de fácil visualização, uma gama de informações, tais como nome e local das empresas, as características essências dos produtos, condições de oferta, dentre outros. Além disso, também há o dever de informação que deve ser prestado para as compras coletivas.

O Decreto também assevera que as empresas do *e-commerce* deverão "manter serviço adequado e eficaz de atendimento em meio eletrônico, que possibilite ao consumidor a resolução de demandas referentes a informação, dúvida, reclamação, suspensão ou cancelamento do contrato". (art. 4º, inciso V).

Trata-se de medida que está sendo bastante discutida, sobretudo pelos custos que poderá acarretar aos fornecedores. Tal como já mencionado anteriormente, não é incomum que nos deparemos com empresas do comércio eletrônico que sequer possuem um serviço de SAC ao consumidor. Muitas empresas disponibilizam apenas o email como canal de reclamação, solicitação de informação, dentre outros. E as respostas desses emails nem sempre são imediatas e muitas vezes levam dias a serem respondidas.

Questionada pelo jornal Folha de S. Paulo[307] a respeito da interpretação do dispositivo, a Secretária Nacional do Consumidor, Sra. Juliana Pereira afirmou que isso "se explica automaticamente. Você pode fazer uma compra à meia noite, porque também não pode tirar uma dúvida no mesmo horário? A disponibilidade gera responsabilidade".

Assim, a manutenção de serviço "adequado e eficaz" pode ser entendida, para alguns, como um serviço ininterrupto, 24 horas por dia, durante os sete dias da semana. A legislação não deixa claro se esse atendimento eficaz e adequado seria o atendimento telefônico, apenas. O Presidente da ABComm, Maurício Salvador, em entrevista à mesma Folha de S. Paulo[308], afirmou esperar que os órgãos de defesa do consumidor aceitem que esse canal seja realizado não apenas por intermédio do telefone, mas também pelo uso de *chat*, redes sociais, dentre outros.

Enfim, por se tratar de um dispositivo 'aberto', cremos que a jurisprudência e resoluções de órgãos dos consumidores dirão, nos próximos anos, qual a exata extensão do dispositivo. De toda forma, a obrigatoriedade de um sistema adequado e eficaz deve ser interpretada em favor do consumidor, mas sem exageros que possam prejudicar os fornecedores.

Em nossa opinião, o serviço deve ser ininterrupto e estar disponível em outros canais que não sejam apenas a internet. Assim, o contato telefônico é essencial para que o consumidor reclame, questione ou tire suas dúvidas. É inegável que a pessoalidade é maior no contato telefônico.

Mas talvez um sistema telefônico disponível de forma ininterrupta tenha um custo um tanto elevado aos fornecedores. A nossa sugestão seria que os fornecedores do *e-commerce* criem (ou mantenham) sistema telefônico disponível aos consumidores durante o horário comercial. Fora do horário comercial, ao menos um *chat* deve estar à disposição dos consumidores.

Pois bem. Assim, para o direito de arrependimento, a primeira consequência do Decreto 7.962/2013 é garantir ao consumidor a possibilidade de exercer o direito de arrependimento em qualquer horário do dia, através de um sistema eficaz.

O Decreto também dispõe de forma expressa a respeito do dever de informação específico para o direito de arrependimento. Segundo o art.

---

[307] *Folha de S. Paulo*, Caderno Classificados, Edição do dia 14 de Abril de 2013.
[308] Idem, ibidem.

III. DIREITO DE ARREPENDIMENTO NOS ORDENAMENTOS

5º: "O fornecedor deve informar, de forma clara e ostensiva, os meios adequados e eficazes para o exercício do direito de arrependimento pelo consumidor".

Veja-se que a redação do art. 5º, do Decreto é praticamente idêntica àquela do art. 49, § 7º, do PLS 281/2012[309]. Todavia, bom ressaltar que tal fato não impede *também* a aprovação do PLS 281. Isso porque o Decreto, no sistema jurídico brasileiro, é um ato administrativo, de caráter infralegal, cujo objetivo é regulamentar uma lei, complementando-a. Caso aprovado o PLS, a disposição do art. 49 § 7º, ficaria disposta no próprio Código de Defesa do Consumidor, em uma lei ordinária, de caráter infraconstitucional, facilitando a sua aplicação.

Ainda relacionado ao direito de arrependimento, o Decreto também determina que "o consumidor poderá exercer seu direito de arrependimento pela mesma ferramenta utilizada para a contratação, sem prejuízo de outros meios disponibilizados".

Tal como já explanado nesse trabalho, o CDC não possui uma previsão para que o direito de arrependimento seja exercido. Em virtude disso, alguns fornecedores obrigam consumidores a exercer o direito de arrependimento de formas complicadas, tal como o envio de formulários pelos correios, não obstante a compra ter sido realizada, por exemplo, pela internet.

Assim, em boa medida a determinação do Decreto 7.962/2013, que garante ao consumidor exercer o direito de arrependimento pelo mesmo mecanismo utilizado na contratação. Isso, claro, sem prejuízo de outros meios conferidos pelos fornecedores. Essa determinação também é muito próxima daquela prevista no PLS 281/2012 que, em seu art. 45-C, diz que é obrigação do fornecedor "confirmar imediatamente o recebimento de comunicações, inclusive a manifestação de arrependimento e cancelamento do contrato, utilizado o mesmo meio empregado pelo consumidor ou outros costumeiros".

Outrossim, o Decreto 7.962/2013 também determina que o exercício do direito de arrependimento implica a extinção dos contratos acessórios, sem qualquer ônus para o consumidor. Em complementação, o § 3º

---

[309] Art. 49, § 7º, do PLS 281/2013: "O fornecedor deve informar, de forma clara e ostensiva, os meios adequados, facilitados e eficazes disponíveis para o exercício do direito de arrependimento do consumidor, que devem contemplar, ao menos, o mesmo modo utilizado para a contratação".

DIREITO DE ARREPENDIMENTO NOS CONTRATOS DE CONSUMO

determina que o exercício do direito de arrependimento será comunicado imediatamente pelo fornecedor à instituição financeira ou à administradora do cartão de crédito ou similar, para que a transação não seja lançada na fatura do consumidor ou seja efetivado o estorno do valor, caso o lançamento na fatura já tenha sido realizada. Essa medida também é praticamente idêntica ao § 4º, do art. 49, do PLS 281/2012[310] e que será estudada a frente. Trata-se, na verdade, da extensão dos efeitos do direito de arrependimento aos contratos coligados de crédito.

Analisando-se o Decreto 7.962/2013, cremos que todas as medidas apresentadas trarão enormes melhorias ao direito de arrependimento. Todavia, muitos pontos que deveriam ser tratados não estão previstos no Decreto. Talvez o fato se dê porque, o objetivo do Decreto seja tão somente regulamentar a atividade do comércio eletrônico.

Assim, também se faz imprescindível a aprovação do PLS 281/2012 que, além das determinações do Decreto, traz outras importantes medidas ao direito de arrependimento, complementando-o e trazendo excelentes melhorias para essa importante ferramenta de proteção contratual.

3.3 O direito de arrependimento no Projeto de Lei do Senado nº 281 de 2012

Criada em dezembro de 2010 por meio de ato do presidente do Senado Federal José Sarney, a comissão de juristas foi instituída para apresentar propostas de atualizações ao Código de Defesa do Consumidor. Foram realizadas audiências públicas com senadores, procuradores da República e organismos de defesa do consumidor.

Além do ministro do Superior Tribunal de Justiça Herman Benjamin, também compõem a comissão as coordenadoras do observatório do crédito do superendividamento do consumidor, as renomadas professoras Claudia Lima Marques e Ada Pellegrini Grinover; o promotor de Justiça de Defesa do Consumidor Leonardo Roscoe Bessa; o diretor da Revista de Direito do Consumidor, Roberto Augusto Pfeiffer e o desembargador Kazuo Watanabe. Benjamin, Watanabe e Ada Pellegrini integraram, em 1990, a Comissão original que elaborou o projeto do atual CDC[311].

---

[310] Art. 49, § 4º do PLS 281/2012: "Caso o consumidor exerça o direito de arrependimento, os contratos acessórios de crédito são automaticamente rescindidos, sem qualquer custo para o consumidor".

[311] Fonte: <http://www.migalhas.com.br/Quentes/17,MI151832,71043-Comissao+de+juristas +apresenta+relatorio+sobre+atualizacao+do+CDC>. Acesso em: 25 jul. 2012.

III. DIREITO DE ARREPENDIMENTO NOS ORDENAMENTOS

O texto deu entrada no Senado Federal em agosto de 2012. O Projeto de lei pretende alterar o Código de Defesa do Consumidor. Dentre as medidas pretendidas, o Projeto visa aperfeiçoar as disposições gerais do Capítulo I, do Título I e dispor sobre o comércio eletrônico.

Com relação ao direito de arrependimento, as alterações são bastante expressivas. Além da alteração ao *caput*, a comissão entendeu por adicionar nada menos do que nove parágrafos ao art. 49.

Vejam-se abaixo as proposições originais apresentadas pela comissão:

"Art. 49. O consumidor pode desistir da contratação a distância, no prazo de sete dias a contar da aceitação da oferta ou do recebimento ou disponibilidade do produto ou serviço, o que ocorrer por último.

§ 1º(...)

§ 2º Por contratação a distância entende-se aquela efetivada fora do estabelecimento, ou sem a presença física simultânea do consumidor e fornecedor, especialmente em domicílio, por telefone, reembolso postal, por meio eletrônico ou similar.

§ 3º Equipara-se à modalidade de contratação prevista no § 2º deste artigo aquela em que, embora realizada no estabelecimento, o consumidor não teve a prévia oportunidade de conhecer o produto ou serviço, por não se encontrar em exposição ou pela impossibilidade ou dificuldade de acesso a seu conteúdo.

§ 4º Caso o consumidor exerça o direito de arrependimento, os contratos acessórios de crédito são automaticamente rescindidos, sem qualquer custo para o consumidor;

§ 5º Sem prejuízo da iniciativa do consumidor, o fornecedor deve comunicar de modo imediato a manifestação do exercício de arrependimento à instituição financeira ou à administradora do cartão de crédito ou similar, a fim de que:

I – a transação não seja lançada na fatura do consumidor;

II – seja efetivado o estorno do valor, caso a fatura já tenha sido emitida no momento da comunicação;

III – caso o preço já tenha sido total ou parcialmente pago, seja lançado o crédito do respectivo valor na fatura imediatamente posterior à comunicação.

§ 6º Se o fornecedor de produtos ou serviços descumprir o disposto no § 1º ou no § 5º, o valor pago será devolvido em dobro.

§ 7º O fornecedor deve informar, de forma clara e ostensiva, os meios adequados, facilitados e eficazes disponíveis para o exercício do direito de arrependimento do consumidor, que devem contemplar, ao menos, o mesmo modo utilizado para a contratação.

§ 8º O fornecedor deve enviar ao consumidor confirmação individualizada e imediata do recebimento da manifestação de arrependimento.

§ 9º O descumprimento dos deveres do fornecedor previstos neste artigo e nos artigos da Seção VII do Capítulo V do Título I desta lei enseja a aplicação pelo Poder Judiciário de multa civil em valor adequado à gravidade da conduta e suficiente para inibir novas violações, sem prejuízo das sanções penais e administrativas cabíveis e da indenização por perdas e danos, patrimoniais e morais, ocasionados aos consumidores".

O primeiro ponto a ser destacado é a redação que foi dada ao *caput*. Veja-se a diferença da atual redação, com a redação proposta.

Redação Atual	Redação Projeto 281/2012
Art. 49. O consumidor pode desistir do contrato, no prazo de 7 dias a contar de sua assinatura ou do ato de recebimento do produto ou serviço, sempre que a contratação de fornecimento de produtos e serviços ocorrer fora do estabelecimento comercial, especialmente por telefone ou a domicílio.	Art. 49. O consumidor pode desistir da **contratação à distância**, no prazo de sete dias a **contar da aceitação da oferta ou do recebimento ou disponibilidade do produto ou serviço, o que ocorrer por último.**

Nos termos da atual redação, o consumidor pode desistir do contrato quando a contratação do fornecimento de produtos ou serviços ocorrer "fora do estabelecimento comercial, especialmente por telefone ou a domicílio". Tal como já afirmado anteriormente, quando da promulgação do Código de Defesa do Consumidor, ou seja, nos idos anos 1990, sequer o legislador imaginava o que era e o que viria a ser a internet e o comércio eletrônico. O objetivo, à época, era proteger os adquirentes das vendas ao domicílio, em especial, por telefone ou catálogos.

Atualmente, esse tipo de contratação praticamente está superado. O direito de arrependimento deve compreender não apenas as hipóteses de contratação por telefone ou ao domicílio, mas, principalmente, aquelas decorrentes do *e-commerce*.

III. DIREITO DE ARREPENDIMENTO NOS ORDENAMENTOS

Diante disso, o projeto pretende alterar a redação do art. 49, para que o direito de arrependimento compreenda todos os casos de *contratação à distância*. A contratação à distância é definida no § 2º do art. 49, do Projeto, que dispõe, "[...] entende-se aquela efetivada fora do estabelecimento, ou sem a presença física simultânea do consumidor e fornecedor, especialmente em domicílio, por telefone, reembolso postal, por meio eletrônico ou similar"[312].

Como se vê, ainda que jurisprudência e doutrina já estejam pacificadas no sentido de que o direito de arrependimento pode ser exercido nos casos de contratação do comércio eletrônico, faz bem o dispositivo em alterar o *caput* do art. 49, para que este seja atualizado aos dias atuais.

Com relação à definição de contratação à distância do Projeto, não é nosso interesse manifestarmo-nos contrários ou a seu favor. O que não nos parece razoável, contudo, é que essa definição esteja posicionada num parágrafo reservado ao direito de arrependimento. Cremos que tal definição deveria ser redirecionada às disposições dos arts. 45-A e seguintes e não no capítulo relativo ao exercício do direito de arrependimento.

Em complementação à definição estabelecida no § 2º do Projeto, o parágrafo seguinte equipara a contratação à distância àquela que, "embora realizada no estabelecimento, o consumidor não teve a prévia oportunidade de conhecer o produto ou serviço, por não se encontrar em exposição ou pela impossibilidade ou dificuldade de acesso a seu conteúdo".

A intenção da comissão é muito boa. Muitas vezes, o consumidor pode estar dentro do estabelecimento da empresa, mas não tem acesso ao produto ou serviço que adquire.

Veja-se, por exemplo, o caso de um consumidor que, em São Paulo, dentro de um escritório comercial de um *resort* baiano, adquire um pacote turístico para sua família. Por mais que o consumidor esteja no escritório comercial do empreendimento em São Paulo, por uma impos-

---

[312] Vale a pena conferir a definição de contratação à distância estabelecida na Directiva 2011/83/EU: "Contrato à distância: qualquer contrato celebrado entre o profissional e o consumidor no âmbito de um sistema de vendas ou prestação de serviços organizado para o comércio à distância, sem a presença física simultânea do profissional e do consumidor, mediante a utilização exclusiva de um ou mais meios de comunicação à distância até ao momento da celebração do contrato, inclusive".

sibilidade física, não consegue saber, com exatidão, todas as informações do *resort*, a não ser aquelas do catálogo da empresa. Sendo assim, ao chegar em sua residência, o consumidor, longe da possível pressão do vendedor, poderá analisar, pela internet, por exemplo, as dependências do *resort* e verificar, inclusive, opiniões de outros internautas.

Também é bastante comum que incorporadoras realizem coquetéis de lançamento de empreendimentos imobiliários. Ainda que o consumidor esteja dentro do *stand* de vendas da empresa, cremos que deve ser a ele facultado a possibilidade de exercer o direito de arrependimento, uma vez que a vulnerabilidade do consumidor nesses casos é evidente. Ressalte-se, contudo, nesse caso, que o direito de arrependimento somente pode ser exercido em até sete dias da assinatura do contrato e, obviamente, não da entrega do produto, que poderá levar anos a ser construído.

Da mesma forma, se o consumidor dirige-se a uma loja e adquire um produto que não está exposto porque está esgotado, poderá exercer o direito de arrependimento, assim que receber o produto. Veja-se, portanto, que o direito de arrependimento não se limita apenas aos contratos à distância.

O Projeto também altera o início do prazo para que o consumidor possa exercer o direito de arrependimento. A redação atual do CDC determina que o consumidor pode desistir do contrato no prazo de sete dias a contar (i) da assinatura do contrato ou (ii) do ato de recebimento do produto ou serviço. Já o *caput* do art. 49, do Projeto, determina que o consumidor pode se arrepender quando da simples aceitação da oferta ou recebimento ou disponibilidade do produto ou serviço, o que ocorrer por último.

De fato, no comércio eletrônico, não é comum que as partes assinem um contrato. É bem verdade que o art. 45-D, inciso II, do Projeto, pretende determinar que o fornecedor envie ao consumidor via do contrato em suporte duradouro. Contudo, nos termos do Projeto, poderá o consumidor exercer o direito de arrependimento antes mesmo de receber uma via do contrato, ou seja, logo após a aceitação da oferta. Assim, após clicar em comprar e efetuar o pagamento com o cartão de crédito, por exemplo, pode o consumidor exercer o direito de arrependimento, ainda que o contrato não tenha sido enviado ao consumidor. Da mesma forma, caso tenha clicado em comprar, antes mesmo de pagar o boleto ban-

III. DIREITO DE ARREPENDIMENTO NOS ORDENAMENTOS

cário, por exemplo, poderá exercer o direito de arrependimento. A proposição, a nosso ver, é bem interessante.

Com relação aos contratos coligados de crédito, determina o § 4º que os *"contratos acessórios de crédito são automaticamente rescindidos, sem qualquer custo para o consumidor"*. A disposição é quase idêntica àquelas verificadas em Portugal, Itália, dentre outros. Sem dúvida alguma é uma disposição benéfica ao mercado e que encerra controvérsias nesse sentido.

Os contratos coligados, segundo os ensinamentos de Francisco Paulo Marino[313], podem ser conceituados como contratos que, por força de disposição legal, da natureza acessória de um deles ou do conteúdo contratual (expresso ou implícito) encontram-se em relação de dependência unilateral ou recíproca.

A discussão entre os contratos de crédito e sua coligação com demais contratos ao consumo existe há algum tempo na Europa. Tal como nos ensina Francisco Marino[314], as primeiras leis a regularem a matéria foram o *Consumer Credit Act* inglês de 1974 e a lei francesa promulgada em 10 de janeiro de 1978, a fim de proteger o consumidor, tendo em vista que a jurisprudência até então vigente qualificava o financiamento e a venda para consumo como contratos desvinculados. Hoje seus dispositivos se encontram integrados ao *Code de la Consommation*.

O direito brasileiro, por sua vez, como bem ressaltou Marino[315], não contemplou diretamente a ligação entre fornecedores de produtos ou serviços e financiamento, muito menos tratou expressamente de seus efeitos. A despeito da ausência de disposição legal expressa, a jurisprudência brasileira[316] reconhece o coligamento existente entre contrato de compra e venda e contrato de financiamento celebrado pelo consu-

---

[313] MARINO, Francisco Paulo de Crescenzo. *Contratos coligados no direito brasileiro*. São Paulo: Saraiva, 2009, p. 99.

[314] MARINO, Francisco Paulo de Crescenzo. Idem, p. 216.

[315] MARINO, Francisco. Paulo de Crescenzo. Idem, p. 218

[316] Nessa senda, veja-se: *"Rescisão de contrato de compra e venda. Financiamento.* Não realizada a entrega da mercadoria adquirida, cabível a rescisão do contrato de compra e venda, bem assim o cancelamento do financiamento, dada a vinculação entre os negócios jurídicos. Contratos Coligados. Hipótese em que um negócio jurídico não sobrevive diante da rescisão do outro, por estarem vinculados. Preliminar de ilegitimidade passiva rejeitada. Apelação a que se nega provimento" (Tribunal de Justiça do Rio Grande do Sul, Apelação Cível nº 70001462845, 6ª Câmara Cível, Rel. Des. Carlos Alberto Álvaro de Oliveira, j. 07 de Fevereiro de 2001).

DIREITO DE ARREPENDIMENTO NOS CONTRATOS DE CONSUMO

midor com entidade financiadora que mantém relação comercial com o vendedor.

Assim, o que pretende o Projeto é apenas consolidar algo já sedimentado pela jurisprudência. A proposição do § 4º é elogiada por Guilherme Magalhães Martins[317], que também asseverou que é estabelecida responsabilidade solidária entre o fornecedor do produto ou serviço, a instituição financeira e a administradora do cartão de crédito, cabendo-lhes, alternativamente, estornar imediatamente o valor cobrado indevidamente do consumidor, ou, alternativamente, efetivar o estorno na próxima fatura, caso o valor já tenha sido total ou parcialmente pago no momento da manifestação do arrependimento. Trata-se de importante manifestação dos contratos coligados, todos perpassados pela mesma causa ou finalidade econômica, o que justifica o tratamento dado pelo anteprojeto.

Em complementação ao § 4º, o § 5º ainda traz obrigações ao fornecedor, decorrente da extinção do contrato coligado de crédito. Segundo a proposição, nos casos em que há a extinção automática do contrato coligado, caberá ao fornecedor do produto ou serviço comunicar a

---

"*Apelação. Ação declaratória de inexistência de débito cumulada com indenização por danos morais.* Compra e venda de automóvel e contrato de arrendamento mercantil com a instituição financeira Objeto do contrato substituído em contato telefônico com o consumidor Sendo o objeto elemento essencial do contrato tem-se que sua alteração dá origem a novo pacto, firmado por telefone, e, portanto, fora do estabelecimento comercial. Exercício do direito de arrependimento (artigo 49 do Código de Defesa do Consumidor) manifestado em até sete dias contados do contato telefônico. Circunstância de a contratação ter sido realizada, quanto ao seu objeto, fora do estabelecimento comercial do fornecedor. Possibilidade. Legitimidade de parte. A instituição financeira possui legitimidade para figurar no polo passivo da presente ação. Contrato de financiamento coligado ao de compra e venda, sendo que a existência de um é determinante para a do outro. A rescisão da compra e venda ante o exercício regular da desistência, impossibilitando ao consumidor o uso e fruição do bem gera, por consequência, o cancelamento do contrato de financiamento. Dano moral. Evidenciada relação de causalidade entre o dano moral e ato ilícito praticado pelo apelado impõe-se o dever de indenizar. O dano extrapatrimonial é 'in re ipsa', pois decorre do próprio fato. Redução para adequar a razoabilidade e proporcionalidade. Recursos parcialmente providos, apenas para reduzir o montante fixado a título de danos morais" (Tribunal de Justiça de São Paulo, Apelação nº 9274043-87.2008.8.26.0000, 25ª Câmara de Direito Privado, Rel. Hugo Crepaldi, j. 11 de Abril de 2012).

[317] MARTINS, Guilherme. A reforma do Código de Defesa do Consumidor brasileiro e o comércio eletrônico: uma visão crítica do anteprojeto. *Revista Luso-Brasileira de Direito do Consumo*, n. 4, Dezembro de 2011. Curitiba: Bonijuris, p. 26.

III. DIREITO DE ARREPENDIMENTO NOS ORDENAMENTOS

instituição financeira ou similar para que a transação não seja cobrada ou caso já o tenha sido feito, que seja estornada ao consumidor. Tal determinação também é bastante interessante. O Projeto ainda pretende que, caso tal determinação não seja atendida, o valor pago pelo consumidor seja restituído em dobro (§ 6º).

Outra grande e inovadora proposição é aquela do § 7º, a qual determina que "o fornecedor deve informar, de forma clara e ostensiva, os meios adequados, facilitados e eficazes disponíveis para o exercício do direito de arrependimento do consumidor, que devem contemplar, ao menos, o mesmo modo utilizado para a contratação".

Esse dispositivo certamente melhora bastante o exercício do direito de arrependimento. Há um dever de informação que facilita ao consumidor a forma como pode ser exercido o direito de arrependimento.

Contudo, o Projeto nada diz acerca da forma que essa informação deve ser prestada ao consumidor. Melhor seria determinar que, após a conclusão do contrato, fosse enviado ao consumidor correspondência ou email, apartado do contrato, informando as formas do exercício do arrependimento.

Mais interessante, ainda, se a nossa legislação atendesse à mesma disposição da Directiva 2011/83/CE que, em seu art. 11º, determina aos fornecedores, nos casos envolvendo o comércio eletrônico, logo após a contratação, enviem um *formulário* para o exercício do direito de arrependimento. O consumidor, assim, não precisaria atender às determinações do fornecedor, para exercer o direito de arrependimento. Bastaria que preenchesse o formulário, já enviado logo após a conclusão do contrato. Essa forma, a nosso ver, atenderia perfeitamente a facilitação ao exercício do direito de arrependimento.

Ao final, o Projeto também assevera que o descumprimento de tais deveres pelo fornecedor ensejará a aplicação de multa civil em "valor adequado à gravidade da conduta e suficiente para inibir novas violações, sem prejuízo das sanções penais e administrativas cabíveis e da indenização por perdas e danos, patrimoniais e morais, ocasionados aos consumidores".

Pela análise do Projeto, cremos que há uma grande evolução no direito de arrependimento. Não há dúvidas de que o legislador brasileiro procurou se valer das disposições contidas em Directivas Europeias e legislações específicas de países como Portugal, França, Itália, dentre outros.

DIREITO DE ARREPENDIMENTO NOS CONTRATOS DE CONSUMO

A aprovação do Projeto trará uma grande melhora ao exercício do direito de arrependimento, bem como uma maior proteção aos consumidores. É interessante notar que o atual Código de Defesa do Consumidor possui apenas um artigo para cuidar do direito de arrependimento: *caput* e parágrafo. Já o Projeto 281/2012 procura inserir nada menos do que outros nove parágrafos. Realmente o direito de arrependimento previsto no Código de Defesa do Consumidor anseia por uma profunda alteração.

De todo modo, pensamos que o Projeto poderia ter ido além. Faltou ao projeto regular, por exemplo: (i) o prazo em que o consumidor deve devolver o produto recebido; (ii) o prazo que possui o fornecedor para reembolsar ao consumidor os valores pagos (iii) a quem fica a responsabilidade pelas despesas de devolução da coisa.

São questões sobre as quais a jurisprudência brasileira, tal como visto ao longo deste trabalho, ainda possui posicionamentos diversos. Para que tais questões sejam dirimidas, a nossa sugestão é que o Projeto passe a regulá-las.

Da mesma forma, acreditamos que o Projeto poderia trazer um rol *exemplificativo* das restrições ao direito de arrependimento. É certo que a simples figura do abuso de direito, como regra geral, seria suficiente para limitar as hipóteses em que o direito de arrependimento não pode ser exercido.

Contudo, a regra geral atualmente não resolve problemas enfrentados pelo Judiciário. Assim, inúmeros casos possuem entendimentos divergentes pelos tribunais. Em nossa opinião, o Projeto poderia, em alguns casos, limitar o direito de arrependimento, para que a jurisprudência fosse mais uníssona. A regra geral, caso fosse bem interpretada, poderia bastar para que as restrições fossem bem entendidas. Contudo, essa não é a realidade dos julgados a que tivemos acesso. É bom relembrar que, nos termos da redação do projeto, a regra geral significa que celebrada a compra de qualquer produto à distância, poderá o consumidor exercer o direito de arrependimento.

Seria interessante que o Projeto também proibisse o exercício do direito de arrependimento nos contratos de prestação de serviços, quando estes já foram totalmente prestados e efetivamente entregues[318].

---

[318] Nessa, senda, por exemplo, a Itália proíbe o exercício do direito de arrependimento nos contratos em que a prestação dos serviços já tenha sido iniciada, bem como em outras

III. DIREITO DE ARREPENDIMENTO NOS ORDENAMENTOS

Por fim, pensamos que poderia haver um dispositivo determinando que, nos casos em que o pagamento do produto ou serviço fosse realizado por títulos de crédito, ficasse proibido aos fornecedores o endosso translativo dos mesmos, enquanto não transcorresse o prazo para o exercício do direito de arrependimento pelos consumidores.

3.3.1 *Sugestão legislativa acolhida pelo Senador Antonio Carlos Rodrigues: Emendas apresentadas ao PLS 281/2012*

Em virtude da tramitação do Projeto de Lei 281/2012, entramos em contato com o Senador Antonio Carlos Rodrigues que, conjuntamente com seu assessor parlamentar, João Paulo Recco de Faveri e Leandro Marinho, após leitura de nosso artigo crítico a respeito da proposta legislativa[319], manifestou interesse na apresentação de emenda legislativa ao aludido projeto.

Após troca de correspondências e alguns debates, foram apresentadas três emendas, cujas íntegras seguem anexas ao presente trabalho.

A **primeira emenda** teve por objetivo garantir a obrigatoriedade dos fornecedores em cumprirem o dever de informação pós-contratual do direito de arrependimento.

TEXTO ORIGINAL DA PROPOSTA:

"Art. 45-D: Na contratação por meio eletrônico ou similar, o fornecedor deve enviar ao consumidor:

I – confirmação imediata do recebimento da aceitação da oferta, inclusive em meio eletrônico;

II via do contrato em suporte duradouro, assim entendido qualquer instrumento, inclusive eletrônico, que ofereça as garantias de fidedignidade, inteligibilidade e conservação dos dados contratuais, permitindo ainda a facilidade de sua reprodução".

---

situações: "Art. 48. Exclusione del recesso. 1. Per i contratti riguardanti la prestazione di servizi, Il diritto di recesso non può essere esercitato nei confronti delle prestazioni che siano state gia' eseguite".

[319] GOMIDE, Alexandre Junqueira. O direito de arrependimento aos consumidores: modelo atual e as proposições do Projeto de Lei do Senado nº 281/2012. *Revista Luso-Brasileira de Direito do Consumo*. v. 3, n. 1, Março 2013. Curitiba: Bonijuris Ltda. 2013, p. 29-49.

PROPOSTA DA EMENDA:

Acrescentar os art. III e parágrafo único ao art. 45-D, nos seguintes termos:

"Art. 45-D:

[...]

III – formulário específico para preenchimento do consumidor em caso de exercício do direito de arrependimento, contendo a forma, os prazos e a indicação de endereço para devolução do produto.

Parágrafo único: Caso o formulário previsto no inciso III não tenha sido enviado pelo fornecedor, o prazo previsto no caput do art. 49 deverá ser ampliado para quarenta e cinco dias, a contar da data do recebimento do produto ou, em se tratando de serviços, da data da celebração do contrato".

Já nos manifestamos anteriormente que para o exercício do direito de arrependimento, faz-se necessário o cumprimento do dever de informação prévio e posterior à celebração do contrato. O dever de informação prévio dá-se com a disponibilização de informações em tempo útil e previamente à celebração de qualquer contrato celebrado à distância.

A disponibilização prévia de tais informações pode dar-se no sítio eletrônico do fornecedor, por meio do SAC telefônico da empresa, ou qualquer outro meio que, de forma clara e inequívoca, informe ao consumidor sobre o direito de arrependimento disposto nos contratos celebrados à distância.

O dever de informação pré-contratual do direito de arrependimento é encontrado em inúmeros dispositivos da legislação estrangeira. Em Portugal, por exemplo, encontra-se no art. 4º, nº 1, do Decreto-Lei 143/2001. Da mesma forma, na Itália, o *Codice del Consumo* prevê disposições análogas no art. 52, nº 1.

O PLS 281/2012, por sua vez, confere um dever de informação específico sobre o direito de arrependimento:

"Art. 49, § 7º: O fornecedor deve informar, de forma clara e ostensiva, os meios adequados, facilitados e eficazes, disponíveis para o exercício do direito de arrependimento do consumidor, que devem contemplar, ao menos, o mesmo modo utilizado para a contratação".

III. DIREITO DE ARREPENDIMENTO NOS ORDENAMENTOS

Mas da forma como disposta no Projeto, a informação pode não atingir a sua finalidade. Para o caso do direito de arrependimento, tal como medida aplicada em outros países, nada melhor que se obrigue o fornecedor, após a contratação, enviar formulário, em material apartado ao contrato, informando prazos, forma do exercício de arrependimento, dentre outros. Trata-se de verdadeira forma de cumprimento do dever de informação *pós-contratual*.

Esse mesmo formulário, diga-se, pode ser utilizado pelo consumidor para o exercício do direito de arrependimento. Veja-se, a primeira função é o cumprimento do direito de informação pós-contratual e a segunda função do formulário é facilitar o exercício do direito de arrependimento.

Após debates e discussões sobre as emendas apresentadas ao Projeto, a Comissão Temporária de Modernização do Código resolveu acolher e rejeitar as emendas propostas. Com relação à emenda acima proposta, asseverou a Comissão que "A emenda nº 16, de autoria do Senador Antonio Carlos Rodrigues, traz no seu bojo sugestões para aprimorar o direito de arrependimento do consumidor. Pretende que seja fornecido formulário específico contendo a forma, os prazos e a indicação de endereço para devolução. Acolhemos a presente emenda, que melhora a regra pensada pela Comissão de Juristas".

Apesar de terem acolhido a emenda, a Comissão resolveu alterar a redação do dispositivo, mas sem modificação da ideia proposta. Diante disso, a redação do art. 44-D, aprovada pela Comissão foi:

Art. 44-D. Na contratação por meio eletrônico ou similar, o fornecedor deve enviar ao consumidor:

I – em momento prévio à contratação, o contrato, em língua portuguesa acessível e com fácil visualização em sua página;

II – confirmação imediata do recebimento da aceitação da oferta, inclusive em meio eletrônico;

III – via do contrato em suporte duradouro, assim entendido qualquer instrumento, inclusive eletrônico, que ofereça as garantias de fidedignidade, inteligibilidade e conservação dos dados contratuais, permitindo ainda a facilidade de sua reprodução;

IV – formulário ou link facilitado e específico para preenchimento do consumidor em caso de exercício do direito de arrependimento.

Parágrafo único. Caso a confirmação e o formulário previstos nos incisos II e IV não tenham sido enviados pelo fornecedor, o prazo previsto no caput do art. 49 deverá ser ampliado para trinta dias.

Como visto, a ideia do formulário foi acolhida pela Comissão. Da mesma forma, também foi acolhida ampliação do prazo quando o fornecedor não tenha encaminhado o formulário com informações sobre o exercício do direito de arrependimento. Todavia, a comissão entendeu muito extensa a ampliação de 45 dias, tendo diminuído para 30 dias.

Ademais, a Comissão também foi além, tendo informado que a extensão do prazo para o exercício do direito de arrependimento também deve ocorrer quando o fornecedor não tenha confirmado imediatamente o recebimento da aceitação da oferta (inciso II).

A **segunda emenda** apresentada visa restringir o exercício do direito de arrependimento em algumas hipóteses:

TEXTO ORIGINAL DA PROPOSTA:
"Art. 49. O consumidor pode desistir da contratação à distância, no prazo de sete dias a contar da aceitação da oferta ou do recebimento ou disponibilidade do produto ou serviço, o que ocorrer por último.
[...]"

PROPOSTA DA EMENDA:
Acrescentar o § 10º ao art. 49:
"Art. 49.
[...]
§ 10º O direito de arrependimento não é aplicável para a contratação dos seguintes produtos ou serviços, salvo acordo em contrário:
I – serviços cuja execução tenha tido início, com o acordo do consumidor, antes do prazo fixado no caput do art. 49;
II – gêneros alimentícios;
III – produtos personalizados, confeccionados de acordo com as especificações do consumidor;
IV – jornais, revistas e livros, com exceção dos contratos de assinatura para o envio dessas publicações;
V – mídias com gravações de áudio, vídeo e softwares a que o consumidor já tenha retirado o selo de garantia de inviolabilidade;

III. DIREITO DE ARREPENDIMENTO NOS ORDENAMENTOS

VI – contratos celebrados em hasta pública;
VII – bilhetes aéreos".

Com relação às restrições ao direito de arrependimento, já manifestamos os nossos motivos. Em alguns casos, a restrição justifica-se porque pode abrir uma porta ao abuso do direito, trazendo prejuízos aos fornecedores de produtos e serviços. Em outras hipóteses, a própria natureza jurídica do contrato não permite o exercício do direito de arrependimento. É o exemplo da restrição ao exercício do direito de arrependimento nos contratos de fornecimento de gêneros alimentícios.

Além disso, por razões óbvias, também deve ser limitado o exercício do direito de arrependimento no fornecimento de produtos confeccionados de acordo com as especificações do consumidor.

Nos contratos de prestação de serviços celebrados à distância, o direito de arrependimento não pode ser exercido em relação ao *serviço* prestado, mas, sim, quanto ao *contrato* celebrado. Lembrando-se que o direito de arrependimento é um direito gratuito, não se pode admitir o arrependimento quando o serviço já foi total ou parcialmente executado. Tal medida certamente traz prejuízos ao fornecedor de serviços.

As razões para a restrição do arrependimento também são evidentes para os contratos celebrados em hasta pública. Tendo sido exercido o arrependimento em leilões virtuais, por exemplo, credores e demais interessados sofrerão prejuízos claros.

Talvez a maior inovação a que pretendemos com essa emenda é restringir o direito de arrependimento nos casos de aquisição de passagens aéreas. A nossa justificativa se dá porque, reitere-se, o arrependimento é obrigatoriamente um direito gratuito, ou seja, após o seu exercício, os valores devem ser restituídos ao consumidor sem qualquer desconto.

Todavia, não nos parece o mais correto garantir aos consumidores o direito de arrependimento nesse tipo de contratação. Deve sim, ser garantido o direito de resilição do contrato, mediante o pagamento de uma multa, ou seja, o consumidor pode cancelar a sua passagem aérea, mas não terá o reembolso integral dos valores pagos à companhia. Atente-se: nosso entendimento é que ao consumidor não deve ser garantido o direito de arrependimento (que é sempre gratuito), mas, sim, o direito de extinção contratual, unilateral, mediante o pagamento de multa.

DIREITO DE ARREPENDIMENTO NOS CONTRATOS DE CONSUMO

Ressalte-se, ainda, que a questão a respeito do cancelamento das passagens aéreas é tema controvertido na jurisprudência. Sabe-se que é prática comum de algumas empresas, em passagens promocionais, não realizar qualquer reembolso aos passageiros, não obstante tal prática ser contrária à Deliberação Normativa da Embratur nº 161 de 09 de Agosto de 1985.

Ainda assim, em determinado julgado, o Tribunal de Justiça de São Paulo permitiu que nenhum reembolso fosse devolvido ao consumidor, no caso de cancelamento do bilhete promocional[320]. Por outro lado, o mesmo Tribunal, em outro julgado, julgou abusiva a prática de aplicação de multa de 50% do contrato em caso de cancelamento do bilhete aéreo[321].

Enfim. Defendemos a tese de que é possível ao consumidor, sempre, cancelar a sua passagem sendo a ele devido um valor de reembolso dos valores pagos. Esse direito, contudo, não pode ser confundido com o direito de arrependimento, que nesse caso não se aplica. Até porque, os próprios fundamentos para o exercício do direito de arrependimento, no caso da aquisição de bilhetes aéreos, não estão presentes.

Em primeiro lugar: inexiste qualquer elemento surpresa na compra de uma passagem aérea. A aquisição desse serviço pela internet não coloca o consumidor em nenhuma desvantagem. Atualmente a grande maioria das vendas de bilhetes aéreos dá-se diretamente pela internet. Temos de concordar que nesse caso, talvez o consumidor esteja mais seguro e sofrendo menos pressão do que se estivesse em um balcão de uma agência de turismo e em tratativas com um vendedor.

Além disso, os cancelamentos dos bilhetes aéreos, sobretudo aqueles realizados poucas horas antes do embarque, certamente causam prejuízos às companhias aéreas, uma vez que se torna difícil a renegociação de tais passagens. Diante de tais argumentos, a nossa proposição também foi restringir o direito de arrependimento quando da aquisição das passagens aéreas.

---

[320] Tribunal de Justiça de São Paulo, Apelação nº 992.05.031825-9, Rel. Francisco Occhiuto Júnior, j. 19 de Agosto de 2010.
[321] Tribunal de Justiça de São Paulo, Apelação nº 0190000-41.2006.8.26.0100, Rel. Castro Figliolia, j. 9 de Novembro de 2011.

III. DIREITO DE ARREPENDIMENTO NOS ORDENAMENTOS

Após analisar a emenda, a Comissão Temporária acolheu apenas a restrição aos bilhetes aéreos, entendendo que:

"Acolhe em parte a emenda n° 25 senador ANTONIO CARLOS RODRIGUES, para tratar dos contratos de transporte aéreo. A comercialização de passagens aéreas consiste em um dos principais objetos do comércio eletrônico atualmente. Deve ser assegurado ao consumidor o reembolso de, no mínimo, noventa e cinco por cento do valor pago por bilhete de passagem não utilizado, sempre que o consumidor comunicar ao transportador em tempo de ser negociada (art. 740 CC). Admite-se também a possibilidade da agência reguladora diferenciar o tratamento do direito de arrependimento das passagens aéreas e terrestres, levando em consideração suas peculiaridades".

Não há como nos manifestarmos favoravelmente ao parecer da Comissão. As restrições ao direito de arrependimento que apresentamos na emenda tratada acima são restrições encontradas em inúmeras legislações de outros países. São casos em que a própria natureza do contrato impede o exercício do direito de arrependimento. Infelizmente, o abuso de direito, por si só, mostrou-se insuficiente para demonstrar os limites impostos aos direitos dos consumidores.

Além disso, tal como visto, em inúmeros casos, a jurisprudência, em virtude da ausência de um "freio" ao direito do consumidor, embaralha-se, com julgados completamente diversos em si.

De qualquer forma, acolhendo a ideia de restrição ao exercício do direito de arrependimento na venda de bilhetes aéreos, a Comissão resolveu inscrever no Projcto o art. 49-A, nos seguintes termos:

"Art. 49-A. Sem prejuízo do direito de rescisão do contrato de transporte aéreo antes de iniciada a viagem (art. 740, § 3º do Código Civil), o exercício do direito de arrependimento do consumidor de passagens aéreas poderá ter seu prazo diferenciado, em virtude das peculiaridades do contrato, por norma fundamentada das agências reguladoras".

Por fim, a **terceira emenda**, procurou adicionar os §§ 10 e 11, nos seguintes termos:

"Art. 49: [...]

§ 10. Exercido o direito de arrependimento, o consumidor deverá conservar os bens, de modo a restituí-los ao fornecedor, no prazo de

DIREITO DE ARREPENDIMENTO NOS CONTRATOS DE CONSUMO

até quinze dias do seu recebimento, preservando as características e o funcionamento deles, sendo responsável pela depreciação decorrente de seu uso inadequado.

§ 11º. O custo para a devolução dos bens, decorrente do exercício do direito de arrependimento, deverá ser suportado pelo consumidor, salvo acordo em contrário."

A justificação, no caso do § 10, se dá, novamente, para que se evite o abuso de direito por parte de alguns consumidores. Tal como já mencionado anteriormente[322], a realidade da Europa demonstrou que alguns consumidores exercem o direito de arrependimento numa medida que excede o necessário para verificar a sua natureza, as suas características e o seu funcionamento. Esse abuso de direito deve ser evitado, responsabilizando o consumidor que age de forma contrária à boa-fé.

Já no tocante à proposta do § 11, a justificativa se dá porque, tal como já manifestado nesse trabalho, defendemos que os custos decorrentes da devolução da coisa devem ser pagos pelo consumidor e não pelos fornecedores de produtos e serviços[323]. Muitas empresas ligadas ao comércio eletrônico, por exemplo, são procuradas pelos consumidores para aquisição de seus produtos. Não se pode olvidar que grande parte da população brasileira já é acostumada a adquirir produtos no meio virtual[324]. Há, diga-se, quem prefira comprar pela internet a dirigir-se ao próprio estabelecimento comercial do fornecedor. Muitas vezes, a pressão exercida pelo vendedor, no estabelecimento do fornecedor, pode ser muito pior do que uma compra realizada no conforto da casa do consumidor.

Após analisar a presente emenda, a Comissão firmou o seguinte entendimento:

"Essa emenda fixa obrigações ao consumidor para a guarda e cuidado e na devolução do bem. A rejeição da presente emenda se deve ao fato

---

[322] Vide item 3.1.3, da Parte III.

[323] Vide as críticas que manifestamos acerca do direito de arrependimento no CDC, item 3.1.5, da Parte III.

[324] Estima-se que há, no Brasil, 82 milhões de internautas, considerando a conexão da internet em suas residências ou local de trabalho. Disponível em: <http://olhardigital.uol. com.br/negocios/digital_news/noticias/internautas-brasileiros-ja-sao-82-milhoes>. Acesso em: 4 de Dezembro de 2012.

III. DIREITO DE ARREPENDIMENTO NOS ORDENAMENTOS

que a atualização deve assegurar novos direitos aos consumidores e não realizar nenhuma limitação ou retrocesso aos direitos hoje já existentes na legislação e garantidos através de norma de direito fundamental (art. 5, XXXII), face à proibição de retrocesso em tema de direito fundamental. A imposição de novos custos ao consumidor pode inibir o exercício deste direito de arrependimento" (sic).

Diante disso, resolveu a Comissão rejeitar a nossa proposta.

Também lamentamos a rejeição, sobretudo porque a justificativa de que "novos custos ao consumidor pode inibir o exercício deste direito de arrependimento" (sic), em nosso entendimento não se sustenta. O objetivo não é impor custos ao exercício do direito de arrependimento. O § 10º tinha por objetivo deixar clara a responsabilidade dos consumidores em conservar os bens até a restituição ao fornecedor, pós-exercício do direito de arrependimento. Isso porque, tal como visto, noutros países, foi observado abuso de direito por alguns consumidores. Nada mais natural. Após a decisão do consumidor em arrepender-se da compra realizada, deixar de utilizar o bem adquirido, conservando-o até o prazo final para restituir a coisa ao fornecedor.

Além disso, a respeito dos custos para a devolução dos bens, já manifestamos que somos contrários que tais valores sejam suportados pelos fornecedores. Assim, lamentamos a rejeição da emenda.

Parte IV
Novas problemáticas envolvendo o direito de arrependimento

1. A problemática do exercício do arrependimento nos contratos de prestação de serviços contratados à distância

A problemática que nos propomos a enfrentar neste capítulo diz respeito ao exercício do direito de arrependimento nos contratos de prestação de serviços[325], quando estes já foram totalmente prestados e efetivamente entregues.

---

[325] O Código de Defesa do Consumidor apresenta o conceito de serviço: "Art. 3º, § 2º. Serviço é qualquer atividade fornecida no mercado de consumo, mediante remuneração, inclusive as de natureza bancária, financeira, de crédito e securitária, salvo as decorrentes das relações de caráter trabalhista".

Para José Geraldo Brito Filomeno "[...] o Código de Defesa do Consumidor abrange todo e qualquer tipo de serviço entendido como uma **utilidade** usufruída pelo consumidor, e prestada por um fornecedor determinado, num facere (fazer). Desta forma são exemplos de serviços: os prestados por um eletricista, encanador, pintor, coletivos de transporte, e outros tipos de transporte terrestre, aéreo, marítimo, lacustre, ferroviário, de dedetização, de turismo, etc. O mencionado dispositivo fala, ainda, em serviço de **natureza bancária, financeira, de crédito e securitária**. E a grande polêmica que se trava é exatamente em torno da consideração da **atividade bancária,** como **relação de consumo.** Apesar das opiniões em sentido contrário, evidentemente externadas pelos interessados em deixar tal atividade fora do Código de Defesa do Consumidor, a verdade é que ela é, eminentemente, relação de consumo" (grifos no original) (FILOMENO. *Manual...*, p. 40).

DIREITO DE ARREPENDIMENTO NOS CONTRATOS DE CONSUMO

Para exemplificar a questão, imaginemos a seguinte situação: ao assistir televisão, uma dona de casa se depara com uma empresa especializada em reformas gerais. Interessada em pintar a sua sala de jantar, a dona de casa telefona para a empresa e solicita a contratação do serviço. No dia seguinte, atendendo ao chamado da dona de casa, a empresa faz a pintura solicitada. Quando terminado o serviço, por motivos pessoais, a dona de casa acaba não gostando do resultado final e procura no dia seguinte a empresa, solicitando o dinheiro de volta. Pergunta-se: nesse caso, será possível o exercício do direito de arrependimento?

Um pai de família resolve instalar um sistema de alarmes em sua residência e realiza a contratação via telefone. Durante a instalação, descobre que no abandonado terreno em frente à sua casa será construída delegacia de polícia. Como ainda não transcorreu o prazo para o exercício do direito de arrependimento, este consumidor extingue o contrato.

Em Portugal, a solução para as questões acima é trazida pelo art. 7º do Decreto-Lei 143/2001, que trata das *restrições* ao direito de arrependimento nos contratos celebrados à distância. Segundo este dispositivo, o consumidor não pode exercer o direito de arrependimento nos contratos de prestação de serviços cuja execução tenha tido início, com o acordo dele, antes do prazo concedido para que ele pudesse arrepender-se[326]. Na Itália, o artigo 48 do Código do Consumidor[327] também proíbe o exercício do direito de arrependimento nos contratos em que a prestação dos serviços já tenha sido iniciada.

O fundamento de tais restrições nos parece óbvio. O direito de arrependimento nos contratos de prestação de serviços não pode ser exercido em relação ao serviço prestado, mas sim quanto ao *contrato* celebrado. Caso contrário, estaríamos diante de uma forma de abuso de direito. Não se pode exercer o direito de arrependimento sem pagamento de quaisquer valores quando o serviço já foi total ou parcialmente executado.

---

[326] "Art. 7º: Salvo acordo em contrário, o consumidor não pode exercer o direito de livre resolução previsto no artigo anterior nos contratos de: a) Prestação de serviços cuja execução tenha tido início, com o acordo do consumidor, antes do termo do prazo previsto no nº 1 do artigo anterior [...]".

[327] "**Art. 48** Esclusione del recesso. **1.** Per i contratti riguardanti la prestazione di servizi, il diritto di recesso non puo' essere esercitato nei confronti delle prestazioni che siano state gia' eseguite".

IV. NOVAS PROBLEMÁTICAS ENVOLVENDO O DIREITO DE ARREPENDIMENTO

E assim, nos casos trazidos acima, o ideal seria que o serviço apenas tivesse sido iniciado após o transcurso do prazo estabelecido para o exercício do direito de arrependimento. A ideia do legislador português é que o consumidor possa refletir com calma sobre a *contratação* realizada e não sobre o *serviço* já realizado. Assim, o direito de arrependimento não serve como um teste para verificar se o serviço foi ou não bem prestado. Não é essa a idéia do instituto.

Diante disso, pensamos que a solução adotada em Portugal parece satisfatória. Ressalte-se que diante dos deveres de informação que devem ser prestados pelos fornecedores, a dona de casa deve ser informada quanto à existência do direito de arrependimento previamente à celebração do contrato (art. 4º, n. 1, 'f'). Essa informação deve, ainda, ser confirmada por escrito ou por meio de outro suporte durável, no mais tardar, no ato da celebração do contrato (art. 5º, n. 1). E, assim, devidamente informada de seus direitos, a dona de casa poderia refletir com calma se a contratação daquela empresa era mesmo necessária.

Apenas quando transcorrido o prazo de 14 dias da contratação firmada, a empresa de reformas gerais pode realizar o serviço. Durante todo esse tempo, a dona de casa estaria livre para verificar a idoneidade da empresa, a qualidade dos materiais a serem empregados, etc. Dessa forma, caso encontrasse uma empresa com preço melhor, que empregasse melhores materiais ou mesmo se a dona de casa simplesmente desistisse de pintar a parede, poderia exercer o direito de arrependimento em até 14 dias da contratação do serviço.

De outro modo, caso a dona de casa já conheça a empresa e tenha pressa no serviço a ser prestado, cremos que ela poderá renunciar ao direito de arrependimento, desde que a renúncia seja expressa e ela tenha ciência das consequências daquele ato.

Nessa senda é o direito alemão que também proíbe a execução do serviço antes do transcurso do prazo para o exercício do arrependimento. Contudo, determina o §312d, n. 3, do BGB, que o direito de arrependimento será extinto se o fornecedor tiver iniciado a prestação do serviço *com o consentimento expresso do consumidor* antes do término do prazo de desistência do contrato ou *se o próprio consumidor tiver procurado essa situação*.

A realidade brasileira é pouco mais tormentosa. Como anteriormente já advertido, o art. 49 do Código de Defesa do Consumidor, ao

DIREITO DE ARREPENDIMENTO NOS CONTRATOS DE CONSUMO

contrário dos demais países europeus, não prevê restrições ao direito de arrependimento. As restrições apenas são interpretadas por meio de princípios e institutos, tal como a boa-fé e o abuso de direito.

Contudo, a ausência de disposições expressas que restrinjam o direito de arrependimento gera dificuldade na aplicação do direito. Até mesmo os mais doutos do direito consumerista demonstram dificuldade no enfrentamento da questão apontada. Eduardo Gabriel Saad, José Eduardo Duarte Saad e Ana Maria Saad C. Branco[328] declaram que não sabem como o consumidor poderá arrepender-se nos contratos de prestação de serviços depois da entrega do serviço contratado (reparação de instalações hidráulicas, reforço do alicerce de um prédio etc.), ou seja, situação análoga à supramencionada.

Por seu turno, Claudia Lima Marques[329] afirma que a regra do art. 49 só poderia ser aplicada aos serviços ainda não prestados (tal como a solução adotada em Portugal), contudo, mais adiante, alega que, caso o consumidor arrependa-se de um serviço já prestado, deverá ressarcir o fornecedor do quanto despendido.

Concordamos com a opinião da Professora Claudia Lima Marques. Não se pode prever um direito de arrependimento para os serviços efetivamente prestados, sem pagamento de quaisquer valores aos fornecedores. Neste caso, não caberia um direito de arrependimento, talvez a resilição unilateral mediante indenização. O direito de arrependimento é sempre gratuito. Caso assim não fosse admitido, estaríamos diante de causa de abuso de direito.

É de se ressaltar que caberá à jurisprudência brasileira, analisando o caso concreto, verificar as hipóteses nas quais o exercício do direito de arrependimento pode ou não ser realizado. Diante da inexistência de restrições dispostas na lei acerca do exercício do direito de arrependimento, os tribunais brasileiros terão a difícil missão de interpretar, caso a caso, quando o direito de arrependimento é ou não abusivo.

Essa problemática foi analisada pelo Tribunal de Justiça de Santa Catarina. Em acertada decisão, esse tribunal afirmou que não cabe o direito de arrependimento quando o consumidor tenha procurado o fornecedor, bem como quando o serviço tenha sido totalmente prestado[330].

---

[328] SAAD et al. *Código...*, p. 600.

[329] MARQUES. *Contratos...*, p. 715.

[330] *"Ação condenatória. Cobrança de serviços de colocação de vidros temperados. Recusa no pagamento. Incidência do Código de Defesa do Consumidor. Alegação de vício e invocação do direito de arrepen-*

IV. NOVAS PROBLEMÁTICAS ENVOLVENDO O DIREITO DE ARREPENDIMENTO

Essa decisão resgata muito bem o espírito do direito de arrependimento. Conforme se denota no *decisum*, o serviço foi realizado de forma correta, sem qualquer defeito. Caso o consumidor não tenha apreciado o resultado final, deverá indenizar o fornecedor que cumpriu suas obrigações tal como contratado. Caso diferente seria se o consumidor tivesse se arrependido da contratação firmada, solicitando os valores pagos antes da execução do serviço.

Mesmo diante da acertada decisão do Tribunal de Justiça de Santa Catarina, ainda mantemos nossa sugestão inicial, qual seja, de que o Brasil adote a mesma iniciativa que tomaram Portugal e Alemanha, isto é, que o início da execução do contrato aguarde o transcurso do prazo para o exercício do direito de arrependimento, sob pena de renúncia a esse direito. Estamos certos que o principal problema enfrentado pelo art. 49 do CDC é a sua ausência de restrições.

---

dimento. Pedido de inversão do ônus da prova. Inteligência dos arts. 6º, VIII, 18 e 49 do CDC. Recurso improvido. [...] A regularidade no exercício do direito de arrependimento (art. 49, CDC) supõe a conjunção de dois fatores: a observância do interregno temporal de sete dias contados da assinatura do pacto ou do recebimento do produto ou serviço e a circunstância de a contratação ter-se enfeixado fora do estabelecimento comercial do fornecedor. O escopo do dispositivo, conferindo ao consumidor um prazo de reflexão após um contato direto com o produto ou o serviço, consiste em protegê-lo do fenômeno publicitário e de táticas agressivas de venda, notadamente nos casos em que a iniciativa da contratação não parta dele, remontando à indução pela exposição abstrata de produtos ou serviços em catálogos, prospectos, vendas por telefone e videotextos etc. Evidentemente, o direito de arrependimento não é exercível nos casos em que, segundo a impressão mais crível deixada pelo plexo probatório, o consumidor tenha procurado o fornecedor dos produtos ou serviços, sendo-lhe permitido analisar o negócio em pormenores, comparando-o com o orçamento e o esboço dos serviços e produtos apresentados por empresa do ramo, e optando pelo serviço contratado. Situação que não se afeiçoa à finalidade legal. [...] A contrario sensu, não ocorre o vício em caso de convergência entre os produtos e serviços apresentados e os produtos e serviços efetivamente entregues e executados. Havendo, no caso, a instalação dos vidros sido realizada de conformidade para com o esboço do serviço, cujo conteúdo o consumidor presumidamente tivera ciência prévia, e não existindo indícios, por menores que sejam, da alegada baixa qualidade do material utilizado, não há como reconhecer a existência do vício, ainda que a estética do resultado final tenha desagradado o consumidor. A instalação dos vidros realizou-se conforme contratado, constando nitidamente do esboço, em representação gráfica perceptível, que os vidros frontais não se poriam inteiriços, mas intercalar-se-iam por divisórias e tubos de alumínio" (Tribunal de Justiça de Santa Catarina, Apelação Cível nº 2004.020603-8, 1ª Câmara de Direito Civil, Des. Rel. Maria do Rocio Luz Santa Rita, j. 02.07.2005).

Ressalte-se, ainda, que o PLS 281/2012 nada tratou a respeito e não obstante termos apresentado emenda conjuntamente com o Senador Antonio Carlos Rodrigues, nesse ponto seu texto foi provisoriamente rejeitado pela Comissão.

2. O direito de arrependimento nos *sites* de leilão e de compras coletivas

2.1 O direito de arrependimento nos *sites* de leilão

O fenômeno do comércio eletrônico fez surgir no mundo inteiro *sites* com caráter de leilão *on-line*. O mais famoso e conhecido mundialmente é o *E-bay*, de origem norte-americana[331].

A ideia inicial do *E-bay* era fazer com que as pessoas anunciassem produtos usados para serem vendidos em forma de leilão, ou seja, o produto era anunciado e o vendedor estipulava um lance mínimo, aguardando lances futuros.

Estipulado o lance inicial, as pessoas faziam suas ofertas até a data imposta para o término do leilão. Transcorrido o prazo final para a realização dos lances, a pessoa que atingisse o maior valor tornar-se-ia o novo proprietário da coisa.

Passados os anos, o *E-bay* firmou-se como sucesso mundial. Diante do estouro de vendas realizadas pelo sítio eletrônico, não apenas pessoas comuns, mas comerciantes passaram a anunciar seus produtos.

Assim, de um *site* criado para compra e venda de produtos usados ou seminovos, por meio de leilão eletrônico, o *E-bay* também passou a ser um interessante portal de venda de produtos novos anunciados pelos mais diversos comerciantes.

Inicialmente, a contratação era realizada apenas por meio de lances ofertados pelos interessados[332], contudo, ante o oferecimento de produtos novos, outra modalidade de compra tornou-se comum: *"buy it now"*,

---

[331] <http://www.ebay.com>.

[332] É o caso do Trailer Americano "Wildwood Le 19FT", ano 2004, colocado à venda por um membro do *E-bay*, num leilão cujo valor inicial era de U$500,00 (quinhentos dólares). Em uma semana de anúncio (restando dois dias para término do leilão), o produto recebeu 37 (trinta e sete) lances, alcançando o valor de US 5.300,00. Disponível em: <http://offer.ebay.com/ebaymotors/ws/eBayISAPI.dll?ViewBids&item=320370395822> Acesso em 18 maio 2009.

IV. NOVAS PROBLEMÁTICAS ENVOLVENDO O DIREITO DE ARREPENDIMENTO

ou seja, "compre agora"[333]. Nessa nova forma de contratação, o comprador não necessita realizar o lance e aguardar o término do leilão. Adquire de imediato o produto pelo valor anunciado pelo vendedor. Nessa segunda modalidade, a contratação não assume qualquer feição de leilão.

A remuneração do *E-bay* distingue-se em duas vertentes. Em primeiro lugar, cobra-se um valor pelo anúncio veiculado no *site*. Caso seja concluída a compra do produto anunciado, cobra-se um valor de comissão pela venda realizada[334]. Os valores também variam caso a compra seja realizada por meio de leilão eletrônico ou pelo sistema de compra *"buy it now"*.

A política de proteção do *E-bay* estabelece que, havendo litígio na contratação realizada, dentre elas: comprador que não recebeu o produto, vendedor que não recebeu o valor devido, produto recebido com defeitos, etc., este será encaminhado para um centro de resolução de litígios[335]. Caso o centro de resolução de litígios aponte o dever de uma das partes indenizar e esta não o fizer, o *E-bay* será responsável pelos valores devidos[336].

Como precursor dos *sites* de leilão, podemos afirmar que o *E-bay* estabelece uma política de proteção aos seus usuários que vai desde o oferecimento de um sistema de resolução de litígios alternativo[337] até o reembolso de valores pagos quando produtos não forem recebidos, ou quando o vendedor enviar o produto e não receber os valores devidos. Apesar dos transtornos que o comércio realizado pela internet é capaz

---

[333] Digitando-se *"notebooks"* no campo de pesquisa do *site*, encontramos uma infinidade destes produtos sendo vendidos na modalidade *"buy it now"*. Disponível em: <http://shop. ebay.com/items/__notebooks_W0QQ_trksidZp3286Q2ec0Q2em301> Acesso em 18 maio 2009.

[334] Para verificar os valores cobrados pelo *E-bay*, acesse: <http://pages.ebay.com/help/sell/fees.html>.

[335] <http://resolutioncenter.ebay.com/>.

[336] Maiores informações em: <http://pages.ebay.com/help/policies/user-agreement.html>.

[337] Esses sistemas de resolução de litígios de formas alternativas são chamados pela doutrina de ADR (*Alternative Dispute Resolution*) ou ODR (*On-line Dispute Resolution*). Para maiores desenvolvimentos deste tema, verificar: Kaufmann-Kohler, Gabrielle; Shultz, Thomas. *On Line Dispute Resolution:* Challenges for Contemporary Justice. Kluwer Law International, 2004; e Lodder, Arno; Zeleznikow, Jonh. *Developing an Online Resolution Environment:* Dialogue Tools and Negotiation Suppor System in a Tree-Step Model. Disponível em: <http://papers.ssrn.com/sol3/papers.cfm?abstract_id=1008802>.

DIREITO DE ARREPENDIMENTO NOS CONTRATOS DE CONSUMO

de causar aos seus usuários, o *E-bay* propõe ferramentas para que estes sejam minorados.

De todo o modo, ao que parece, o *E-bay* demonstra atuar consoante determinam as boas regras do direito do consumidor e garante a esse, caso o sistema de resolução de litígios julgue uma controvérsia a seu favor, a devolução dos valores que foram pagos. Assim, caso o consumidor tenha adquirido uma mercadoria e não a tenha recebido ou, ainda, tenha recebido a mercadoria com vícios aparentes, pode pleitear a devolução dos valores pagos, após a comprovação de suas alegações[338].

Na América Latina e América Central, há *sites* análogos ao *E-bay*. O *site* de maior destaque no Brasil é o Mercado Livre. O Mercado Livre atua nos mesmos moldes do *E-bay*: faz a cobrança de valores pela publicidade do produto e cobra uma comissão sobre o valor da contratação realizada.

A principal diferença entre ambos é que, no Mercado Livre Brasil, quase a totalidade dos produtos é oferecida por meio do sistema "compre agora", ou seja, similar ao *"buy it now"* do *E-bay*. Além disso, quase todos os vendedores são comerciantes. Alguns deles possuem, inclusive, lojas virtuais dentro do próprio *site* do Mercado Livre Brasil (*e-shops*).

Dessa feita, na maioria dos casos, é estabelecida a relação de consumo entre o vendedor e o comprador porque a contratação realizada se dá por um fornecedor de produtos ou serviços e um consumidor. Nada exclui a qualidade de fornecedor daquele que realiza a comercialização utilizando-se do *site* do Mercado Livre Brasil.

Por outro lado, em algumas raras hipóteses, ainda encontramos produtos que são oferecidos por pessoa naturais, ou seja, que não são considerados fornecedores de produtos. É o caso de um senhor interessado em vender a sua coleção antiga de livros de história. Nesse caso, sendo o vendedor uma pessoa comum, não haveria porque se falar em relação de consumo entre comprador-vendedor. Estar-se-ia tratando de uma relação civil comum, regulada pelo Código Civil brasileiro.

---

[338] Nessa senda é a política do *site*: "When a case is decided in your favor, eBay will issue you a refund through PayPal, no matter how you paid for the item. PayPal then generally refunds that money to the source of the original funds.Your refund will be sent to the PayPal email address you used to purchase the item (unless we let you know differently). Please allow 3 days after the case closes for the refund to be processed. For refunds of $1,000.00 or more, please allow 7 days".

IV. NOVAS PROBLEMÁTICAS ENVOLVENDO O DIREITO DE ARREPENDIMENTO

Assim, as relações entre os vendedores e compradores podem ser relações de consumo (maioria das vezes) ou, ainda, relações civis (hipóteses mais raras).

Em outra perspectiva, resta saber qual o elo entre comprador (consumidor) e o site de leilões. Seria uma relação de consumo? Parece-nos que sim. Isso porque o *site* faz a **intermediação** da venda até que seja concretizada entre comprador e vendedor e o mais importante: recebe por isso.

Conceituando o fornecedor de serviços, valendo-se da sua costumeira clareza, Claudia Lima Marques[339] assevera que "segundo a doutrina brasileira, fornecer significa prover, abastecer, guarnecer, dar, ministrar, facilitar, proporcionar uma atividade, portanto, independente de quem realmente detém a propriedade dos eventuais bens utilizados para prestar o serviço e seus deveres anexos".

É de se observar que os *sites* de leilão virtual atuam desde a publicidade dos produtos de vendedores até o oferecimento de suporte *on line* para a concretização da avença. Assim, na qualidade de fornecedor de *serviço* de intermediação, os sites de leilão travam clara relação de consumo com o comprador-consumidor.

Assim, ainda nos casos que não haja relação de consumo entre o vendedor e o comprador (é o exemplo trazido acima referente à venda dos livros), cremos configurada esta relação entre comprador e o *site* de leilão, dado o serviço de intermediação prestado.

Até porque, no caso do Mercado Livre, o *site* pode dar a impressão ao comprador de estar adquirindo um produto com a garantia da marca "Mercado Livre Brasil", ou seja, havendo qualquer problema com o produto, o comprador estaria resguardado pelo sítio eletrônico[340]. Assim, o

---

[339] MARQUES. *Comentários...*, p. 327.

[340] Neste ponto, mais uma vez ressalte-se a lição de Claudia Lima Marques: "Interessa-nos aqui o fato de os 'leilões' pela internet serem *ipso facto* uma atividade comercial, dada a remuneração direta (porcentagens retiradas dos valores vendidos ou comprados) ou indireta (por publicidade, por convênio com provedores ou por impulsos telefônicos) do organizador do leilão. Sendo assim, considero que serão aplicáveis aos leilões realizados por empresários (art. 966 do Código Civil Brasileiro) no meio eletrônico, tanto o CDC, como, no que couber, as regras do Código Civil de 2002. Esta também é a opinião majoritária da doutrina estrangeira. **Aos leilões privados, consumidor-consumidor, aplicam-se apenas as regras gerais do Código Civil, mas se acontecerem de forma "organizada", em espaços organizados para tal, na internet, ou com a participação de fornecedor**

consumidor estaria garantido por uma relação de consumo, tendo em vista que um "moderador-profissional" intermediou a compra. Nessa senda, ainda que o vendedor não fosse um fornecedor de produtos, nos termos do Código de Defesa do Consumidor, a relação de consumo estaria configurada entre o *site* de leilão e o comprador-consumidor. Para melhor compreendermos esse ponto é necessário que o contrato celebrado pelo consumidor seja desmembrado.

Na compra realizada pelo consumidor, de um lado, temos (i) o *site* de leilões, que atua como *intermediador* da contratação realizada, ou seja, oferece todo o suporte para que o comprador receba o produto adquirido e (ii) o vendedor, que é a pessoa (fornecedora de produtos e serviços ou física) em que o consumidor firma o contrato de compra e venda e quem recebe o valor pela venda do produto, obrigando-se entregar a coisa adquirida em perfeito estado, nos moldes contratados.

O site de leilões sempre atua como *fornecedor de um serviço*, ou seja, cuida da intermediação da contratação realizada. Já o vendedor, na maioria dos casos, também é um *fornecedor de produto ou serviços*. De toda forma, como sempre há uma prestação de um serviço ao consumidor (intermediação de uma venda), há de ser aplicado o Código de Defesa do Consumidor.

Na realidade, o contrato de intermediação e o contrato de compra e venda de um produto ou serviço, consoante os ensinamentos de Francisco Paulo Marino[341], podem ser considerados contratos coligados.

E, ainda segundo esse jurista, no âmbito dos contratos de consumo ou de adesão que são coligados, a cláusula de separação de responsabilidade poderá ser considerada abusiva e, como tal, nula, pois se traduziria na renúncia antecipada a um "efeito natural" do negócio (art. 424 do Código Civil e art. 51, incisos I e IV do Código do Consumidor).

Diante disso, a questão é saber até que ponto dá-se a responsabilidade do *site* de leilão. Esse deve responsabilizar-se apenas pelo *serviço* de intermediação prestado (tal como a garantia do recebimento do pro-

---

ou **moderador-profissional, não serão mais caracterizados como leilões privados, aplicando-se as regras de proteção do consumidor e da concorrência"** (grifos nossos). MARQUES. *Confiança...*, p. 218.

[341] MARINO, Paulo de Crescenzo. *Contratos...*, p. 99.

IV. NOVAS PROBLEMÁTICAS ENVOLVENDO O DIREITO DE ARREPENDIMENTO

duto pelo consumidor) ou também pela qualidade do *produto* adquirido pelo consumidor?

Verificamos a política de um determinado *site* de leilão, onde a empresa declara que é isenta de qualquer responsabilidade: seja pela qualidade do produto adquirido, seja pela entrega do bem ao consumidor[342]. Aludida empresa procura inibir-se de qualquer responsabilidade contratual seja pela intermediação da venda, seja pela existência, qualidade e integridade dos produtos ofertados.

A jurisprudência brasileira, entretanto, atenta ao problema, diante da obtenção de lucro destes *sites*, tem declarado a responsabilidade de tais empresas, tal como o não recebimento da mercadoria adquirida pelo consumidor. A jurisprudência declara, ainda, que quaisquer disposições

---

[342] "MercadoLivre não é o proprietário dos produtos oferecidos, não guarda a posse deles e não realiza as ofertas de venda. Tampouco intervém na entrega dos produtos cuja negociação se iniciem no site. MercadoLivre não se responsabiliza pela existência, quantidade, qualidade, estado, integridade ou legitimidade dos produtos oferecidos, adquiridos ou alienados pelos Usuários, assim como pela capacidade para contratar dos Usuários ou pela veracidade dos Dados Pessoais por eles inseridos em seus cadastros. MercadoLivre não outorga garantia por vícios ocultos ou aparentes nas negociações entre os Usuários. Cada Usuário conhece e aceita ser o único responsável pelos produtos que anuncia ou pelas ofertas que realiza. MercadoLivre não será responsável pelo efetivo cumprimento das obrigações assumidas pelos Usuários. O Usuário reconhece e aceita que ao realizar negociações com outros Usuários ou terceiros faz por sua conta e risco. Em nenhum caso MercadoLivre será responsável pelo lucro cessante ou por qualquer outro dano e/ou prejuízo que o Usuário possa sofrer devido às negociações realizadas ou não realizadas através do MercadoLivre decorrentes da conduta de outros usuários" (grifos nossos).
Disponível em: <http://www.mercadolivre.com.br/seguro_terminos.html>. Acesso em 18 maio 2009. Ademais, o Mercado Livre procura isentar-se de quaisquer responsabilidades, ignorando por total o Código de Defesa do Consumidor: "MercadoLivre não se responsabiliza por qualquer dano, prejuízo ou perda no equipamento do Usuário causada por falhas no sistema, no servidor ou na internet decorrentes de condutas de terceiros. MercadoLivre também não será responsável por qualquer vírus que possa atacar o equipamento do Usuário em decorrência do acesso, utilização ou navegação no site na internet ou como consequência da transferência de dados, arquivos, imagens, textos ou áudio contidos no mesmo. Os Usuários não poderão atribuir ao MercadoLivre nenhuma responsabilidade nem exigir o pagamento por lucro cessante em virtude de prejuízos resultantes de dificuldades técnicas ou falhas nos sistemas ou na internet. Eventualmente, o sistema poderá não estar disponível por motivos técnicos ou falhas da internet, ou por qualquer outro evento fortuito ou de força maior alheio ao controle do MercadoLivre".

DIREITO DE ARREPENDIMENTO NOS CONTRATOS DE CONSUMO

em contrário devem ser consideradas nulas de pleno direito, consoante determina o art. 51, I, do CDC[343]-[344].

[343] Destaque para decisão proferida pelo Tribunal de Justiça de São Paulo: *"Prestação de serviços. Comércio eletrônico. Produto adquirido através de intermediação comercial feita pelo réu, fornecedor de serviços, de acordo com a disposição do art. 3º, do Código de Defesa do Consumidor.* O serviço prestado foi defeituoso, pois o produto adquirido não foi entregue à autora. Responsabilidade objetiva do réu (art. 14, da Lei n° 8078/90). Deve o apelado responder pelas falhas de segurança que o sistema por ele utilizado não consegue impedir. O réu lucra com a atividade desenvolvida e deve responsabilizar-se pelos prejuízos dela resultantes. Aplicação do art. 927, parágrafo único, do Código Civil. O réu apresenta orientações ao consumidor para a compra, mas em nenhum momento não a recomenda. Site que transmite confiança e segurança. À vista da teoria da aparência, aquele que se utiliza de meios para confundir o consumidor, será também responsável por eventuais danos ocasionados. A cláusula contratual relacionada à exclusão da responsabilidade do apelado é nula, em razão de seu evidente abuso (art. 51, inc. I, da referida Lei). Recurso provido para julgar procedente a ação" (Tribunal de Justiça de São Paulo, Apelação nº 1221137-0/1, 26ª Câmara de Direito Privado, Rel. Carlos Alberto Garbi, j. 04.02.2002) (grifos nossos).

[344] Transcrevemos outras decisões análogas: *"Reparação de danos materiais. Comércio eletrônico. Internet. Site de anúncios. Mercado livre. Produto enviado e impago. Fraude ao acusar o pagamento, apta a iludir a vendedora. Responsabilidade da empresa intermediadora. Dever de indenizar.* 1. Vendedor que demanda contra empresa de comércio eletrônico em razão do não recebimento do preço. Envio fraudulento de e-mail, supostamente por parte do site de anúncios, acusando o recebimento do preço. Fraude apta a iludir o usuário, que remeteu o produto ao comprador. 2. Relação de consumo configurada. Responsabilidade objetiva da ré, não só pela incidência do CDC à espécie, mas também em razão da aplicação do disposto no art. 927, parágrafo único, do código civil. Sentença mantida. Recurso improvido, por maioria" (Tribunal de Justiça do Rio Grande do Sul, 2ª Turma Recursal. Recurso Inominado nº 71001536499. Rel. Eduardo Kraemer. j. 25.06.2008).

"Ação de indenização por danos materiais e morais. Comércio pela internet. Mercado livre. Fraude na venda de notebook. *Legitimidade passiva da ré. Descumprimento ao dever de informação. Inexistência de culpa exclusiva da vítima. Inocorrência de danos morais.* 1. Legitimada passivamente se encontra a ré que qualifica seus clientes, serve de intermediária para pagamentos, cobra comissões, integrando assim a cadeia de fornecedores de serviço. 2. Tendo o autor adquirido *notebook*, por intermédio do site de leilão eletrônico, efetuando o depósito na conta da pessoa indicada pela vendedora, sendo que esta desfrutava de qualificação positiva no *site*, sugerindo inclusive confiabilidade, por certo que há responsabilidade solidária da ré mercado livre. A situação danosa só restou possível pela omissão da aludida ré, ainda que como prestadora de serviços de intermediação, daí decorrendo o nexo de causalidade. 3. O descumprimento ao dever de informar se dá, pois não pode o consumidor supor que seja o nome do fornecedor cadastrado objeto de fraude no site de leilão eletrônico, como o foi. Dessa forma, não importa que tenha depositado o valor em nome de pessoa distinta da que cadastrada na ré como vendedora, pois a fraude ocorreu antes disso, já quando foi possibilitada a utilização fraudulenta do nome de um fornecedor regular. 4.

IV. NOVAS PROBLEMÁTICAS ENVOLVENDO O DIREITO DE ARREPENDIMENTO

Pela falha na informação prestada, fez a ré com que o serviço restasse inseguro, devendo ser responsabilizada nos termos do art. 14, § 1º, do Código de Defesa dos Consumidores. Sentença confirmada por seus próprios fundamentos. Recurso improvido" (Tribunal de Justiça do Rio Grande do Sul, 1ª Turma Recursal, Recurso Inominado nº 71001660992, Rel. Ricardo Hermann, j. 17.07. 2008).

"*Apelação cível. Comércio eletrônico. Compra e venda de aparelho celular via internet. Não-entrega de mercadoria.* Legitimidade do site que disponibiliza a realização de negócios e recebe uma comissão do anunciante, quando concretizado o negócio. Devolução da quantia paga. Danos morais desconfigurados. Caso concreto. Apelo parcialmente provido. Unânime" (Tribunal de Justiça do Rio Grande do Sul. 9ª Câmara de Direito Cível. Apelação nº 70026228668. Rel. Leo Roni Júnior. J. 29.10.2008).

"*Ação de reparação. Venda de produto pela internet. Mercado livre. Autor que vende computador, sem receber a devida contraprestação.* 1. Cerceamento de defesa inocorrente. Desnecessidade de produção de prova pericial. Incompetência do Juizado especial afastada. 2. Ilegitimidade passiva afastada. Responsabilidade objetiva da ré, em virtude da relação de consumo existente e do risco da atividade desenvolvida. Art. 927 do CC. Havendo falha no serviço prestado pela requerida, quem deve arcar com as consequências daí advindas é aquele que coloca o serviço à disposição, e não quem dele se utiliza. 3. Não prevalece, para efeito de fixação de competência, o foro contratual de eleição (de adesão), quando a demanda trata de reparação de danos provocados ao consumidor, que pode optar por ajuizar o pedido no seu domicílio, na forma dos artigos 4º, inc. III, da Lei nº 9.099/95, e 101, inc. I, do CDC. 4. Não há como afirmar a nulidade da sentença, por ter o julgador interpretado as provas em desacordo com o entendimento sustentado pela recorrente. Na forma do disposto no art. 131, do CPC, prevalece o princípio do livre convencimento motivado ou da persuasão racional. 5. Dever de proceder ao pagamento, ao vendedor, do valor havido com a compra e venda de produto, na qual atuou como intermediária, a ré. Recurso desprovido" (Tribunal de Justiça do Rio Grande do Sul. 3ª Turma Recursal, Recurso Inominado nº 71001721695, Rel. Eduardo Kraemer, j. 11.11.2008).

"*Apelação civil. Responsabilidade civil. Comércio eletrônico. "internet". "site" de anúncios. Mercado livre. Serviço de compra por meio da "Internet".* Preço depositado e produto não entregue. A empresa ré atua como agenciadora entre as partes. A transação comercial estabeleceu-se entre a vendedora e o comprador. O comprador deve assumir os riscos do negócio firmado. Não restaram demonstrados os danos morais sofridos pelo autor. Apelo desprovido" (Tribunal de Justiça do Rio Grande do Sul, 5ª Câmara Cível, Apelação nº 70026309070, Rel. Romeu Marques Ribeiro, j. 19.11.2008).

"*Compra e venda pela internet. Mercado livre. Preliminar de nulidade da sentença, que não merece acolhimento. Requerido que promove a aproximação entre vendedor e comprador (intermediação). Responsabilidade do demandado que persiste, tão somente, até a perfectibilização do negócio, com pagamento do preço e entrega da mercadoria. Ausência de dever de indenizar a partir do momento em que se evidencia defeito no produto e passa a ocorrer negociação direta entre vendedor e comprador.* 1. Preliminar de nulidade do feito, que não merece acolhimento. Desnecessidade de realização de perícia para constatação da realização do pagamento. Prova nos autos, que se mostram suficientes para o deslinde da ação. 2. Autor que adquire computador junto a "site" da

DIREITO DE ARREPENDIMENTO NOS CONTRATOS DE CONSUMO

empresa requerida pelo valor de R$ 3.185,73 (doc. de fls. 03/04) na data de 02/2006, e após o recebimento da mercadoria, constata tratar-se de mercadoria avariada. Tratativas de solução do negócio de compra e venda diretamente com o vendedor, à revelia da requerida, como restou afirmado em depoimento pessoal à fl. 44. Posterior envio do produto para o vendedor (doc. de fl. 45), com a promessa de restituição do valor do produto, o que não se perfectibilizou. 3. Ausência de responsabilidade da requerida, eis que o procedimento de resolução do contrato, ocorreu sem seu conhecimento. Ausência de falha na prestação do serviço de intermediação. Deram provimento ao recurso" (Tribunal de Justiça do Rio Grande do Sul, 1ª Turma Recursal, Recurso Inominado nº 71001676626, Rel. Heleno Tregnago Saraiva, j. 11.12.1008).

"*Reparação de danos materiais e morais. Comércio eletrônico. Internet. Saite de anúncios. Mercado livre. Legitimidade passiva do saite de anúncios. Serviço inseguro. Preço depositado e vendedor desaparecido. Dever de ressarcimento. Danos morais não configurados.* I. O saite de anúncios na Internet apresenta legitimidade para responder por danos experimentados pelo consumidor que, em negociação com vendedor qualificado, se vê vitimado por fraude. II. Negociação de televisor LCD através de saite de anúncios na Internet malsucedida por ato fraudulento do vendedor, que recebe o preço em negociação aparentemente normal para o usuário médio, mas não entrega o produto, furtando-se a realizar contato. Vendedor certificado positivamente pelo saite. III. Dever de indenizar os danos materiais, consistentes no preço do produto pago e não entregue. IV. Danos morais inexistentes. Hipótese de mero descumprimento contratual, sem ofensa a direitos da personalidade. Mero transtorno. Recurso parcialmente provido. Unânime" (Tribunal de Justiça do Rio Grande do Sul, 1ª Turma Recursal, Recurso Inominado nº 71001806447, Rel. João Cavalli Júnior, j. 11.12.2008).

"*Ação de indenização por danos materiais e morais. Comércio pela internet. Mercado livre. Legitimidade passiva da ré. Descumprimento ao dever de informação. Inocorrência de danos morais.* 1. Legitimada passivamente se encontra a ré que qualifica seus clientes, serve de intermediária para pagamentos, cobra comissões, integrando assim a cadeia de fornecedores de serviço. 2. Tendo o autor adquirido um projetor Multimídia S-5, marca EPSOM, por intermédio do *Site* de Leilão eletrônico, efetuando o depósito antecipado à empresa que desfrutava de qualificação positiva no Site, sugerindo inclusive confiabilidade, por certo que há responsabilidade da ré Mercado Livre pelo não recebimento da mercadoria. 3. Situação em que a empresa não recolhe os tributos, o que levou a apreensão da mercadoria junto a Receita Federal. Em que se pese haja previsão nos termos e condições de uso do "site", sobre a ausência de responsabilidade da requerida quanto ao cumprimento integral das obrigações tributárias incidentes sobre as operações de compra e venda, tal ressalva não pode ser oposta aos consumidores, mormente quando a ré atua como intermediária das operações, cadastra e qualifica empresa como confiável. Responsabilidade solidária. Nexo de causalidade entre a conduta da demandada e evento danoso. 4. Valor da indenização que se restringe aos danos materiais. Danos morais inexistentes. Hipótese de mero descumprimento contratual, sem ofensa a direitos da personalidade. Mero transtorno inerente à vida de relação. Recurso parcialmente provido" (Tribunal de Justiça do Rio Grande do Sul, 2ª Turma Recursal, Recurso Inominado nº 71001724384, Rel. Ricardo Hermann, j. 18.03.2009).

IV. NOVAS PROBLEMÁTICAS ENVOLVENDO O DIREITO DE ARREPENDIMENTO

A jurisprudência é acertada. O serviço prestado pelo sítio eletrônico deve garantir ao consumidor o recebimento do produto tal como descrito no *site*, bem como na data ali estipulada. Não havendo a entrega do produto, ainda que por atividade criminosa de *hackers*, o serviço prestado pelo Mercado Livre Brasil é defeituoso e, portanto, haverá obrigação de indenização ao consumidor.

Ademais, julgado do Superior Tribunal de Justiça reconheceu a responsabilidade *objetiva* de um *site* pela falha de segurança do serviço de intermediação de negócios e pagamento oferecido ao consumidor[345].

E quanto ao *produto* em si? Responde o *site* pela qualidade do produto? Ou sua responsabilidade vai até a entrega do produto ao consumidor? Essa difícil questão foi enfrentada pelo Tribunal de Justiça do Rio Grande do Sul[346]. Segundo o julgado, o site de leilões "promove a aproximação entre vendedor e comprador (intermediação) e sua responsabilidade persistiria, tão somente, até a perfectibilização do negócio, com pagamento do preço e entrega da mercadoria. Assim, inexistiria dever de indenizar, caso o defeito do produto fosse evidenciado dias após a entrega. Assim, o Tribunal de Justiça do Rio Grande do Sul firmou que a responsabilidade por eventual avaria do produto deveria ser suportada pelo vendedor, tão somente.

---

[345] "*Direito do consumidor. Recurso especial. Sistema eletrônico de mediação de negócios. Mercado livre. Omissão inexistente. Fraude. Falha do serviço. Responsabilidade objetiva do prestador do serviço.* 1. Tendo o acórdão recorrido analisado todas as questões necessárias ao deslinde da controvérsia não se configura violação ao art. 535, II do CPC. 2. O prestador de serviços responde objetivamente pela falha de segurança do serviço de intermediação de negócios e pagamentos oferecido ao consumidor. 3. O descumprimento, pelo consumidor (pessoa física vendedora do produto), de providência não constante do contrato de adesão, mas mencionada no site, no sentido de conferir a autenticidade de mensagem supostamente gerada pelo sistema eletrônico antes do envio do produto ao comprador, não é suficiente para eximir o prestador do serviço de intermediação da responsabilidade pela segurança do serviço por ele implementado, sob pena de transferência ilegal de um ônus próprio da atividade empresarial explorada. 4. A estipulação pelo fornecedor de cláusula exoneratória ou atenuante de sua responsabilidade é vedada pelo art. 25 do Código de Defesa do Consumidor.5. Recurso provido" (Superior Tribunal de Justiça, 4ª Turma, REsp 1107024, Rel. Maria Isabel Gallotti, j. 1º de Dezembro de 2011).

[346] Tribunal de Justiça do Rio Grande do Sul, 1ª Turma Recursal, Recurso Inominado nº 71001676626, Rel. Heleno Tregnago Saraiva, j. 11.12.1008.

Entretanto, esse entendimento pode ser reformulado caso apliquemos a **teoria da aparência**[347]. Isso porque muitos *sites* não deixam claro se atua *apenas* como um intermediador nas vendas *on-line*. A publicidade enviada pelo *site* pode causar falsa impressão ao consumidor, fazendo com que ele acredite que adquiriu mercadorias diretamente da empresa, ou pelo menos, com toda a garantia dada pelo seu nome.

Como bem salientado por Vitor Kümpel[348] "a teoria da aparência está toda ela aparelhada na proteção do terceiro, pois é a confiança legítima do terceiro que agiu de boa-fé, objetiva e subjetiva, isto é, boa-fé padronizada e boa-fé psicológica, que faz produzir consequências jurídicas, muitas vezes em situações inexistentes ou inválidas, mas que têm que produzir efeitos jurídicos válidos".

Especialmente sobre o comércio eletrônico e a teoria da aparência, Claudia Lima Marques asseverou que "no comércio eletrônico, a teoria da aparência retorna com toda a sua força, pois no diálogo virtual de dois computadores identificaremos duas partes e duas vontades, imputaremos responsabilidade ao dono (*dominus*) aparente ou ao guardião aparente da senha ou da chave-privada ou pública da assinatura eletrônica. A mesma lógica será utilizada para proteger o contraente mais fraco, em especial aquele que aceita uma oferta realizada por um profissional. Neste caso, a aparência (por exemplo, a marca, o certificado, as imagens, ou a presença em determinado site), que despertou a confiança do consumidor, servirá para imputar responsabilidade, para conectar pessoas jurídicas de grupos econômicos, para valorizar a representação de um fornecedor por outro etc.".

A ideia retratada por Claudia Lima Marques pode ser facilmente constatada a partir da verificação do tipo de publicidade feita pelo sítio eletrônico, conforme a figura 1, apresentada a seguir:

---

[347] Segundo Vitor Frederico Kümpel, a aparência é a "proteção, pelo sistema jurídico (princípios e regras), garantindo existência, validade e eficácia a determinadas relações jurídicas, por haver uma exteriorização (publicidade) divorciada da realidade, a qual faz crer a todos na seriedade do negócio jurídico, pela incidência da boa-fé objetiva e, principalmente, ao terceiro legitimado (boa-fé subjetiva), gerando regulares efeitos econômicos diretos e indiretos, muito embora a situação protegida esteja estribada numa relação insubsistente" (KÜMPEL, Vitor Frederico. *Teoria da aparência no Código Civil de 2002*. São Paulo: Método, 2007, p. 58).

[348] KÜMPEL. Idem, p. 55.

IV. NOVAS PROBLEMÁTICAS ENVOLVENDO O DIREITO DE ARREPENDIMENTO

Fonte: Correio Eletrônico recebido em: 10 de Janeiro de 2009.

Neste correio eletrônico que recebemos de um *site* de leilão, a ideia inicial transmitida é que o próprio *site* comercializa os produtos. Não há referência alguma ao fato de que esses produtos não são de propriedade do Mercado Livre, mas sim de vendedores autônomos e que o *site* apenas faz a publicidade de bens de terceiros, não se responsabilizando sequer pelo recebimento da coisa. O consumidor que recebe em sua caixa de entrada uma publicidade como essa pode crer estar comprando produtos com a garantia da marca "Mercado Livre".

Assim, analisando a responsabilidade pela qualidade do produto pelo prisma da teoria da aparência[349], poder-se-ia falar que o Mercado Livre

---

[349] Para a configuração da teoria da aparência, Marcelo Azevedo Chamone afirma que são seis os requisitos: "a) uma situação de fato cercada de circunstâncias tais que manifestamente a apresentem como se fosse uma situação de direito; b) legitimação formal do aparente titular do direito, de forma a criar em terceiros uma aparência de titularidade do direito (que na verdade é de outrem, ou que é inexistente), dispensando-se a existência de causalidade, de acordo com as regras da boa-fé objetiva; c) a incidência em erro escusável – i.e., comum – de quem de boa-fé toma a situação de fato como situação de direito, apre-

DIREITO DE ARREPENDIMENTO NOS CONTRATOS DE CONSUMO

Brasil responde também pela qualidade do produto de forma solidária com o fornecedor do produto.

Obviamente que a questão deve ser mais bem analisada pela doutrina. Não é nosso escopo entrar no mérito dessa discussão. Todavia é imperioso termos clara qual a relação de consumo envolvendo (i) o consumidor-comprador e o Mercado Livre e (ii) o consumidor-comprador e o fornecedor-vendedor. Isso porque estabelecida a relação de consumo, poderá ser exercido o direito de arrependimento[350].

---

ciada segundo a situação pessoal de quem nele incorreu; d) nexo de causalidade baseado na confiança legítima; e) capacidade civil das partes; f) economicidade da relação jurídica" (CHAMONE, Marcelo Azevedo. Teoria da aparência (acórdão comentado). *jus navigandi,* teresina, ano 11, n. 1232, 15 nov. 2006. Disponível em: <http://jus2.uol.com.br/doutrina/texto.asp?id=9137>. Acesso em: 19 abr. 2009.

Outro estudioso da teoria da aparência é Maurício Jorge Pereira da Mota, que, em artigo específico sobre a matéria, concluiu: "O fundamento da eficácia dos atos praticados com aparência de titularidade deve ser buscado na confiança, sendo de excluir as teorias que baseiam tal fundamento na culpa, na boa-fé subjetiva tão-somente, na simulação ou no risco. O pensamento da confiança integra-se, pois, no sistema jurídico sem romper as suas estruturas e coerência: numa época marcada pela pressão no sentido do incremento da interação humana, e pela tendência da impessoalidade, correlato da urgência de uma maior e enérgica autonomia dos sujeitos, a proteção da confiança diminui os riscos da ação ligada à progressiva interdependência dos sujeitos. Deste modo a teoria da aparência é hoje capaz de produzir aplicação em tudo. A verdade deve ceder à segurança. A necessidade da tutela da boa-fé ética nas relações sociais determinou essa ampliação do seu sentido originário, circunscrito a algumas hipóteses de tutelas específicas de situações de confiança. A tutela geral da aparência em situações de confiança institucional constitui assim, nesse âmbito, exceção a outros princípios gerais. Sempre que o interesse da sociedade o exija e os terceiros se achem na impossibilidade de conhecer uma situação jurídica qualquer, o que tem a seu favor a aparência de um direito, revestida das formas legais, é considerado pela lei como se o tivera na realidade, ao só objeto de proteger os terceiros que contratam com ele. Em resumo, a aparência constitui uma tutela geral ou um princípio específico ordenador em situações de confiança porque configura uma pauta diretiva a partir da qual as regras serão criadas ou aplicadas no ordenamento. Requer para sua aplicação uma mediação concretizadora do juiz ou do legislador, quando não positivada" (MOTA, Maurício Jorge Pereira da. *A teoria da aparência jurídica.* Disponível em: <http://www.conpedi.org/manaus/arquivos/anais/campos/mauricio_jorge_pereira_da_mota.pdf>. Acesso em: 20 abr 2008.

Ressaltam-se contornos maiores sobre a teoria da aparência, na lição de Fábio Maria de Mattia (*Aparência de representação*. São Paulo: Gaetano Dibenedetto, 1999) e Ricardo Luis Lorenzetti (La oferta como aparência y la aceptación baseada en la confianza. *Revista de Direito do Consumidor.* ano 9. n. 35. Julho-Setembro de 2000. São Paulo: Revista dos Tribunais, p. 9-38).

[350] Apesar de entendermos pela responsabilidade de alguns *sites* pelo atraso ou defeito no produto, temos de registrar que outras páginas na internet deixam mais claro o fato de

IV. NOVAS PROBLEMÁTICAS ENVOLVENDO O DIREITO DE ARREPENDIMENTO

E a questão do exercício do direito do arrependimento nos *sites* de leilão *on-line* é tão controvertida quanto a questão envolvendo a relação de consumo dos contratantes. Vejamos.

Quando o vendedor for um fornecedor de produtos, é indubitável que o exercício do direito de arrependimento deve ser garantido ao consumidor. Isso porque todos os requisitos para o seu exercício estarão presentes: há relação de consumo e a contratação é realizada fora do estabelecimento comercial do fornecedor. Logo, a compra realizada por meio de leilão *on-line* apresenta as mesmas características daquelas celebradas em lojas virtuais.

Os *sites* de leilão atualmente funcionam basicamente como portais de anúncios de produtos. A fragilidade dos consumidores neste tipo de contratação também é constatada, devendo ser garantidas as proteções estabelecidas no CDC, sobretudo, o direito de arrependimento.

---

que o produto comercializado é de propriedade de terceiros. É o caso, por exemplo, do *site* Webmotors. O Webmotors, ao contrário do Mercado Livre, não cobra comissão pela venda. Cobra, apenas pela disponibilização do anúncio em seu *site*. Além disso, a Webmotors disponibiliza o contato do vendedor, facilitando o contato entre as partes, diferente do que ocorre no site Mercado Livre, que apenas disponibiliza o contato do vendedor após a finalização da venda.

O Tribunal de Justiça de São Paulo entendeu por eximir a responsabilidade do site Webmotors pela ausência de entrega de veículo: *"Bem móvel. Compra de automóvel anunciado por* site *da internet (Web Motors). Veículo não entregue.* Responsabilidade do site de anúncios. Atividade de intermediação – Inexistência. Sentença mantida – Improvimento" (Tribunal de Justiça de São Paulo, Rel. Vianna Cotrim, Apelação nº 0138092-08.2007.8.26.010).

Todavia, comprovando que a questão é controvertida, o próprio Tribunal de Justiça proferiu decisão em sentido contrário: *"Apelação. Responsabilidade civil. Indenização por danos morais e materiais.* Autor que foi vítima de golpe praticado por terceiros, mediante a oferta, no *site* da corre Webmotors S/A, de veículo à venda por preço inferior ao do mercado – Transferência de R$ 11.950,00 para a conta indicada pelos golpistas, para posterior retirada do veículo na fábrica da Volkswagen do Brasil S/A – Autor que após dirigir-se à fábrica da empresa corre Volkswagen do Brasil S/A, tomou ciência do golpe – Webmotors S/A que responde pelos prejuízos causados aos consumidores, por não adotar, à época dos fatos, medidas preventivas para impedir que os consumidores fossem ludibriados, alertando-os sobre os eventuais riscos a que estariam submetidos – Instalação do link "dicas de uma compra segura" na *home page* da requerida, com a finalidade de aletar/informar o consumidor sobre a segurança, que ocorreu apenas após o golpe praticado contra o apelado – Violação ao dever de informar (artigo 6º, inciso III, do CDC) configurada – Decisão Mantida – Recurso Não Provido" (Tribunal de Justiça de São Paulo, Rel. Egigio Giacoia, Apelação nº 9143512-44.2007.8.26.0000, j. 27 de Setembro de 2011).

DIREITO DE ARREPENDIMENTO NOS CONTRATOS DE CONSUMO

Ainda assim, o exercício do direito de arrependimento, no caso em foco, pode gerar algumas questões. Por exemplo: exercido o direito de arrependimento pelo consumidor, o valor referente à intermediação cobrada pelo *site* do vendedor deverá ser a ele restituída? Parece-nos que sim. O exercício do direito de arrependimento pelo consumidor encerra eventual lucro realizado pelo vendedor e a cobrança do valor de intermediação deve ser considerada indevida. Se a venda não foi concluída, não há direito à comissão. É um dos riscos do negócio que deve ser suportado pelo *site* de leilão.

Em outra esteira, entendemos que o direito de arrependimento não poderá ser exercido caso o vendedor não seja um fornecedor de produtos (é o caso descrito anteriormente, ou seja, aquele que é pessoa física – sem qualidades de fornecedor – mas resolve vender sua antiga coleção de livros de história). Isso porque, não havendo relação de consumo entre comprador e vendedor, deverá ser aplicado o Código Civil em vez do Código de Defesa do Consumidor.

Entretanto, caso seja aplicada a teoria da aparência, ampliando a responsabilidade dos *sites* também ao produto e, portanto, aplicando-se o Código de Defesa do Consumidor, teremos uma situação incomum. Neste caso, poderá o consumidor exercer o direito de arrependimento, ainda que tenha adquirido o produto de uma pessoa física que não seja comerciante. Isso porque a situação, desde o início, aparentou ao consumidor ser uma relação de consumo.

Enfim. A questão envolvendo os *sites* de leilão ainda é pouco debatida pela doutrina, mas as controvérsias envolvendo o tema sem dúvida são inúmeras.

2.2 O direito de arrependimento nos sites de compras coletivas

Outra forma bastante comum e que nos últimos anos ganhou bastante espaço no mercado do *e-commerce* são os *sites* de compras coletivas.

Por meio desse serviço, fornecedores interessados em alavancar suas vendas, bem como difundir sua marca, por intermédio dos *sites* de compra coletiva, oferecem seus produtos ou serviços (serviços, na maioria das vezes) com elevados descontos, desde que sejam negociados contratos num volume bastante considerável.

É comum, portanto, que determinado restaurante, em razão de ter sido aberto há pouco tempo, visando dar publicidade de seus serviços,

IV. NOVAS PROBLEMÁTICAS ENVOLVENDO O DIREITO DE ARREPENDIMENTO

oferte refeições com descontos de 70% (setenta por cento), desde que, por exemplo, ao menos mil refeições sejam comercializadas.

Com isso, ganham-se as duas partes. O consumidor, que pode adquirir produtos e serviços a preços bastante convidativos e o fornecedor que vê suas vendas incrementadas e a sua marca divulgada a milhares de pessoas.

As compras coletivas, diga-se, também devem respeitar os termos do Decreto nº 7692/2013, em especial o art. 3º, que obriga os fornecedores a prestarem informações específicas para esse tipo de contratação.

O maior *site* de compras coletivas do Brasil e do mundo é o Groupon[351]. O Groupon possui políticas dispostas nos seus "Termos e Condições de Uso do Groupon[352]".

Segundo dispõe seu regulamento:

"O serviço oferecido pelo Groupon consiste em disponibilizar aos usuários de internet cadastrados através do Site ("Usuários") ofertas periódicas de produtos e/ou serviços de empresas parceiras do Groupon ("Parceiros") com preços de compra mais atrativos devido à manutenção e organização de grupo de compras ("Serviços").

Mais uma vez é necessário desmembrar quais contratos são firmados quando o consumidor adquire um produto ou serviço pelos *sites* de compras coletivas.

Em primeiro lugar existe um contrato firmado entre o "parceiro", que seria o fornecedor do serviço ou produto a ser vendido ao consumidor e o *site* de compras coletivas. Trata-se possivelmente de um contrato dc comissão ou algo do gênero, em que o *site* recebe uma porcentagem sobre o número de vendas realizadas. Na maioria das vezes, tal como se dá no caso do *site Groupon* a venda coletiva apenas é concretizada aos consumidores, caso atinja um número mínimo de vendas.

Em segundo lugar existe um contrato de compra e venda de um produto ou serviço firmado entre o consumidor e o "parceiro", intermediado pelo *site* de compras coletivas. Neste caso a relação de consumo é bastante clara. O consumidor adquire como destinatário final um pro-

---

[351] <www.groupon.com.br>.
[352] Disponível em: <http://www.groupon.com.br/termos_de_contrato>. Acesso em: 05 jan. 2011.

DIREITO DE ARREPENDIMENTO NOS CONTRATOS DE CONSUMO

duto ou serviço de um fornecedor de serviços, intermediado por um prestador de serviços, que é o *site* de compras coletivas.

E como há relação de consumo, bem como compra realizada à distância, aplica-se o direito de arrependimento. Todavia, nesses casos, o exercício desse direito deve ser analisado com cautela.

Se por um lado muitas das ofertas coletivas são agressivas porque os consumidores não têm muito tempo para analisarem as condições da compra que realizam (uma vez que as ofertas normalmente têm o prazo exíguo de no máximo 24 horas), por outro, caso tenha atingido a cota mínima de venda para que se realize a venda do produto ou serviço, caso muitos consumidores desistam da venda, a oferta pode ser cancelada, frustrando outros consumidores.

Apesar disso, cremos que o direito de arrependimento **sempre** deve ser facultado aos consumidores. Até porque o direito de arrependimento deve ser a exceção e não regra. Se inúmeros consumidores arrependeram-se da compra coletiva é bem provável que a oferta não fosse tão atraente após reflexão mais cuidadosa pelos consumidores.

Normalmente o direito de arrependimento atinge uma parcela mínima das vendas de um produto. Ademais, no Brasil, como se viu, os consumidores sequer sabem que podem arrepender-se das compras que realizaram. No *site* do Groupon, por exemplo, em nenhum local há qualquer menção ao direito de arrependimento das compras coletivas.

Assim, não acreditamos que caso uma parcela mínima de consumidores arrependa-se da compra, possa interferir na concretização da oferta do fornecedor de produtos e serviços.

E não há dúvidas que muitas das compras nos sites de compras coletivas são realizadas por impulso. Muitas vezes os consumidores sentem--se atraídos pelo elevado desconto de um produto que mal sabem se é realmente a ele necessário. Some-se a isso o disparo diário dos *sites* de compras sobre ofertas na conta de email dos consumidores.

Ademais, não são poucos os consumidores que se arrependem ou que acabam não aproveitando a compra realizada. Segundo uma reportagem do jornal O Estado de S. Paulo[353], datada de março de 2011, do R$ 1 bilhão que o setor de compras coletivas movimentou em 2011, 30%

---

[353] Disponível em: <http://economia.estadao.com.br/noticias/economia,compras-coletivas-geram-mercado-de-revenda-de-cupons,59345,0.htm>. Acesso em: 19.01.2012.

IV. NOVAS PROBLEMÁTICAS ENVOLVENDO O DIREITO DE ARREPENDIMENTO

(trinta por cento) acabou se perdendo, ou seja, um mercado de aproximadamente R$ 300.000.000,00 (trezentos milhões de reais). Isso porque os consumidores, apesar de terem pagado pela compra coletiva, acabaram não usufruindo o serviço. O serviço não é aproveitado seja porque o consumidor arrependeu-se da compra, seja porque simplesmente comprou por impulso e, depois, não teve interesse no serviço. No Brasil, foram criados, inclusive, *sites* especializados na revenda de cupons dos quais os consumidores tenham se arrependido.

Ora, se os consumidores brasileiros tivessem o conhecimento da possibilidade de arrependimento das compras coletivas, certamente uma grande parcela desses 30% (trinta por cento) que não aproveitaram o serviço, exerceria o direito de arrependimento e solicitaria o reembolso dos valores pagos. Até porque se não aproveitam a compra coletiva realizada, não há qualquer devolução dos valores pagos ao *site*.

Pois bem. Uma vez garantido o direito de arrependimento ao consumidor, resta saber a quem ele deve procurar para exercer o arrependimento. Ao fornecedor de serviços ou ao *site* de compra e venda? Como a compra do produto foi realizada diretamente pelo *site* de compra e venda, pensamos que o arrependimento deve ser exercido pela mesma via. Cabe ao *site* tomar todas as providências junto ao seu parceiro para facilitar o exercício do direito de arrependimento pelo consumidor. Contudo, havendo qualquer oposição do *site* de compras coletivas, nada obsta que o consumidor exercite o arrependimento diretamente ao fornecedor do produto ou serviço.

3. Demais questões controvertidas com relação ao exercício do direito de arrependimento

3.1 A penhora de bens e o exercício do direito de arrependimento

Três últimas questões, antes de finalizarmos esse trabalho, ainda merecem ser discutidas. A primeira delas está relacionada com a penhora de bens e o exercício do direito de arrependimento.

A questão que se pretende discutir é baseada num caso prático. Imaginemos um devedor contumaz que adquire, por um *site* da Internet, cem garrafas de um vinho brasileiro, para presentear a familiares e amigos.

Antes mesmo da entrega dos bens, um dos credores do devedor contumaz acaba tendo ciência de tal aquisição e solicita a penhora dos bens, no processo executivo. Despachada a petição, o cartório providencia de imediato um Oficial de Justiça que consegue interceptar a entrega e encaminha os bens a um depósito judicial.

Na iminência de perder os bens recém-adquiridos para o pagamento de suas dívidas, resolve o devedor utilizar o direito de arrependimento para extinguir o contrato. Tendo em vista ser destinatário final dos bens e a aquisição da mercadoria ter sido feita pela internet, em tese, poderia o devedor exercer o direito de arrependimento.

Contudo, obviamente tal direito não poderia prosperar, porque fere o princípio da boa-fé objetiva. Trata-se de uma forma claríssima de abuso de direito, já estudado ao longo do presente trabalho.

O direito de arrependimento, relembre-se, é uma proteção contratual e não uma forma para devedores (ainda que consumidores) acabarem lesando terceiros. No direito italiano, a questão poderia ser resolvida nos termos do art. 2.913 e 2.914 do Código Civil daquele ordenamento[354].

No Brasil, a questão resolve-se com fundamentos tais como a boa-fé objetiva e o abuso de direito. No campo processual, o art. 591, do Código de Processo Civil determina que "o devedor responde, para o cumprimento de suas obrigações, com todos os seus bens presentes e futuros, salvo as restrições estabelecidas em lei". Na mesma senda, os princípios que norteiam a fraude à execução também não permitiriam que o devedor contumaz exercesse o direito de arrependimento com o fim precípuo de lesar o credor.

---

[354] "Art. 2913 Inefficacia delle alienazioni del bene pignorato: Non hanno effetto in pregiudizio del creditore pignorante e dei creditori che intervengono nell'esecuzione (Cod. Proc. Civ. 498 e seguenti) gli atti di alienazione dei beni sottoposti a pignoramento, salvi gli effetti del possesso di buona fede per i mobili (1153 e seguenti) non iscritti in pubblici registri. Art. 2914 Alienazioni anteriori al pignoramento: Non hanno effetto in pregiudizio del creditore pignorante e dei creditori che intervengono nell'esecuzione (Cod. Proc. Civ. 498 e seguenti), sebbene anteriori al pignoramento: 1) le alienazioni di beni immobili o di beni mobili iscritti in pubblici registri (812 e seguenti), che siano state trascritte successivamente al pignoramento;
2) le cessioni di crediti (1260 e seguenti) che siano state notificate al debitore ceduto o accettate dal medesimo successivamente al pignoramento; 3) le alienazioni di universalità di mobili che non abbiano data certa (2704); 4) le alienazioni di beni mobili di cui non sia stato trasmesso il possesso anteriormente al pignoramento, salvo che risultino da atto avente data certa".

3.2 O direito de arrependimento e o terceiro adquirente

Outra questão interessante é o direito de arrependimento exercido pelo terceiro adquirente. Colocamos em discussão duas diferentes situações.

Na primeira, o consumidor "A" adquire um inovador celular, por meio de um *site* da internet. Recebido o aparelho celular, "B" entusiasma-se com o novo aparelho e faz uma proposta de compra. "A" acaba por aceitar e aliena o celular a "B".

Dias depois, "B" arrepende-se da compra e do preço que pagou. A pergunta que se faz é: caso o prazo para o exercício do direito de arrependimento não tenha transcorrido, poderia "B" (novo adquirente) exercer o direito de arrependimento?

A resposta deve ser negativa. Em primeiro lugar, porque ao adquirir o celular, "B" teve a oportunidade de verificar, em mãos, a qualidade do celular. Também não houve qualquer pressão ou a presença de algum elemento surpresa envolvido na compra. "B" simplesmente gostou do aparelho e acabou fazendo uma proposta. Sendo assim, a proteção contratual do art. 49 não parece que deveria estar presente ao caso em tela.

Mas, além disso, e – principalmente – a relação jurídica do caso em tela não é uma relação de consumo, mas uma relação civil. As regras do Código de Defesa do Consumidor, portanto, não se aplicam. A primeira relação, claro, era uma relação consumerista e, tendo em vista que o produto foi adquirido fora do estabelecimento comercial do fornecedor, poderia "A" arrepender-se da compra realizada. Contudo, a aquisição de "A" para "B" não envolve um fornecedor de serviços. Sendo assim, não há que se falar no exercício do direito de arrependimento por "B". Aqui também não há cessão de direitos.

A situação pouco mais tormentosa, contudo, é a seguinte: imaginemos que "A" adquire o mesmo aparelho telefônico de um *site* da internet. Horas depois, encontra-se com "B" e comenta que acabou adquirindo o moderno telefone, mas não tinha certeza se deveria ter realizado a compra. Diante do desinteresse de "A" no produto, "B" propõe adquirir o bem, nas mesmas condições da compra realizada por aquele e as partes assim firmam acordo: após receber o produto, "A" entregará imediatamente a "B", que passará a ser o proprietário da coisa.

Veja-se: "B" também não teve a oportunidade de conferir a qualidade do bem, mas apenas aquelas informadas no *site* da empresa. Nesse caso, após receber o produto, "B" poderia arrepender-se da compra?

A resposta não é simples. Em primeiro lugar devemos ressaltar que houve a cessão de direitos da compra realizada por "A", para "B". Isso porque, ainda que o preço já tenha sido pago por "A" (reembolsado por "B"), a compra não se concluiu, porque não houve a tradição da coisa.

Relembre-se que o sistema do Código Civil brasileiro sustenta que a transferência do domínio dos bens móveis depende da tradição (art. 1.226 e art. 1267).

Ao caso em tela, como ainda não houve a entrega do bem, "B" acabou por adquirir os direitos sobre a compra realizada por "A". Houve uma cessão de direitos ou, melhor, a cessão do contrato.

A cessão de contrato, segundo Silvio Rodrigues[355], é a transferência da inteira posição ativa e passiva, do conjunto de direitos e obrigações de que é titular uma pessoa, derivados de contrato bilateral já ultimado, mas de execução ainda não concluída.

Com relação à cessão do contrato, ainda que não regulamentada pelo Código Civil, segundo nos ensina Maria Helena Diniz[356], essa tem existência jurídica como negócio jurídico inominado, por decorrer do princípio da autonomia negocial. Ainda segundo a jurista, desde que os contraentes tenham capacidade, sendo lícito e possível o objeto e não recorrendo a forma proibida legalmente, as partes podem estipular o que quiserem. Nestes termos, nada obsta que, na cessão de contratos, transmita-se ao cessionário não apenas os direitos, mas também as obrigações do cedente.

De toda forma, grande dúvida que se coloca é se, havendo a cessão de direitos, deveria o cedido consentir, prévia ou posteriormente com a avença. A dúvida é pertinente porque a cessão do contrato implica, concomitantemente, uma cessão de crédito e uma cessão de débito.

Contudo, ao caso do exemplo lançado acima, não há necessidade da anuência do *site* fornecedor do aparelho telefônico. Isso porque a cessão do contrato firmado entre "A" e "B" não trará nenhum prejuízo ao fornecedor. A obrigação do fornecedor continua a mesma: entregar o produto no prazo e local indicado no contrato. Sendo assim, há uma alteração dos efeitos da posição do comprador, mas não do vendedor.

---

[355] RODRIGUES, Silvio. *Direito Civil*. 3. ed. São Paulo: Max Limonad, 1968, v. 2 *apud* DINIZ, Maria Helena. *Curso de direito civil brasileiro*: teoria das obrigações. 20. ed. São Paulo: Saraiva, 2004. v. 2, p. 453.

[356] DINIZ, Maria Helena. Idem, ibidem.

IV. NOVAS PROBLEMÁTICAS ENVOLVENDO O DIREITO DE ARREPENDIMENTO

Diante disso, tendo em vista uma cessão válida dos direitos decorrentes do contrato (ainda que não haja ciência ou anuência da empresa fornecedora de produtos), cremos que "B" poderá exercer o direito de arrependimento. Isso porque ao pagar o preço do produto à "A", "B" acabou por adquirir todos os direitos do contrato firmado com a empresa fornecedora do produto. Sendo "B" uma pessoa física e consumidor nos termos do CDC, terá todos os direitos decorrentes de uma compra e venda fora do estabelecimento comercial. O prazo, contudo, deverá ser contado a partir da data do recebimento do produto por "A".

3.3 A emissão de títulos de crédito e transferência a terceiros durante o prazo para o exercício do direito de arrependimento

Por fim, outra interessante discussão diz respeito ao endosso de títulos de crédito no período em que o consumidor pode exercer o direito de arrependimento.

É o caso de uma pessoa que adquire uma coleção de livros, por exemplo, de um vendedor autônomo, em sua residência. O pagamento é realizado por meio de diversos cheques, todos nominais à empresa fornecedora dos livros.

Alguns dias depois, o comprador arrepende-se da sua compra e percebe que adquiriu os produtos em virtude da pressão exercida pelo vendedor. Diante disso, no prazo legal, exerce o direito de arrependimento. Ocorre que os cheques já haviam sido transferidos pela empresa fornecedora dos livros a terceiros e, pior: alguns deles já foram descontados.

Após o contato do consumidor manifestando opção pelo exercício do direito de arrependimento, a fornecedora simplesmente alega que o direito de arrependimento não poderá ser exercido porque alguns cheques já foram descontados.

Ora, nos termos dos princípios estabelecidos no CDC, a afirmação da empresa fornecedora de livros não pode prosperar. Em nenhuma hipótese o direito de arrependimento pode ser negado ao consumidor, se presentes os requisitos para tanto.

Na realidade, em hipótese alguma deveria a empresa endossar os cheques do consumidor enquanto ainda transcorria o prazo para que ele se arrependesse da compra outrora realizada. Ainda que o contrato já seja válido e seus efeitos já tenham iniciado, esse contrato poderia ser extinto em virtude de um direito potestativo do consumidor.

DIREITO DE ARREPENDIMENTO NOS CONTRATOS DE CONSUMO

Sendo assim, ainda que o CDC não tenha qualquer previsão nesse sentido, a impossibilidade do fornecedor endossar títulos de crédito a terceiros enquanto não encerrado o prazo para o exercício do direito de arrependimento decorre da determinação geral estabelecida no artigo 51, inciso IV.

A jurisprudência paulista enfrentou alguns problemas nesse sentido. Em uma determinada demanda, uma consumidora de fato adquiriu uma coleção de livros enquanto estava em férias. Exercido o direito de arrependimento, a empresa que recebeu os cheques por endosso negava-se a cancelá-los. Distribuída medida cautelar de sustação de cheques, comprovou-se que a empresa que recebeu os cheques por endosso era uma parceira da empresa fornecedora dos livros. Foi dado procedência à demanda proposta pelos consumidores[357].

Noutro caso, esse mais recente, o Tribunal de Justiça de São Paulo condenou uma empresa por ter endossado os títulos que, posteriormente, foram protestados por terceiros, trazendo prejuízos ao consumidor[358].

Exercido o direito de arrependimento, os efeitos devem ser retroativos, para tentar criar a situação como se as partes nunca tivessem celebrado aquela avença. Sendo assim, após o arrependimento, todos os valores pagos pelo consumidor devem ser reembolsados. No caso de pagamento por títulos de créditos, esses devem ser devolvidos ao consumidor[359].

---

[357] Tribunal de Justiça de São Paulo, Apelação nº 580346-5, 4ª Câmara Especial do 1º TAC, Rel. Tersio José Negrato. j. 5 de Janeiro de 1995.

[358] *"Indenizatória danos morais. Protesto indevido de título. Autor que fez compra de equipamento por telefone, com posterior desistência antes da instalação. Direito de arrependimento previsto no art. 49 do CDC.* Emissão das duplicatas que demandaria a efetiva entrega das mercadorias – precipitação da ré em colocar os títulos em circulação, que acabaram protestados – dano moral caracterizado fixação em R$ 8.000,00 – Ação procedente – recurso improvido. Cancelamento de protestos – admissibilidade – Consequência lógica da inexigibilidade das duplicatas emitidas sem causa – recurso adesivo do autor provido em parte" (Tribunal de Justiça de São Paulo, Apelação nº 0031806-44.2009.8.26.0000, Rel. Jovino de Sylos, j. 4 de Setembro de 2012).

[359] Nessa senda, veja-se o acórdão. *"Danos materiais e morais. Protesto indevido de cheque da autora. Cártula que refletia pagamento de matrícula na instituição de ensino ré. Direito de arrependimento oportunamente exercido pela autora. Art. 49 da Lei nº 8.078/90. Indevido o pagamento, inadmissível protesto do titulo [...]"* (Tribunal de Justiça de São Paulo, Apelação nº 991.03.017201-3, Rel. Fernandes Lobo, j. 30 de Junho de 2010).

CONCLUSÕES

O direito dos consumidores é considerado uma proteção jurídica recente. Segundo Carlos Ferreira de Almeida[360], o marco histórico e simbólico do qual se tem contado o início do direito dos consumidores é a mensagem dirigida pelo Presidente John. F. Kennedy ao Congresso dos Estados Unidos, em 15 de março de 1962, na qual afirmou: "Somos todos consumidores". A primeira lei de defesa dos consumidores, em Portugal, data de 1981 (Lei n. 29/81, de 22 de agosto). No Brasil, o texto que consagrou o Código de Defesa do Consumidor foi a Lei 8.078, de 1990.

Trata-se, portanto, de um direito novo, se comparado com o Direito Civil ou Direito Penal, por exemplo. As primeiras discussões e previsões legais acerca do direito de arrependimento surgiram na Europa, na década de 1980. À época, o principal objetivo era a proteção dos consumidores nas compras realizadas "door to door" ou por telefone.

Atualmente, o principal objetivo do direito de arrependimento no mundo moderno é a proteção contratual dos consumidores no comércio eletrônico, outro fenômeno recentemente criado pela revolucionária internet. E, tal como mencionamos ao longo desse trabalho, o arrependimento é certamente a maior proteção contratual que dispõem os consumidores no comércio eletrônico.

Ainda que o brasileiro já esteja muito acostumado nas aquisições pela internet, não resta dúvida que o volume de aquisições eletrônicas,

---

[360] O texto completo desta mensagem encontra-se disponível na "special message to the congress on protecting the consumer interest" (ALMEIDA, Carlos Ferreira de. *Direito...*, p. 15).

nos próximos anos, irá dobrar ou triplicar, sobretudo com o desenvolvimento econômico do país.

Sendo assim, em nosso entendimento, o direito de arrependimento será nos próximos anos, a maior proteção dos consumidores-internautas. Além disso, o arrependimento contribuirá para que as vendas sejam ainda mais alavancadas, considerando que traz confiança ao mercado.

Mas para que o direito de arrependimento seja bem empregado pelos consumidores brasileiros, trazendo a tão esperada confiança, não há dúvidas de que o art. 49, do CDC, deve sofrer drásticas mudanças.

Após os nossos estudos, constatamos que a redação do art. 49 do CDC, nos moldes como está, não é suficiente para resolver as dúvidas mais corriqueiras do exercício deste direito (prazo para devolução dos produtos, custos com a restituição do produto ao fornecedor, forma do exercício do arrependimento, restrições ao direito de arrependimento, dentre outros), trazendo inúmeros problemas práticos e aos julgados dos nossos tribunais.

Foram diversas as nossas críticas ao art. 49 do CDC, todavia, em nossa opinião, o maior erro do legislador brasileiro foi não obrigar os fornecedores a prestarem a informação aos consumidores acerca da possibilidade de se arrependerem nas compras realizadas à distância. É bem verdade que o Decreto Lei 7.962/2012 procurou corrigir esse problema, mas os meses já se passaram e poucas mudanças foram observadas. Sem a informação, o brasileiro ainda não sabe que pode exercer o arrependimento. Nesse sentido, há necessidade de ser alterado o próprio texto do CDC.

Também seria recomendável ao legislador brasileiro criar um dispositivo, fazendo referência ao abuso de direito, para aclarar que em determinadas hipóteses, não é possível o exercício do arrependimento. Nesse sentido o Brasil poderia valer-se dos exemplos de Portugal, Espanha, Alemanha, França, Itália e outros. O consumidor precisa entender que possui uma importante forma de proteção contratual, mas que não pode ser utilizada em toda e qualquer circunstância.

Igualmente, o Brasil requer, de forma urgente, a aprovação dos projetos de lei que pretendem alterar o CDC. O CDC é realmente uma lei muito dinâmica e moderna, entretanto, foi confeccionado em 1990, período no qual os legisladores não imaginavam quais seriam as consequências advindas da Internet no comércio. Por conseguinte, é extrema-

CONCLUSÕES

mente necessário que seja aprovado o PLS 281/2012 que trará grandes melhorias ao exercício do direito do arrependimento.

Devemos ressaltar, também, que as problemáticas abordadas neste trabalho são meramente exemplificativas. O direito de arrependimento é, por sua natureza, um tema que gera e certamente ainda gerará diversas outras dúvidas, tal como seu regime jurídico, dentre outros.

Diante de todo o exposto, esperamos ter dado uma pequena contribuição ao estudo do direito de arrependimento e suas nuanças, um tema até então pouco debatido na doutrina, sobretudo brasileira.

Anexo
Emendas Legislativas Apresentadas ao PLS 281/2012

ANEXO. EMENDAS LEGISLATIVAS APRESENTADAS AO PLS 281/2012

SENADO FEDERAL
Gabinete do Senador **ANTONIO CARLOS RODRIGUES**

EMENDA Nº   – CTRCDC
(ao PLS nº 281, de 2012)

Acrescentem-se o inciso III e parágrafo único ao art. 45-D da Lei nº 8.078, de 11 de setembro de 1990, nos termos do art. 1º do Projeto de Lei do Senado nº 281, de 2012, com a seguinte redação:

"Art. 1º ....

'Art. 45-D. ....

....

III – formulário específico para preenchimento do consumidor em caso de exercício do direito de arrependimento, contendo a forma, os prazos e a indicação de endereço para devolução do produto.

Parágrafo único. Caso o formulário previsto no inciso III não tenha sido enviado pelo fornecedor, o prazo previsto no *caput* do art. 49 deverá ser ampliado para quarenta e cinco dias, a contar da data do recebimento do produto ou, em se tratando de serviços, da data da celebração do contrato.'"

JUSTIFICAÇÃO

Infelizmente, a maioria dos consumidores brasileiros desconhece a possibilidade de se arrepender das compras realizadas a distância. Tal desconhecimento certamente está relacionado com a ausência de um dever de informação pós-contratual.

E, para que a informação pós-contratual seja cumprida, entendemos que o melhor instrumento seja o envio de um formulário apartado do contrato informando sobre os prazos, a forma do exercício de arrependimento e a indicação de endereço para devolução do produto. Esse mesmo formulário seria utilizado quando o consumidor decidir exercer o arrependimento.

SENADO FEDERAL
Gabinete do Senador **ANTONIO CARLOS RODRIGUES**

A informação pós-contratual, em material separado ao contrato também é disposição comum em diplomas europeus. O *Codice del Consumo* italiano (art. 53) também prevê a obrigação do consumidor confirmar, em material apartado do contrato, as informações concernentes ao direito de arrependimento.

Outrossim, se o dever de informação específico (pós-contratual) não for cumprido pelo fornecedor, ou seja, caso o formulário não tenha sido enviado, o prazo para o exercício do direito de arrependimento também deve ser ampliado. Essa disposição também é identificada em diplomas europeus.

Pelos motivos expostos, propomos a presente emenda.

Por fim, saliento que esta emenda foi elaborada por este mandato parlamentar com a colaboração do advogado Alexandre Junqueira Gomide, especialista e Mestre em Ciências Jurídicas pela Faculdade de Direito da Universidade de Lisboa com a tese "Direito de Arrependimento nos Contratos de Consumo". Professor de pós-graduação em São Paulo, é autor do artigo "O Direito de Arrependimento aos Consumidores: modelo atual e as proposições do Projeto de Lei do Senado nº 281/2012".

Sala da Comissão,

Senador ANTONIO CARLOS RODRIGUES

ANEXO. EMENDAS LEGISLATIVAS APRESENTADAS AO PLS 281/2012

SENADO FEDERAL
Gabinete do Senador **ANTONIO CARLOS RODRIGUES**

EMENDA Nº   – CTRCDC
(ao PLS nº 281, de 2012)

Acrescente-se o § 10 ao art. 49 da Lei nº 8.078, de 11 de setembro de 1990, nos termos do art. 1º do Projeto de Lei do Senado nº 281, de 2012, com a seguinte redação:

"Art. 1º ....

'Art. 49. ....

....

§ 10. O direito de arrependimento não é aplicável para a contratação dos seguintes produtos ou serviços, salvo acordo em contrário:

I – serviços cuja execução tenha tido início, com o acordo do consumidor, antes do prazo fixado no *caput* do art. 49;

II – gêneros alimentícios;

III – produtos personalizados, confeccionados de acordo com as especificações do consumidor;

IV – jornais, revistas e livros, com exceção dos contratos de assinatura para o envio dessas publicações;

V – mídias com gravações de áudio, vídeo e *softwares* a que o consumidor já tenha retirado o selo de garantia de inviolabilidade;

VI – contratos celebrados em hasta pública;

VII – bilhetes aéreos.'" (NR)

JUSTIFICAÇÃO

À luz do ordenamento jurídico brasileiro, a aplicação do direito de arrependimento se justifica principalmente pelo desconhecimento do

SENADO FEDERAL
Gabinete do Senador **ANTONIO CARLOS RODRIGUES**

produto ou do serviço na contratação à distância, ocasião em que o consumidor não tem a oportunidade de examiná-lo detalhadamente.

Já apresentei emenda restringindo o direito de arrependimento quando o consumidor adquire produtos ou serviços exclusivamente digitais, quando não há entrega de produtos ou prestação de serviços por meio físico. Nesses casos, fica evidente que o direito de arrependimento pode ser considerado antifuncional ou mesmo abusivo.

Porém, também é importante restringir o direito de arrependimento em outros contratos, particularmente naquelas hipóteses em que a própria natureza jurídica do contrato não permite o exercício do direito de arrependimento. É o exemplo da restrição ao exercício do direito de arrependimento nos contratos de fornecimento de gêneros alimentícios.

Também deve ser limitado o exercício do direito de arrependimento nas hipóteses em que a extinção do contrato poderá trazer prejuízos aos fornecedores. É o caso, por exemplo, do fornecimento de produtos confeccionados de acordo com as especificações do consumidor.

Nos contratos de prestação de serviços celebrados a distância, a execução apenas poderá ter início após o transcurso do prazo para o exercício do direito de arrependimento. Desde a contratação, até o prazo previsto no art. 49, *caput*, o consumidor está legitimado a desistir da contratação.

Contudo, após esse período, tendo tido início a execução do serviço por solicitação expressa do consumidor, a avença não pode ser extinta pelo arrependimento, sob pena de causar prejuízos ao fornecedor, que poderá ter iniciado ou mesmo concluído o serviço e ver-se obrigado a restituir integralmente os valores pagos pelo consumidor. Essa situação permitiria inequívoco enriquecimento sem causa ao consumidor, em detrimento do fornecedor de serviços.

Nesses termos, o consumidor, nos contratos de serviço, poderá arrepender-se da contratação e não do serviço realizado. Importante ressaltar,

ANEXO. EMENDAS LEGISLATIVAS APRESENTADAS AO PLS 281/2012

SENADO FEDERAL
Gabinete do Senador **ANTONIO CARLOS RODRIGUES**

ainda, que se o serviço não for bem realizado, a hipótese não é de arrependimento do contrato, mas resolução do mesmo por inadimplemento.

A restrição também deve ser ampliada para hipóteses em que poderá haver abuso de direito por parte dos consumidores. É o caso de aquisições de mídias com gravações de áudio, vídeo e *softwares*. Caso o consumidor viole o lacre de inviolabilidade de tais produtos, poderá gravar o seu conteúdo e arrepender-se de sua compra.

Da mesma forma, o exercício do direito de arrependimento a jornais e periódicos também poderá trazer prejuízos aos fornecedores. Caso a revista, por exemplo, seja semanal, a devolução do produto não trará a possibilidade ao fornecedor de revender o produto, causando-lhe prejuízos. Contudo, o arrependimento deve sempre ser previsto nas contratações que visam ao serviço de assinatura de tais publicações.

As razões para a restrição do arrependimento também são óbvias para os contratos celebrados em hasta pública. Tendo sido exercido o arrependimento em leilões virtuais, por exemplo, credores e demais interessados serão prejudicados.

Ainda em relação às restrições do direito de arrependimento, a aquisição de passagens aéreas não poderá ser cancelada pelo direito de arrependimento. Isso porque o arrependimento é obrigatoriamente um direito gratuito, ou seja, após o seu exercício, os valores devem ser restituídos ao consumidor sem qualquer desconto. Contudo, as normas do direito aeronáutico permitem que, no cancelamento das passagens aéreas, as companhias descontem um percentual do valor pago pelo consumidor. Esse valor serve até mesmo para indenizar a companhia aérea que, em alguns casos, diante do cancelamento imediato da passagem aérea, não dispõe de tempo hábil para renegociar o bilhete aéreo.

Caso fosse admitido o direito de arrependimento nas aquisições das passagens aéreas, os consumidores poderiam entender que o cancelamento iminente da compra de um bilhete não poderia ensejar a

Praça dos Três Poderes, s/nº – Senado Federal – Ala Senador Dinarte Mariz – Gabinete 1 – Edifício Principal
CEP 70165-900 – Brasília – DF – Telefone: (61) 3303-6510 – Fax: (61) 3303-6515
e-mail: antonio.carlos@senador.gov.br

SENADO FEDERAL
Gabinete do Senador **ANTONIO CARLOS RODRIGUES**

cobrança de algum desconto pela companhia aérea. Some-se a isso que inexiste qualquer elemento surpresa na compra de uma passagem aérea. A aquisição desse serviço pela internet não coloca o consumidor em nenhuma desvantagem.

Por considerar genérico o texto do art. 49 do Código de Defesa do Consumidor, não mencionando limitações ou exceções ao direito de arrependimento, propomos a presente emenda, visando à isonomia das relações de consumo.

Por fim, saliento que esta emenda foi elaborada por este mandato parlamentar com a colaboração do advogado Alexandre Junqueira Gomide, especialista e Mestre em Ciências Jurídicas pela Faculdade de Direito da Universidade de Lisboa com a tese "Direito de Arrependimento nos Contratos de Consumo". Professor de pós-graduação em São Paulo, é autor do artigo "O Direito de Arrependimento aos Consumidores: modelo atual e as proposições do Projeto de Lei do Senado nº 281/2012".

Sala da Comissão,

Senador ANTONIO CARLOS RODRIGUES

ANEXO. EMENDAS LEGISLATIVAS APRESENTADAS AO PLS 281/2012

SENADO FEDERAL
Gabinete do Senador **ANTONIO CARLOS RODRIGUES**

EMENDA Nº   – CTRCDC
(ao PLS nº 281, de 2012)

Acrescente-se os §§ 10 e 11 ao art. 49 da Lei nº 8.078, de 11 de setembro de 1990, nos termos do art. 1º do Projeto de Lei do Senado nº 281, de 2012, com a seguinte redação:

"Art. 1º ....
'Art. 49. ....
....

§ 10. Exercido o direito de arrependimento, o consumidor deverá conservar os bens, de modo a restituí-los ao fornecedor, no prazo de até quinze dias do seu recebimento, preservando as características e o funcionamento deles, sendo responsável pela depreciação decorrente do seu uso inadequado.

§ 11. O custo para a devolução dos bens, decorrente do exercício do direito de arrependimento, deverá ser suportado pelo consumidor, salvo acordo em contrário.' (NR)"

JUSTIFICAÇÃO

Esta emenda visa estabelecer obrigações decorrentes do exercício do direito de arrependimento. Em primeiro lugar, para que não haja abusos, em caso de arrependimento, deve ser destacado o dever de guarda dos produtos pelo consumidor, até que sejam restituídos ao fornecedor de serviços.

Da mesma maneira, os custos para a devolução do produto devem ser arcados pelo consumidor. Como forma de proteção contratual, o exercício do direito de arrependimento não pode trazer maiores prejuízos ao fornecedor. O direito de arrependimento é a forma mais eficaz de proteção

SENADO FEDERAL
Gabinete do Senador **ANTONIO CARLOS RODRIGUES**

contratual nos contratos à distância. Todavia, essa proteção não pode trazer prejuízos financeiros aos fornecedores de produtos e serviços.

Pelos motivos expostos, propomos a presente emenda.

Por fim, saliento que esta emenda foi elaborada por este mandato parlamentar com a colaboração do advogado Alexandre Junqueira Gomide, especialista e Mestre em Ciências Jurídicas pela Faculdade de Direito da Universidade de Lisboa com a tese "Direito de Arrependimento nos Contratos de Consumo". Professor de pós-graduação em São Paulo, é autor do artigo "O Direito de Arrependimento aos Consumidores: modelo atual e as proposições do Projeto de Lei do Senado nº 281/2012".

Sala da Comissão,

Senador ANTONIO CARLOS RODRIGUES

REFERÊNCIAS BIBLIOGRÁFICAS

ACADEMIA BRASILEIRA DE LETRAS. *Dicionário escolar da língua portuguesa*. 2. ed. São Paulo: Companhia Editora Nacional, 2008.

AGUIAR JÚNIOR, Ruy Rosado de. *Comentários ao novo Código Civil* (arts. 472 a 480). Coord. Sálvio de Figueiredo Teixeira. Rio de Janeiro: Forense, 2011. v. 6. t. II.

_____. *Extinção dos contratos por incumprimento do devedor*. Rio de Janeiro: Aide, 1991.

ALMEIDA, Carlos Ferreira de. *Contratos I*: conceitos, fontes e formação. 3. ed. Lisboa: Almedina, 2005.

_____. *Direito de consumo*. Lisboa: Almedina, 2005.

ALMEIDA, Daniel Freire e. O e-commerce internacional e a economia virtual na vida real: prospectiva legislativa. In: HIRONAKA, Giselda Maria Fernandes Novaes (coordenadora). *Novo Código Civil*: interfaces no ordenamento jurídico brasileiro. Belo Horizonte: Del Rey, 2004.

ALMEIDA, João Batista de. *A proteção jurídica do consumidor*. 5. ed. São Paulo: Saraiva, 2006.

ALMEIDA, Teresa. Comentários aos artigos iniciais da lei portuguesa de defesa do consumidor de 1996. *Revista de Direito do Consumidor*, ano 10, n. 37, Janeiro-Março de 2001. São Paulo: Revista dos Tribunais.

ALVES, Fabrício da Mota. *O direito de arrependimento do consumidor*: exceções à regra e necessidade de evolução legislativa no Brasil. Disponível em: <www.jus2.uol.com.br/doutrina/texto.asp?id= 9605> Acesso em: 05 jan. 2009.

ALVES, Jones Figueiredo *et al*. *Novo Código Civil comentado*. 4. ed. Coordenador Ricardo Fiuza. São Paulo: Saraiva, 2005.

ALVIM, Arruda et al. *Código do Consumidor comentado e legislação correlata*.

REFERÊNCIAS BIBLIOGRÁFICAS

São Paulo: Revista dos Tribunais, 1991.

AMARAL JÚNIOR, Adalberto do. *Proteção do consumidor no contrato de compra e venda*. São Paulo: Revista dos Tribunais, 1993.

AMORIM FILHO, Agnelo. Critério científico para distinguir a prescrição da decadência e para identificar as ações imprescritíveis. *Revista dos Tribunais*, n. 300, p. 7-37, Outubro de 1960.

ASCENSÃO, José Oliveira. A desconstrução do abuso do direito. In: ALVES, Mário Luiz Delgado; FIGUEIRÊDO, Jones (coordenadores). *Questões controvertidas no direito das obrigações e dos contratos*. São Paulo: Método, 2005. v. 4.

_____. *Direito civil:* teoria geral. Ações e factos jurídicos. 2. ed. [S.l.]: Editora Coimbra, 2003. v. 2.

_____. *Estudos sobre direito da internet e da sociedade da informação*. Lisboa: Almedina, 2001.

_____. *O direito*. Introdução e teoria geral. 7. ed. [S.l.]: Almedina, 1993.

_____. O direito civil e o direito do consumidor. *Revista Portuguesa de Direito de Consumo*, nº 53, p. 9-27. Março de 2008.

ASSIS, Araken de. *Resolução do contrato por inadimplemento*. 4. ed. São Paulo: Revista dos Tribunais, 2004.

AZEVEDO, Antonio Junqueira de. A boa-fé na formação dos contratos. *Revista de Direito do Consumidor,* n.

3, Setembro-Dezembro de 1992. São Paulo: Revista dos Tribunais.

BARBOSA, Fernanda Nunes. *Informação:* direito e dever nas relações de consumo. São Paulo: Revista dos Tribunais, 2008.

BELMONTE, Cláudio. *Proteção contratual do consumidor:* conservação e redução do negócio jurídico no Brasil e em Portugal. São Paulo: Revista dos Tribunais, 2002.

BENJAMIN, Antônio Herman; MARQUES, Claudia Lima; BESSA, Leonardo Roscoe. *Manual de direito do consumidor*. São Paulo: Revista dos Tribunais, 2008.

BITTAR, Carlos Alberto. *Direito dos contratos e dos atos unilaterais*. Rio de Janeiro: Forense Universitária, 1990.

BORGES, Roxana Cardoso Brasileiro. Reconstrução do conceito de contrato: do clássico ao atual. In: HIRONAKA, Giselda Maria Fernandes Novaes; TARTUCE, Flávio (coordenadores). *Direito contratual: temas atuais*. São Paulo: Método, 2007.

BRANDÃO PROENÇA, José Carlos. *A resolução do contrato no direito civil:* do enquadramento e do regime. [S.l.]: Coimbra Editora, 2006.

BRITO, Rodrigo Toscano de. Estado de perigo e lesão: entre a previsão de nulidade e a necessidade de equilíbrio das relações contratuais. In: DELGADO, Mário Luiz; ALVES, Jones Figueirêdo (coordenadores).

REFERÊNCIAS BIBLIOGRÁFICAS

Questões controvertidas no direito das obrigações e dos contratos. São Paulo: Método, 2005. v. 4.

BUSSATA, Eduardo Luiz. *Resolução dos contratos e teoria do adimplemento substancial.* 2. ed. São Paulo: Saraiva, 2008.

CALVÃO DA SILVA. *Compra e venda de coisas defeituosas.* 4. ed. Coimbra: Almedina, 2006.

CANUT, Letícia. *Proteção do consumidor no comércio eletrônico:* uma questão de inteligência coletiva que ultrapassa o direito tradicional. Curitiba: Juruá, 2007.

CASTRO, Catarina. *Direito da informática, privacidade e dados pessoais.* [S.l.]: Almedina, 2006.

CHAMONE, Marcelo Azevedo. Teoria da aparência (acórdão comentado). *Jus Navigandi,* Teresina, ano 11, n. 1232, 15 nov. 2006. Disponível em: <http://jus2.uol.com.br/doutrina/texto.asp?id=9137>. Acesso em: 19 abr. 2009.

COELHO, Fábio Ulhôa. *Curso de direito comercial.* 3. ed. São Paulo: Saraiva, 2002. v. 3.

COSTA, Mário Júlio de Almeida. *Direito das obrigações.* 10. ed. Coimbra: Almedina, 2006.

CUNHA DE SÁ, Fernando Augusto Cunha de. *Abuso do direito.* Coimbra: Almedina, 2005.

CUNHA, Wladimir Alcibíades Falcão. *Revisão judicial dos contratos.* Do Código de Defesa do Consumidor ao Código Civil de 2002. São Paulo: Método, 2007. v. 3.

DE LUCCA, Newton. Comércio eletrônico na perspectiva de atualização do CDC. *Revista Luso-Brasileira de Direito do Consumo,* nº 7, Setembro de 2012. Curitiba: Bonijuris, p. 113--132.

DIDIER JR., Fredie. Multa coercitiva, boa-fé processual e *supressio:* aplicação do *duty to mitigate the loss* no processo civil. *Revista de Processo,* a. 34, 1. 171, maio 2009.

DINIZ, Maria Helena. *Curso de direito civil brasileiro:* teoria das obrigações contratuais e extracontratuais. 18. ed. São Paulo: Saraiva, 2003. v. 3.

_____. *Curso de direito civil brasileiro:* teoria das obrigações. 20. ed. São Paulo: Saraiva, 2004. v. 2.

EPSTEIN, David G; NICKLES, Steve H. *Consumer law:* in a nutshell. [S.l.]: West Publishing Co., 1981.

FARIAS, Cristiano Chaves de; ROSENVALD, Nelson. *Direito das obrigações.* 4. ed. Rio de Janeiro: Lumen Juris, 2010.

FERRAZ JUNIOR, Tercio Sampaio. *Introdução ao estudo do direito.* 2. ed. São Paulo: Atlas, 1996.

FILOMENO, José Geraldo Brito. *Manual de direitos do consumidor.* 8. ed. São Paulo: Atlas, 2005.

_____. Atualidade do direito do consumidor no Brasil: 20 anos do Código de Defesa do Consumidor, conquistas e novos desafios. Disponível em: <http://www.cognitiojuris.com/artigos/01/01.html>. Acesso em: 25 de fevereiro de 2013.

FINKELSTEIN, Maria Eugênia. *Aspectos jurídicos do comércio eletrônico*. Porto Alegre: Síntese, 2004.

FROTA, Mario. Os contratos de consumo – Realidades sócio-jurídicas que se perspectivam sob novos influxos. *Revista de Direito do Consumidor*, ano 10. Janeiro-Março de 2001. São Paulo: Revista dos Tribunais.

FURTADO, Jorge Henrique da Cruz Pinto. *Manual do arrendamento urbano*. 3. ed. [S.l.]: Almedina, 2001.

GAGLIANO, Pablo Stolze e PAMPLONA FILHO, Rodolfo. Contratos: teoria geral. *Novo curso de direito civil*. São Paulo: Saraiva, 2009. v. 4, t. I.

GAMA, Hélio Zaghetto. *Curso de direito do consumidor*. 2. ed. Rio de Janeiro: Forense, 2004.

GODOY, Cláudio Bueno de. *Função social do contrato*. 2. ed. São Paulo: Saraiva, 2007.

GOMES, Januário. Sobre o direito de arrependimento do adquirente de direito real de habitação periódica e a sua articulação com direitos similares noutros contratos de consumo. *Revista Portuguesa de Direito do Consumo*, n. 3, p. 70-86, Julho de 1995.

GOMES, Orlando. *Contratos*. 26. ed. Rio de Janeiro: Forense, 2008.

GOMES, Rogério Zuel. *Teoria contratual contemporânea*: função social do contrato e boa-fé. Forense: Rio de Janeiro, 2004.

GOMIDE, Alexandre Junqueira. O direito de arrependimento aos consumidores: modelo atual e as proposições do Projeto de Lei do Senado nº 281/2012. *Revista Luso-Brasileira de Direito do Consumo*. v. 3, n. 1, p. 29-49. Março DE 2013. Curitiba: Bonijuris.

GONÇALVES, Carlos Roberto. *Direito civil brasileiro*: contratos e atos unilaterais. 7. ed. São Paulo: Saraiva, 2010.

GONÇALVES, Maria Eduarda. *Direito da informação*: novos direitos e formas de regulação na sociedade da informação. Lisboa: Almedina, 2003.

GUERINONI, Ezio. *I contratti del consumatore*: principi e regole. Milano: G. Giappichelli Editore, 2011.

HIRONAKA, Giselda Maria Fernandes Novaes. A função social do contrato. *Direito civil*. Estudos. Belo Horizonte: Del Rey, 2000.

HOLANDA FERREIRA, Aurélio Buarque de. *Novo dicionário da língua portuguesa*. 2. ed. rev. e aum. Rio de Janeiro: Nova Fronteira, 1986.

HORA NETO, João. Os princípios do novo Código Civil e o direito das obrigações. *Jus Navigandi*, Teresina, ano 9, n. 681, 17 maio 2005. Disponível em: <http://jus2.uol.com.br/doutrina/texto.asp?id=6737>. Acesso em: 27 mar. 2009.

REFERÊNCIAS BIBLIOGRÁFICAS

JORGE JUNIOR, Alberto Gosson. Resolução do contrato por inadimplemento do devedor. *Revista do Advogado da Associação dos Advogados de São Paulo*, Ano XXXII, nº 116, Julho de 2012.

KAUFMANN-KOHLER, Gabrielle; SHULTZ, Thomas. *On line dispute resolution: challenges for contemporary justice*. [S.l.]: Kluwer Law International, 2004.

KÜMPEL, Vitor Frederico. *Teoria da aparência no Código Civil de 2002*. São Paulo: Método, 2007.

LABRUNIE, Jacques. Conflitos entre nomes de domínio e outros sinais distintivos. In: LUCCA, Newton de; SIMÃO FILHO, Adalberto (coordenadores). *Direito & internet*: aspectos relevantes. 2. ed. São Paulo: Quartier Latin, 2005.

LEITÃO, Luís Manoel Teles de Menezes. A proteção do consumidor contra as práticas comerciais desleais e agressivas. *Estudos de Direito do Consumidor*. Coimbra: Faculdade de Direito da Universidade de Coimbra – Centro de Direito do Consumidor, 2004. v. 5.

LIMA, Fernando Pires de; VARELA, Antonio João Antunes. *Código Civil anotado*. 4. ed. Coimbra: [s.n.]: 1987. v. 1.

_____. *Código Civil anotado*. 4. ed. Coimbra: [s.n.], 1987. v. 2.

LIZ, Jorge Pegado. A nova directiva sobre direitos dos consumidores. *Revista Luso-Brasileira de Direito do Consumo*. n. 6, Junho de 2012. Curitiba: Bonijuris, p. 185-226.

LÔBO, Paulo Luiz Netto. A informação como direito fundamental do consumidor. *Revista de Direito do Consumidor*, ano 10, n. 37, Janeiro-Março de 2001. São Paulo: Revista dos Tribunais.

_____. Princípios sociais dos contratos no código de defesa do consumidor e no Código Civil. *Revista dos Tribunais*, ano 11. n. 42, Abril-Junho de 2002. São Paulo: Revista dos Tribunais.

_____. *Teoria geral das obrigações*. São Paulo: Saraiva, 2005.

LODDER, Arno; ZELEZNIKOW, John. *Developing an online resolution environment: dialogue tools and negotiation suppor system in a tree-step model*. Disponível em: <http://papers.ssrn.com/sol3/papers.cfm?abstract_id=1008802> Acesso em: out. 2007.

LORENZETTI, Ricardo. *Comércio eletrônico*. São Paulo: Revista dos Tribunais, 2004.

_____. Informática, *ciberlaw* y e-commerce. *Revista de Direito do Consumidor*, ano 9, n. 36, Outubro-Dezembro de 2000. São Paulo: Revista dos Tribunais.

_____. La oferta como aparência y la aceptación baseada em la confianza. *Revista de Direito do Consumidor*, ano 9, n. 35, Julho-Setembro de

REFERÊNCIAS BIBLIOGRÁFICAS

2000. São Paulo: Revista dos Tribunais.

_____. *Tratado de los contratos*. 2. ed. Culzoni Editores. Argentina, [S.D.]. t. I.

LOUREIRO, Francisco Eduardo. Extinção dos contratos. In: LOTUFO, Renan; NANNI, Giovanni Ettore (coordenadores). *Teoria geral dos contratos*. São Paulo: Atlas, 2011.

LOUREIRO, Luiz Guilherme. *Contratos*: teoria geral e contratos em espécie. 3. ed. São Paulo: Método, 2008.

MARINI, Celso. Abuso de direito. *Jus Navigandi*, Teresina, ano 4, n. 44, ago. 2000. Disponível em: <http://jus2.uol.com.br/doutrina/texto.asp?id=674>. Acesso em: 07 abr. 2009.

MARINO, Francisco Paulo de Crescenzo. *Contratos coligados no direito brasileiro*. São Paulo: Saraiva, 2009.

MARQUES, Claudia Lima; BENJAMIN, Antonio Herman; MIRAGEM, Bruno. *Comentários ao Código de Defesa do Consumidor*. São Paulo: Revista dos Tribunais, 2006.

MARQUES, Claudia Lima. *Confiança no comércio eletrônico e a proteção do consumidor*: um estudo dos negócios jurídicos de consumo no comércio eletrônico. São Paulo: Revista dos Tribunais, 2004.

_____. *Contratos no Código de Defesa do Consumidor*: o novo regime das relações contratuais. 4. ed. São Paulo: Revista dos Tribunais, 2002.

MARTINEZ, Pedro Romano. *Cumprimento defeituoso*: em especial na compra e venda e na empreitada. [S.l.]: Almedina, 1994.

_____. *Da cessação do contrato*. 2. ed. Lisboa: Almedina, 2006.

MARTINS-COSTA, Judith. *A boa-fé no direito privado*. São Paulo: Saraiva, 1999.

_____. O direito privado como um "sistema em construção" – As cláusulas gerais no projeto do Código Civil brasileiro. *RT*, n. 753, São Paulo: Revista dos Tribunais, Julho de 1999.

MARTINS, Guilherme Martins. A reforma do Código de Defesa do Consumidor brasileiro e o comércio eletrônico: uma visão crítica do anteprojeto. *Revista Luso-Brasileira de Direito do Consumo*, n. 4, Dezembro de 2011. Curitiba: Bonijuris.

MATTIA, Fábio Maria de. *Aparência de representação*. São Paulo: Gaetano Dibenedetto, 1999.

MENEZES CORDEIRO, António Manuel da Rocha e. *Da boa-fé no direito civil*. 3. reimp. [S.l.]: Almedina, 2007. (Coleção teses.)

MENEZES LEITÃO, Luís Manoel Teles. A proteção do consumidor contra as práticas comerciais desleais e agressivas. *Estudos de Direito do Consumidor*: Coimbra: Faculdade de Direito da Universidade de Coimbra/Centro de Direito do Consumidor, 2004. v. 5.

REFERÊNCIAS BIBLIOGRÁFICAS

MIRAGEM, Bruno. *Direito do consumidor*: fundamentos do direito do consumidor; direito material e processual do consumidor; proteção administrativa do consumidor; direito penal do consumidor. São Paulo: Revista dos Tribunais, 2008.

MORAIS, Fernando Gravato de. *Contratos de crédito ao consumo*. [S.l.]: Almedina, 2007.

_____. A evolução do direito de consumo. *Revista Portuguesa de Direito de Consumo*, n. 55, p. 9-26. Setembro de 2008.

MORENO, Maria Teresa Álvares. *El desitimiento unilateral en los contratos con condiciones generales*. [S.l.]: Edersa, 2001.

MOTA, Maurício Jorge Pereira da. *A teoria da aparência jurídica*. Disponível em: <http://www.conpedi.org/manaus/arquivos/anais/campos/mauricio_jorge_pereira_da_mota.pdf> Acesso em: 20 abr. 2008.

MUANIS, Paulo; PEREIRA, Márcio Costa. *Consumidor não pode devolver bilhete comprado na internet*. Disponível em: <http://www.conjur.com.br/2005-jun-05/consumidor_nao_devolver_bilhete_comprado_internet>. Acesso em: 10 jan. 2009.

NEGREIROS, Teresa. *Teoria do contrato*. Novos paradigmas. 2. ed. Rio de Janeiro: Renovar, 2005.

NERY JUNIOR, Nelson *et al. Código brasileiro de Defesa do Consumidor. Comentado pelos autores do anteprojeto*. 9. ed. São Paulo: Forense, 2007.

NERY JUNIOR, Nelson; NERY, Rosa Maria de Andrade. *Código Civil comentado*. 4. ed. São Paulo: Revista dos Tribunais, 2006.

NICOLAU, Gustavo René. Lesão e estado de perigo. In: TARTUCE, Flávio; CASTILHO, Ricardo (coordenadores.). *Direito civil*: direito patrimonial e direito existencial. São Paulo: Método, 2006.

NOVAIS, Aline Arquette Leite. *A teoria contratual e o Código de Defesa do Consumidor*. São Paulo: Revista dos Tribunais, 2001.

NUNES, Rizzato. *Curso de direito do consumidor*. 2. ed. São Paulo: Saraiva, 2006.

OLIVEIRA, Celso Marcelo de. ADIn 2.591: o direito do consumidor e os bancos. *Jus Navigandi*, Teresina, ano 6, n. 55, mar. de 2002. Disponível em: <http://jus2.uol.com.br/doutrina/texto.asp?id=2741> Acesso em: 12 maio 2008.

OLIVEIRA, Elsa Dias. *A protecção dos consumidores nos contratos celebrados através da internet*. [S.l.]: Almedina, 2002.

OLIVEIRA, Filipe. Contratos negociados à distância. *Revista Portuguesa de Direito do Consumidor*, n. 7, 1996.

OLIVEIRA, James Eduardo. *Código de Defesa do Consumidor*: anotado e comentado. 2. ed. São Paulo: Atlas, 2005.

OLIVEIRA, Tarcisio. *Direito eletrônico*. São Paulo: Juarez de Oliveira, 2007.

REFERÊNCIAS BIBLIOGRÁFICAS

PASQUALOTO, Adalberto. A boa-fé nas obrigações civis. In: MEDEIROS, Antonio Paulo Cachapuz de (organizador). *O ensino jurídico no limiar do novo século.* Porto Alegre: EDIPUCRS, 1997.

PELLEGRINI, Ada. *Código Brasileiro de Defesa do Consumidor.* Rio de Janeiro: Forense, 2001.

PEREIRA, Caio Mário da Silva. *Instituições de direito civil.* 3. ed. Rio de Janeiro: Forense, 1975. v. 3.

PEREIRA, Wilson Jesus. Elementos do abuso de direito e sua aplicação aos contratos. In: HIRONAKA, Giselda Maria Fernandes Novaes; TARTUCE, Flávio (coordenadores). *Direito contratual:* temas atuais. São Paulo: Método, 2007.

PINHEIRO FRANCO, Antônio Celso; PINHEIRO FRANCO José Roberto. Cláusula resolutiva expressa: o exato sentido do art. 119 do CC/1916 e dos arts. 128 e 474 do Diploma Substantivo de 2002. *Revista do Instituto dos Advogados,* ano 13, n. 25, Janeiro-Junho de 2010.

PINHEIRO, Patrícia Peck. *Direito digital.* 2. ed. São Paulo: Saraiva, 2007.

PIZARRO, Sebastião Nóbrega. *Comércio eletrônico:* contratos electrónicos e informáticos. [S.l.]: Almedina, 2005.

PONTES DE MIRANDA, Francisco. *Tratado de direito privado.* 2. ed. Rio de Janeiro: Borsoi, 1962. v. 25.

_____. *Tratado de direito privado.* 2. ed. Rio de Janeiro: Borsoi, 1959. v. 38.

QUEIRÓS, Virgílio; MIRANDA, Sofia. *Breviário Latim-Português.* Lisboa: Quid Juris, 2006.

RÁO, Vicente. *Ato jurídico.* 4. ed. São Paulo: Revista dos Tribunais, 1999.

REALE, Miguel. *O projeto do novo Código Civil brasileiro.* São Paulo: Saraiva, 1986.

REBELO, Fernanda Neves. O direito de livre resolução no quadro geral do regime jurídico da proteção do consumidor. *Nos 20 anos do Código das Sociedades Comerciais.* [S.l.]: Coimbra Editora, [S.D.]. v. 2.

RODRIGUES, Silvio. *Das arras.* São Paulo: Revista dos Tribunais, 1955.

ROPPO, Enzo. *O contrato.* [S.l.]: Almedina, 2009. Reimpressão da edição de 1947.

SAAD, Eduardo Gabriel; SAAD, José Eduardo; SAAD, Ana Maria. *Comentários ao Código de Defesa do Consumidor e sua jurisprudência anotada.* 6. ed. São Paulo: LTr, 2006.

SANTOS, Antonio Jeová dos. *Função social do contrato:* lesão, imprevisão no CC/2002 e no CDC. 2. ed. São Paulo: Método, 2004.

SANTOS, Manoel J. Pereira dos Santos; ROSSI, Mariza Delapieve. Aspectos legais do comércio eletrônico: contratos de adesão. *Revista de Direito do Consumidor,* n. 36, ano 9, p. 103-129, Outubro-Dezembro de 2000.

REFERÊNCIAS BIBLIOGRÁFICAS

SERPA LOPES, Miguel Maria de. *Curso de direito civil*: introdução, parte geral e teoria dos negócios jurídicos. 8. ed. Rio de Janeiro: Freitas Bastos, 1996. v. 1.

SCHREIBER, Anderson. A boa-fé objetiva e o adimplemento substancial. In: HIRONAKA, Giselda Maria Fernandes Novaes; TARTUCE, Flávio (coordenadores). *Direito contratual*: temas atuais. São Paulo: Método, 2007.

SCHMITT, Marco Antonio. Contratações à distância: a Directiva 97/7//CE da Comunidade Européia e o Código Brasileiro de Defesa do Consumidor. *Revista de Direito do Consumidor*, n. 25, Janeiro-Março de 1998.

SILVA, De Plácido. *Vocabulário jurídico*. 5. ed. Rio de Janeiro: Forense, 1978. v. 5.

SIMÃO, José Fernando. *Direito civil*: contratos São Paulo: Atlas, 2005. (Série leituras jurídicas: provas e concursos.)

GLITZ, Gabriel; STIGLITZ, Rubén. *Derechos y defensa del consumidor*. Buenos Aires: La Rocca, 1994.

_____. El princípio de buena fe en lós contratos de consumo. *Revista Portuguesa de Direito de Consumo*. n. 8, p. 7-20, Dezembro de 1996.

TARTUCE, Flávio. *Direito civil*: teoria geral dos contratos e contratos em espécie. São Paulo: Método, [s.d.]. v. 3. (Série concursos públicos.)

_____. *Função social dos contratos*: do Código de Defesa do Consumidor ao Código Civil de 2002. São Paulo: Método, 2007. v. 2. (Coleção Prof. Rubens Limongi França.)

TELLES, Inocêncio Galvão. *Manual dos contratos em geral*. 4. ed. Coimbra: [S.N.], 2002.

THEODORO JÚNIOR, Humberto. *Direitos do consumidor*. 3. ed. Rio de Janeiro: Forense, 2002.

TEPEDINO, Gustavo; SCHREIDER, Anderson. A boa-fé objetiva no Código de Defesa do Consumidor e no Código Civil de 2002. *Código de Defesa do Consumidor e o Código Civil de 2002*: convergências e assimetrias. São Paulo: Revista dos Tribunais, 2005.

USTARRÓZ, Daniel. A resolução do contrato no novo Código Civil. *Revista Jurídica*, n. 304, ano 51, p. 32-53, Fevereiro de 2003.

VARELA, João de Matos Antunes. *Das obrigações em geral*. 7. ed. [S.l.]: Almedina, 2006. v. 1.

_____. *Das obrigações em geral*. 7. ed. [S.l.]: Almedina, 2006. v. 2.

VASCONCELOS, Pedro de Pais. *Teoria geral do direito civil*. 4. ed. Coimbra: Almedina, 2007.

VENOSA, Sílvio de Salvo. *Direito civil*: parte geral. 4. ed. São Paulo: Atlas, 2004. v. 1.

_____. *Direito civil*: teoria geral das obrigações e teoria geral dos contratos. 4. ed. São Paulo: Atlas, 2004. v. 2.

WALD, Arnoldo. *Curso de direito civil brasileiro*: obrigações e contratos. 6. ed. São Paulo: Revista dos Tribunais, 1983.

ZENUN, Augusto. *Comentários ao Código de Defesa do Consumidor*. 4. ed. Rio de Janeiro: Forense, 1999.

ZULIANI, Ênio. Resolução do contrato por onerosidade excessiva. In: LOTUFO, Renan; NANNI, Giovanni Ettore (coordenadores). *Teoria geral dos contratos*. São Paulo: Atlas, 2011.

ÍNDICE

PREFÁCIO   7

APRESENTAÇÃO   9

INTRODUÇÃO   13
1. O direito de arrependimento e sua atual importância
   ao direito consumerista   13
2. Delimitação do tema e plano de exposição   17

PARTE I. DAS FORMAS TRADICIONAIS DE EXTINÇÃO
DOS CONTRATOS POR FATOS POSTERIORES
À SUA CELEBRAÇÃO   19
1. Introdução   19
2. Das formas tradicionais de extinção dos contratos   20
   2.1 Resilição   20
      2.1.1 Resilição bilateral ou distrato   20
      2.1.2 Resilição unilateral   21
         a) Denúncia   21
         b) Revogação   24
         c) Resgate   25
         d) Exoneração por ato unilateral   26
   2.2 Resolução   26
      2.2.1 Resolução sem culpa das partes
         (ou inexecução involuntária)   26
      2.2.2 Resolução por culpa das partes   27

ÍNDICE

2.2.3 Resolução por onerosidade excessiva	35
2.3 Rescisão	43

PARTE II. O DIREITO DE ARREPENDIMENTO | 47

1. Breve histórico e fundamentos do direito de arrependimento | 47
2. Conceito do direito de arrependimento | 54
3. Regime jurídico do direito de arrependimento | 56
4. A eficácia dos contratos durante o prazo para o exercício
do direito de arrependimento | 62
5. Da distinção entre o direito de arrependimento e as arras
penitenciais no direito brasileiro | 68
6. O direito de arrependimento, a decadência e a suspensão
ou interrupção dos prazos | 72
7. O direito de arrependimento e o dever de informação
decorrente do princípio da boa-fé objetiva | 75
   7.1 Boa-fé objetiva, boa-fé subjetiva e os deveres de conduta | 75
   7.2 O dever de informação (panorama geral e específico
ao comércio eletrônico) e o direito de arrependimento | 81
8. O abuso de direito e sua importante função no direito
de arrependimento | 91
   8.1 O abuso de direito no Código Civil português | 91
   8.2 O abuso de direito no Código Civil brasileiro | 92
   8.3 O abuso de direito e o direito de arrependimento | 93

PARTE III. DIREITO DE ARREPENDIMENTO
NOS ORDENAMENTOS | 101

1. Breve referência a soluções previstas em outras ordens jurídicas | 101
   1.1 Espanha | 101
   1.2 Alemanha | 103
   1.3 Itália | 104
   1.4 Paraguai | 110
   1.5 Argentina | 110
   1.6 Uruguai | 112
2. Direito de arrependimento em algumas leis portuguesas
e directivas europeias | 114
   2.1 O direito de arrependimento na Lei de Defesa
dos Consumidores: Lei Portuguesa de Defesa
dos Consumidores n. 24/96, de 31 de julho | 114

ÍNDICE

2.2 O direito de arrependimento nos contratos à distância:
o Decreto-Lei português 143/2001, de 26 de abril
e a Directiva 2011/83/CE, de 25 de outubro de 2011   115
    2.2.1 O Decreto-Lei 143/2001, de 26 de abril   115
      a) Contratos à distância   115
      b) Contratos ao domicílio   118
    2.2.2 A Directiva 2011/83/EU de 25 de outubro de 2011   119
2.3 O direito de arrependimento nos contratos de crédito
ao consumo: o Decreto-Lei nº 133/2009, de 2 de junho   123
2.4 O direito de arrependimento nos contratos de direito real
de habitação periódica: o Decreto-Lei 275/93, de 05 de agosto   127
2.5 O direito de arrependimento no anteprojeto do Código
do Consumidor português   130
3. O direito de arrependimento no direito brasileiro   137
3.1 O direito de arrependimento no Código de Defesa
do Consumidor   137
    3.1.1 Requisitos para o exercício do direito de arrependimento   137
      a) Existência de um consumidor   137
      b) Contratação de produto ou serviço fora
do estabelecimento comercial do fornecedor   145
    3.1.2 Prazo de desistência   155
    3.1.3 Dever de guarda do bem a ser devolvido   156
    3.1.4 Deveres impostos ao fornecedor em decorrência
do exercício do direito de arrependimento   157
    3.1.5 Análise crítica ao artigo 49 do Código de Defesa
do Consumidor brasilciro   158
3.2 O direito de arrependimento no Decreto nº 7.962, de março
de 2013   167
3.3 O direito de arrependimento no Projeto de Lei do Senado
nº 281 de 2012   170
    3.3.1 Sugestão legislativa acolhida pelo Senador Antonio
Carlos Rodrigues: Emendas apresentadas ao PLS 281/2012   179

PARTE IV. NOVAS PROBLEMÁTICAS ENVOLVENDO
O DIREITO DE ARREPENDIMENTO   189
1. A problemática do exercício do arrependimento nos contratos
de prestação de serviços contratados à distância   189

ÍNDICE

2. O direito de arrependimento nos sites de leilão e de compras
coletivas — 194
   2.1 O direito de arrependimento nos *sites* de leilão — 194
   2.2 O direito de arrependimento nos *sites* de compras coletivas — 208
3. Demais questões controvertidas com relação ao exercício do direito
de arrependimento — 211
   3.1 A penhora de bens e o exercício do direito de arrependimento — 211
   3.2 O direito de arrependimento e o terceiro adquirente — 213
   3.3 A emissão de títulos de crédito e transferência a terceiros
durante o prazo para o exercício do direito de arrependimento — 215

CONCLUSÕES — 217

ANEXO — 221

REFERÊNCIAS BIBLIOGRÁFICAS — 231